盾构掘进对邻近建筑物
影响及控制技术

浙江大学城市学院　丁智　魏新江

中国电建集团华东勘测设计研究院有限公司　吴勇　著

中国建筑工业出版社

图书在版编目（CIP）数据

盾构掘进对邻近建筑物影响及控制技术/丁智等著. —
北京：中国建筑工业出版社，2018.1
ISBN 978-7-112-21532-4

Ⅰ.①盾… Ⅱ.①丁… Ⅲ.①盾构法-影响-建筑物-
研究 Ⅳ.①U455.43

中国版本图书馆 CIP 数据核字（2017）第 284621 号

　　本书采用理论研究、现场测试和工程实践相结合的方法对盾构掘进过程中周边建筑物的变形影响问题进行了系统分析。

　　本书共分为 8 章，主要内容包括：绪论，邻近不同基础建筑物盾构掘进沉降实测与分析，盾构隧道掘进引起的土体变形计算，盾构纵向掘进对邻近浅基础建筑物影响研究，盾构纵向掘进对邻近短桩基础建筑物影响研究，双线盾构掘进对邻近建筑物影响及控制标准研究，邻近建筑物盾构掘进引起的地表横向沉降预测，邻近建（构）筑物盾构施工控制技术等。

　　本书结构严谨，内容翔实，通俗易懂，配有大量图表以及理论计算所需公式，旨在帮助读者快速而深入了解盾构掘进过程中周边建筑变形计算、预测及控制等相关问题，培养读者解决盾构掘进对周边环境影响问题的基本能力以及创新能力。

　　本书可作为土木工程、交通工程、道路工程等高等学校教师与学生的教学及科研参考书，亦可为广大从事地下与隧道工程相关专业领域的技术人员提供参考与借鉴。

责任编辑：张伯熙　杨　杰
责任设计：李志立
责任校对：王　烨

盾构掘进对邻近建筑物影响及控制技术
浙江大学城市学院　丁智　魏新江
中国电建集团华东勘测设计研究院有限公司　吴勇　著
*
中国建筑工业出版社出版、发行（北京海淀三里河路 9 号）
各地新华书店、建筑书店经销
北京科地亚盟排版公司制版
大厂回族自治县正兴印务有限公司印刷
*
开本：787×960 毫米　1/16　印张：13　字数：260 千字
2018 年 2 月第一版　2018 年 2 月第一次印刷
定价：**59.00** 元
ISBN 978-7-112-21532-4
（31184）

丁智，1983 年 8 月生，安徽铜陵人，浙江大学工学博士，副教授，国家注册土木（岩土）工程师，现任浙江大学城市学院土木工程系副主任。主要从事地下工程特别是隧道施工及运营对周边环境影响等的教学与科研工作。目前，已主持国家自然科学基金项目 1 项、浙江省自然基金项目 1 项及杭州市重大科技项目 1 项，参与国家自然科学基金面上项目和省重点项目 4 项。已在《Journal of Vibration Engineering & Vibration》、《Journal of Central South University》、《Geomechanics and Engineering》、《岩土工程学报》、《岩石力学与工程学报》和《岩土力学》等期刊上发表学术论文 40 余篇，其中被 SCI、EI 检索论文 30 余篇。专版专著 1 本，授权发明专利 6 项，曾获浙江省科技进步二等奖（2016）、浙江省科技进步三等奖（2012）各 1 项。入选浙江省科协育才工程资助人选、杭州市"131"中青年人才资助人选、杭州市教育局系统优秀教师、杭州市成绩突出科技工作者。2014 年受"杭州市优秀中青年教师海外研修资助人选项目"资助下师从欧章煜教授在外访学三个月。现兼任浙江省岩土力学与工程学会隧道及非开挖工程专委会委员，及《Tunnelling and Underground Space Technology》、《Journal of Zhejiang University-SCIENCE A》、《岩土工程学报》等国内外权威期刊审稿人。

联系地址：浙江省杭州市拱墅区湖州街 51 号浙江大学城市学院土木工程系，邮编：310015；Email：dingz@zucc.edu.cn.

前 言

自 1956 年北京地铁筹建处成立后，中国地铁已经走过 60 余年的发展历程。据统计，截止到 2016 年底，国内已开通运营轨道交通线路 128 条，总里程达到 3832km。其中，盾构法已成为国内外轨道交通建设的主要施工方法之一，特别是在杭州湾软土区域建造地铁隧道，其应用非常广泛。盾构掘进是一个典型的荷载变化力学过程，在其施工影响范围内不可避免会产生扰动从而造成土体位移，若变形过大将导致邻近建（构）筑物开裂、倒塌等一系列问题。如上海地区轨道交通 4 号线施工导致了一幢 8 层楼房的裙房坍塌，英国每年由于隧道掘进引起的房屋损坏保险额就达到 4 亿英镑（约合 40 亿元人民币）。地铁盾构的掘进过程实际上是一个动态开挖过程，这意味着在隧道开挖面还未达到建筑物地基处，盾构掘进引起的周围土体移动已经对建筑物产生影响，这在以往设计、施工和研究中易被忽视。

基于此，围绕盾构隧道动态掘进影响问题，在国家自然基金项目："饱和土隧道掘进区浅基础建筑物地基、基础和结构协同作用机理研究"（编号：51508506）、浙江省自然基金项目："地铁列车荷载下软土越江盾构隧道长期沉降研究"（编号：LQ16E080008）、杭州市重大科技计划项目："软土地铁运营振动及长期变形减灾控制关键技术与应用"（编号：20172016A06）、浙江省科协"育才工程"资助（编号：2017YCGC018）等的资助下，结合盾构施工实例，将盾构掘进引起的土体损失视为由开挖面出土平衡引起的土体损失和盾尾间隙及注浆产生的土体损失组成，给出了修正的 Sagaseta 地面变形计算公式。并引入协同作用理论模型深入分析盾构隧道纵向掘进对邻近浅基础和短桩基础建筑物的影响，得到了盾构掘进区建筑物变形规律以及内力分布规律。并针对邻近建筑物盾构施工引起的土体横向位移规律，创新性地提出了隧道在建筑物正下方、扰动范围内以及范围外三种工况下施工时，地表横向沉降槽分别呈"塞形分布曲线"、"偏态分布曲线"和"正态分布曲线"特征，给出了塞形分布和偏态分布曲线计算公式及相关参数。

可见，本书是作者围绕盾构施工引起的建筑物变形问题的科研与工程实践的一个深度总结，旨在帮助相关从业者了解盾构隧道掘进过程中对周边建筑变形影响的机理、预测分析方法及相应控制技术。本书共 8 章，主要包括：绪论，邻近不同基础建筑物盾构掘进沉降实测与分析，盾构隧道掘进引起的土体变形计算，盾构纵向掘进对邻近浅基础建筑物影响研究，盾构纵向掘进对邻近短桩基础建筑物影响研究，双线盾构掘进对邻近建筑物影响及控制标准研究，邻近建筑物盾构掘进引起的地表横向沉降预测，邻近建（构）筑物盾构施工控制技术。

在本书的撰写过程中，得到了欧章煜教授、夏唐代教授、朱少杰教授级高工、魏纲教授、张世民教授、虞兴福高工和秦建设高工等的指导、建议和帮助，在此表示衷心的感谢！并特别感谢浙江大学城市学院张霄、浙江大学博士生孔勃文、Texas A&M University（美国德州农工大学）博士生史晟邑、宏润建设集团股份有限公司范俊聪、中国电建集团华东勘测设计研究院有限公司王烨晟、黄江华、郭建峰等在资料收集、图表绘制及理论计算等方面的辛勤劳动。同时对配合本研究的相关工程技术人员和合作单位，在此一并表示衷心的感谢。

本书的分工如下：第 1 章由丁智、魏新江撰写；第 2 章～第 7 章由丁智撰写；第 8 章由吴勇撰写。本书引用了大量的参考文献，包括各类学术期刊和专著，但难免会有疏漏之处，在此敬请谅解和表示感谢！由于作者水平、能力及可获得的资料有限，书中难免存在不妥之处，敬请各位专家、同行和读者批评指正。

丁　智

2017 年 10 月于 浙江大学求是村

目　录

第1章 绪 论

1.1 引言

随着我国经济的高速发展，对城市交通服务功能提出了更高的要求。轨道交通以其占地省和速度快等优势，成为城市可持续发展的最佳交通方式。据统计，截止到 2016 年，中国大陆地区包括北京、天津、上海、广州、南京、深圳、杭州在内的 42 座城市已建或即将开建地铁。

在软土地区地铁隧道建设中，盾构法以明显的经济技术优势和对周边环境影响甚小的特点，成为最主要的施工方法之一[1]。但无论采用哪种形式的盾构建造地下隧道，都将会产生不同程度的土体位移，如深圳地区部分地段隧道掘进引起的地表沉降量达到 500mm[2]。当土体位移达到一定程度时，就会引起地表建筑物的变形、开裂，特别是对于浅基础建筑物和古建筑物，更容易破坏、倒塌，从而造成重大损失[3~5]。上海地区轨道交通 4♯线施工导致了一幢 8 层楼房的裙房坍塌，且邻近的临江花园大楼出现了较为明显的沉降（1 小时内最大沉降超过了约 7mm，最大的累计沉降甚至达到了 15.6mm）[6]。英国每年由于隧道掘进引起的房屋损坏保险额就达到 4 亿英镑（约合 40 亿元人民币），并且逐年不断增加。如英国地铁 JLE 工程，用于建筑物保护的花费就达 1 亿英镑，占到整个土建工程费用的 1/6[7]。

地铁盾构的掘进过程实际上是一个动态开挖过程，由于土体损失等因素影响其掘进引起的变形槽应是三维沉降槽（Attewell[8]等 1986 年）。这意味着在隧道开挖面还未达到建筑物地基处，盾构掘进引起的地表变形已经对建筑物产生影响，这在以往研究中易被忽视。由此可见，如果在设计和施工中不考虑隧道动态掘进对邻近建筑物的影响，在所难免的将是建筑物高额的维护费用，甚至对人民生命财产的直接威胁，损失不可估量。

就杭州而言，地处京杭大运河的南端、长江三角洲的南翼，钱塘江下游、杭州湾西端，是长三角地区较为重要的中心城市和中国东南部的交通枢纽。杭州全市的面积约 16596km²，是长江三角洲的一个重要的政治和经济活动中心，对网状轨道交通的需求甚为强烈。杭州地铁（Hangzhou Metro）首条线路杭州地铁 1 号线于 2012 年 11 月 24 日正式开通，成为浙江省首条地铁线路，也使杭州成为华东地区第四个开通地铁的城市。截至 2017 年 8 月，杭州地铁运营线路共有 3 条，分别为 1、2、4 号线，共设车站 68 座，运营里程共计 93.7km。截至 2017

年 8 月，杭州地铁在建线路有 10 段，包括 1 号线机场延伸线、2 号线二期和三期、4 号线南段、5 号线、6 号线以及城际轨道交通临安线、富阳线、绍兴线、海宁线等，在建总里程约 235.7km，如图 1-1 所示。到 2022 年前杭州将建成 10 条总长 375.6km 的城区线路和 2 条城际线路。其区间盾构管片多坐落在第四纪软土地层中，该土层具有天然含水量大、压缩性高、承载力低的特点，在外荷载作用下容易产生较大变形。

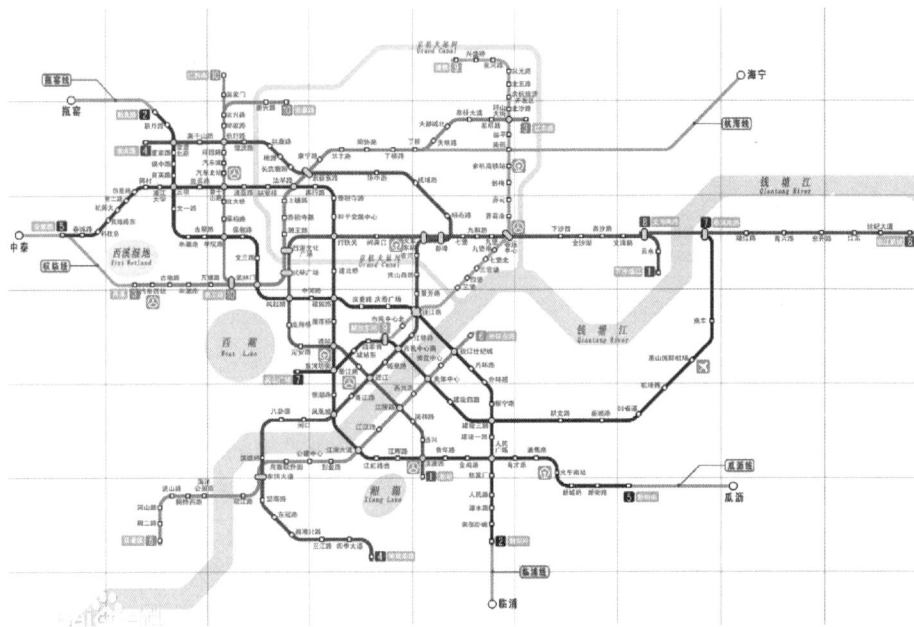

图 1-1　杭州地铁 1 号线线路

本书基于上述工程背景，以软土地区土压平衡盾构掘进为研究对象，重点介绍盾构隧道掘进引起的土体变形机理，提出盾构掘进引起的土体损失主要包括开挖面出土引起的土体损失和盾尾间隙产生的土体损失。将建筑物简化为弹性地基梁，基于土体损失理论，建立盾构隧道轴线上方建筑物地基、基础与结构协同作用的力学模型。

1.2　土压平衡盾构施工原理

盾构法隧道施工是指盾构机一边控制开挖面及其周边土体不坍塌，一边进行掘进并在盾构机内部进行管片衬砌拼装、同步实施盾尾注浆以防止土体变形过大的一种隧道施工方法。盾构法于 1818 年由法国工程师布鲁诺尔（Brunel）发明并注册了专利，机型为敞口式手掘盾构机，如图 1-2 所示。

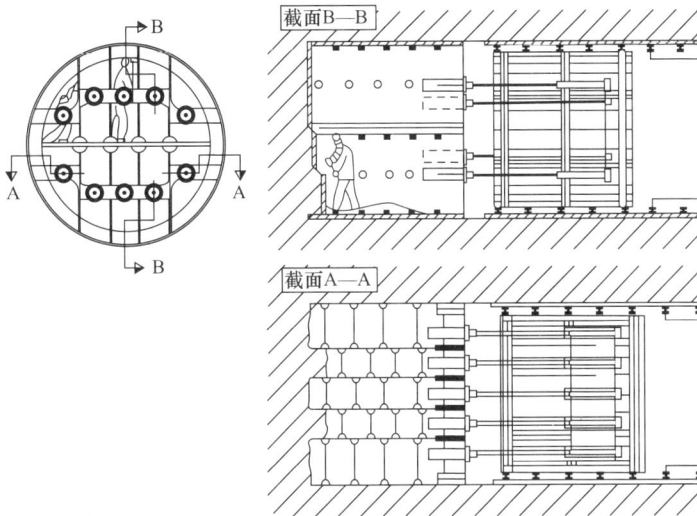

图 1-2　布鲁诺尔盾构机原型

20 世纪 60 年代以来，盾构法得到了极大发展，形成了完善的圆形断面平衡式盾构工法，包括压气盾构、挤压盾构、土压盾构及泥水盾构等各种工法，其中以土压盾构和泥水盾构工法最为常用。

土压平衡盾构于 1963 年由日本 Sato Kogyo 公司生产出来，并在 1974 年在东京被正式用于 1.9km 长地下管线的掘进。土压平衡盾构机是利用盾构机最前方的全断面滚动切削刀盘，如图 1-3、图 1-4 所示，对前方土体进行切削后，将其放入后面的密封舱内，并使得舱内压力与开挖面水土压力保持平衡，以避免盾构机掘进对周边土体的扰动，从而减少地表沉降。出土时，由密封舱下部的螺旋运输机进行排土，并设置排土口将土渣连续排出。螺旋运输机通过转速控制出土量，其出土量的大小与刀盘切削速度密切相关，切削时尽量使得密封舱内充满泥土且又不过于饱满。

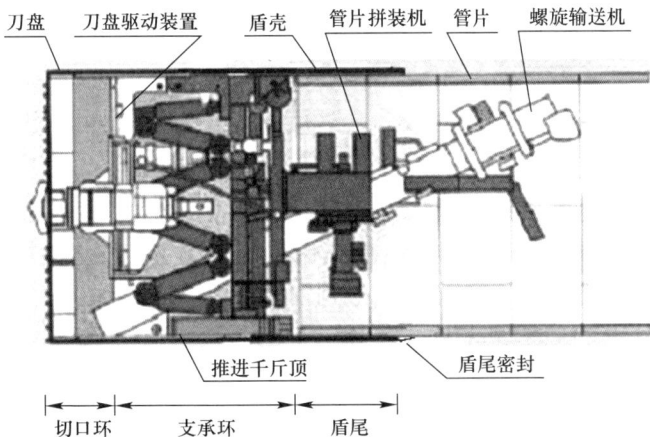

图 1-3　土压平衡盾构机组成图

图 1-4　土压平衡盾构机出厂图

土压平衡盾构法隧道施工工序为：掘进、出土、支护及注浆。其施工过程如下：如图 1-5 所示，在隧道一端建造始发竖井或基坑，并将盾构机吊装安放就位。盾构机从竖井内墙开孔始发，沿着设计轴线向另一竖井进行推进。盾构掘进过程中受到的地层摩擦阻力，会通过千斤顶传至盾构机尾部已拼装完毕的衬砌管片上，再传到其竖井后靠壁上。盾构每掘进一环的距离，盾尾处则完成一环衬砌的拼装，并及时向盾构尾部空隙处注入惰性浆液，以防止地面变形过大。盾构机掘进到接受竖井或基坑时，掘进过程结束。

图 1-5　盾构施工示意图

近 30 多年来，现代盾构机已在自动控制、液压传动、壁后同步注浆、管片拼装、计算机数据采集等方面得到了极大发展，传统土压平衡盾构机也已发展成加泥式及复合加泥式土压平衡盾构机，如图 1-6 所示。加泥式土压平衡盾构机工作原理是向密封仓内注入塑性材料，并对开挖面处切削下来的土体进行充分搅拌，形成透水性较低的塑流体。同时经仓内塑流体向开挖面传递设定的平衡压力，伺服控制盾构机推进速度和螺旋输送机排土速度相匹配，实现动态平衡条件下连续向前掘进。

日本土木学会于 1997 年对《隧道标准规范（盾构篇）及解释》进行修订时，专门对盾构机机型及工程应用数量进行调查统计，在总长 811km 施工里程中，

图 1-6　加泥式土压平衡盾构机图

土压平衡盾构（含加泥式及复合加泥式）施工里程达 510km，占总里程的 63％。本书对国内地铁工程应用盾构机型进行了统计归纳，如表 1-1 所示，土压平衡盾构在国内应用地域范围非常广泛，可适用不同的地质条件，已成为国内地铁施工的主流盾构机型。

国内城市地铁盾构机型一览表　　　　　　　　表 1-1

地点	地层	盾构机类型	管片外径（mm）	管片外径（mm）
北京	黏土、粉土、砂土、砂卵	土压平衡式（含加泥式）	6000	5400
上海	淤泥质黏土	土压平衡式、泥水平衡式	6200	5500
南京	黏土、粉土、砂土、强风化岩、风化岩	土压平衡式（含加泥式）、泥水平衡式	6200	5500
深圳	黏土、粉土、砂土、花岗岩、漂石、上软下硬	土压平衡式（含复合加泥式）	6700/6000	6000/5400
东莞	软土、片麻岩、漂石、上软下硬	土压平衡式	6700	6000
大连	漂石、板岩、辉绿岩	土压平衡式	6000	5400
成都	软土、砂卵、漂石、泥岩	土压平衡式（也曾用过一台泥水平衡式）	6000	5400
福州	软土、中风化花岗岩	土压平衡式	6200	5500
广州	软土、砂土、砂卵、风化岩石、漂石、上软下硬	土压平衡式（含复合加泥式）、泥水平衡式	6000	5400
杭州	黏土、砂土	土压平衡式	6200	5500
昆明	软土、砂卵、泥岩、砂岩	土压平衡式	6200	5500
武汉	软土、风化岩石	土压平衡式、泥水平衡式	6200/6000	5500/5400
无锡	黏土、粉土	土压平衡式	6200	5500
郑州	粉质黏土、砂土、砂卵	土压平衡式	6000	5400
天津	黏土、粉土、砂土	土压平衡式	6200	5500
沈阳	黏土、砂土、砂卵	土压平衡式	6000	5400
苏州	粉质黏土、砂土	土压平衡式	6200	5500

地点	地层	盾构机类型	管片外径 （mm）	管片外径 （mm）
西安	黄土、粉土、砂土	土压平衡式	6000	5400
长沙	粉质黏土、砂卵、泥岩、砂岩	土压平衡式	6000	5400
南昌	粉质黏土、砂土、砂岩和砾岩	土压平衡式	6000	5400
南宁	黏土、粉土	土压平衡式、泥水平衡式	6000	5400
青岛	黏土、砂土、花岗岩	土压平衡式、硬岩掘进机	6000	5400
合肥	黏土、粉土	土压平衡式	6000	5400
长春	黏土、砂土、泥岩	土压平衡式	6000	5400
重庆	泥岩、花岗岩	土压平衡式、硬岩掘进机	6000	5400
宁波	黏土、粉土、砂土	土压平衡式	6200	5500

但无论是采用传统型还是加泥型土压盾构建设地铁隧道，都将会引起不同程度的土体位移。早在 1969 年 Peck 就指出盾构法施工引起的土体损失及对相邻结构物的影响是与具体施工细节分不开的[9]。如果施工控制不当，会引起隧道周边土体产生较大变形，造成地面房屋的倾斜或开裂，影响周边建筑物的安全和正常使用。因此，理论分析时需准确把握盾构施工的主要影响因素才能得出符合实际工况的研究结果。

1.3　盾构掘进引起的土体变形研究现状

盾构掘进引起的地面变形曲线一般称为"沉降槽"，如图 1-7 所示。根据盾

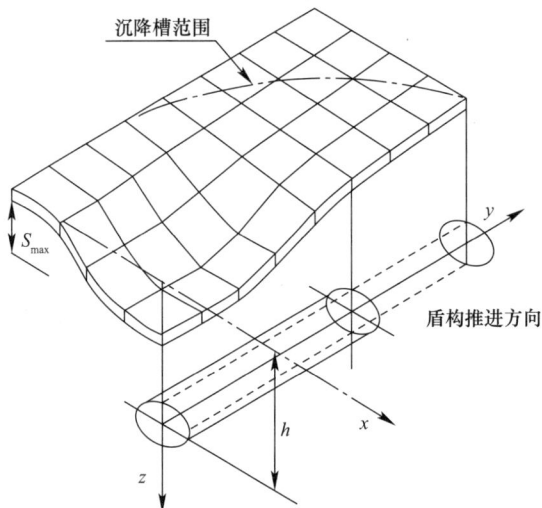

图 1-7　隧道开挖引起的三维沉降槽

构掘进过程中实际施工工况，如图 1-8 所示，其引起的地面变形一般可分为 6 个阶段：（1）盾构掘进中开挖面水土压力不平衡而导致土体下沉或隆起；（2）盾构机外壳与土体之间摩擦而导致土体隆起；（3）盾构姿态变化引起的土体损失而导致地面下沉；（4）盾构通过时盾尾空隙引起土体损失而导致地面下沉；（5）盾尾壁后注浆引起的地面隆起；（6）盾构掘进后周围土体超孔隙水压力消散及土体固结导致地面下沉[10]。

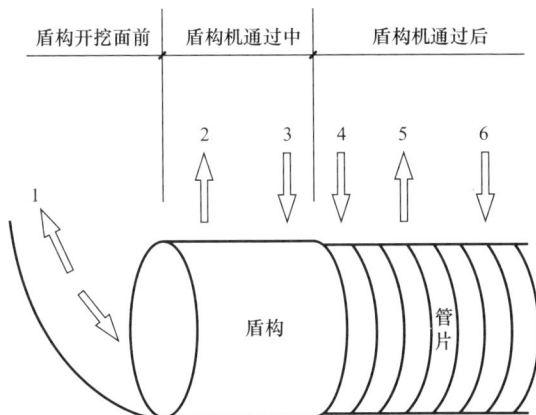

图 1-8　盾构掘进实际工况

目前，国内外学者对盾构掘进过程引起的土体变形研究暂不考虑第 6 阶段固结沉降，其研究方法可概括为：经验方法、理论方法、数值方法、实测方法和模型方法等。

1.3.1　经验公式法

（1）地表横向沉降研究

地表横向沉降经验预测应用最多的仍是 Peck 公式[9]，它是 Peck 通过对隧道施工之后的地表沉降槽的长期观察，并分析了大量的实测数据，提出了在隧道施工时间段地表横向沉降槽呈正态的分布规律，并认为这是由土体损失引起，土体损失的体积与地表沉降槽的体积相等。

其横向地表沉降分布经验公式为：

$$S(x) = S_{\max} \exp\left(-\frac{x^2}{2i^2}\right) \tag{1-1}$$

$$S_{\max} = \frac{V_{\text{loss}}}{\sqrt{2\pi}i} \tag{1-2}$$

$$V_{\text{loss}} = \eta\pi R^2 \tag{1-3}$$

式中　$S_{\max}$ 为地表横向最大沉降量，mm；$S(x)$ 为沿横向 x 分布的地表沉降量，mm；x 为所要求的地表点至隧道中心线的水平距离，m；R 为盾构机的外径，m；h 为隧道轴线的埋深，m；i 为沉降槽的宽度系数，m；V_{loss} 为盾构隧道单位长度的土体损失量，m^3/m；η 为体积损失率。

$$i = R\left(\frac{h}{2R}\right)^{\text{n}} \tag{1-4}$$

式中　R 为隧道外半径，m；h 为隧道轴线埋深，m；$n=0.8\sim1.0$，土越软，n 取值越大。

Peck 公式中的 i 和 V_{loss} 是两个重要参数，正确地选取这两个参数将决定预测地面沉降的准确性，许多学者对 Peck 公式参数取值作了进一步研究：Atkinson 和 Potts（1977）[11]，Clough 和 Schmidt（1981）[12]，O'Reilly 和 News（1982）[13]，Loganathan 和 Poulos（1998）[14]对 i 的取值提出了不同的方法；Cording 和 Hansmire（1976）[15]，Attewell（1978）[16]对 V_{loss} 作了深入研究。

（2）地表沉降纵向分布的研究

地表纵向沉降经验预测应用较多的仍是累积概率曲线公式。Attewell 等（1982）[17]提出了用概率曲线公式来分析计算隧道正上方的地表纵向沉降：

$$S(y) = S_{\max}\left[\Phi\left(\frac{y-y_i}{i}\right) - \Phi\left(\frac{y-y_f}{i}\right)\right] \tag{1-5}$$

式中　$S(y)$——沿隧道掘进的方向坐标位置为 y 处的地表纵向沉降量，m；

　　　y——地表点沿隧道的掘进方向坐标，m；

　　　y_i——隧道的开挖面掘进起始点，m；

　　　y_f——当前隧道的开挖面所处位置，m。

　　　Φ——此函数可以由标准正态分布函数表查得。

刘建航等（1991）[18]总结了上海等软土地区的隧道施工引起地表沉降的分布规律，并参考 Attewell 累积概率曲线公式，提出了预测地面纵向沉降计算公式：

$$S(y) = \frac{V_{l1}}{\sqrt{2\pi}i}\left[\Phi\left(\frac{y-y_i}{i}\right) - \Phi\left(\frac{y-y_f}{i}\right)\right] + \frac{V_{l2}}{\sqrt{2\pi}i}\left[\Phi\left(\frac{y-y_i'}{i}\right) - \Phi\left(\frac{y-y_f'}{i}\right)\right]$$

$$\tag{1-6}$$

式中　$S(y)$——地表纵向沉降量（正值表示沉降，负值表示隆起），m；

　　　y——沉降点与坐标轴的原点之间的距离，m；

　　　y_i——盾构掘进起始点与坐标轴的原点之间的距离，m；

　　　y_f——盾构隧道的开挖面与坐标轴的原点之间的距离，m；

　　　L——盾构机长度，m；

　　　　　$y_i'=y_i-L$，$y_f'=y_f-L$；

　　　V_{l1}——盾构的开挖面所引起的土体损失（欠挖为负），m^3/m；

V_{l2}——开挖面之后因为盾尾处空隙注浆量不足以及盾构机改变掘进方向等其他施工因素所引起的土体损失，m³/m；

Φ——此函数可以由标准正态分布函数表查得。

经验公式法一般采用高斯公式描述地表横向沉降，用累积概率曲线描述纵向地表沉降，具体确定几个关键参数以预测沉降。它的缺陷是不能具体反映施工情况，存在较多局限性，但在一定工况下仍能较为方便的进行地表沉降预测，因此应用最为广泛。

1.3.2 理论分析法

(1) 汇源法

Sagaseta（1987）[19-20]假设土体是不可压缩的均匀弹性半无限体，并将土体损失等效为圆柱体，得到三维的地表变形计算公式：

$$\left.\begin{array}{l} S_{x0} = -\dfrac{V_{loss}}{2\pi} \dfrac{x}{x^2+h^2}\left[1-\dfrac{y}{\sqrt{x^2+y^2+h^2}}\right] \\[2mm] S_{y0} = \dfrac{V_{loss}}{2\pi} \dfrac{1}{\sqrt{x^2+y^2+h^2}} \\[2mm] S_{z0} = \dfrac{V_{loss}}{2\pi} \dfrac{h}{x^2+h^2}\left[1-\dfrac{y}{\sqrt{x^2+y^2+h^2}}\right] \end{array}\right\} \quad (1-7)$$

式中　x——离轴线横向的距离，m；

y——至开挖面的距离（掘进方向表示正方向），m；

h——隧道轴线埋深，m；

V_{loss}——地层损失体积，m³/m。

在 Sagaseta "源汇法" 的基础上，Verruijt（1996）[21]、Loganathan（1998）[14]、Park（2004）[22]、陈枫（2004）[23]、姜忻良（2005）[24]等对其进行了改进和修正，但相关改进公式仅仅考虑了土体损失，无法反映具体的施工影响因素，且无法反映开挖面处的隆起现象。

(2) Mindlin 解法

魏纲（2005）[25]、齐静静（2009）[26]、唐晓武（2010）[27]、林存刚（2012）[28]利用弹性 Mindlin 解，推导了盾构附加推力、盾壳机和土体之间摩擦力所造成的地层纵向变形理论公式，并结合镜像法求解了土体损失所造成的变形。但此类理论计算公式不能很好地解释盾构开挖面前方一定距离处既有可能出现隆起也有可能出现沉降的动态变化现象。

(3) 随机介质法

朱忠隆（2001）[29]、施成华等（2003）[30]、齐静静（2009）[26]采用随机介质理论对隧道开挖引起的地面变形进行了预测，并对随机介质理论中的参数取值进行了研究，提出了不同类型的浅埋隧道施工引起的土体变形计算公式。但随机介质预测理论无法准确计算出地表隆起量，因此分析中大部分研究采用修正的方法或负的土体损失以计算地表隆起量。

1.3.3　数值仿真法

盾构掘进是典型的三维问题，土体变形大小与掘进机相对位置密切相关，数值仿真方法能够模拟各种施工工况。Lee（1990）[31]针对软土地区隧道建立了三维弹塑性有限元模型，以模拟隧道开挖引起的土体位移和隧道表面应力状态。对无衬砌工况和完全衬砌工况两种极限状态下土体应力场和位移场进行了有限元计算，得出土体位移受隧道开挖面周围土体弹塑性区大小的控制。

张海波（2004）[32]提出了更精细化的有限元数值仿真模型，其在盾构开挖面前方设置了开挖卸荷单元来模拟开挖面土体移动，并通过施加已知的结点位移来模拟盾构刀盘超挖以及盾尾脱空所引起的土体损失，通过设置纵横向三维接触单元来模拟盾构机前行过程土体和结构之间的相关接触。

张志强等（2005）[33]在南京地铁盾构隧道工程基础上，建立了包括盾构机自重、衬砌刚度、千斤顶推力以及盾尾注浆的盾构机掘进三维有限元模型，进一步深入研究了盾构机掘进过程中所引起的地表及管片变形。

Thomas（2006）[34]针对软土区土压平衡盾构掘进过程，建立了考虑众多施工影响因素的三维模型。其采用分步掘进数值模拟，考虑了开挖面土压平衡、盾尾注浆、盾构机及拖车重量的影响，并在仿真过程中分析了盾构机移动及衬砌管片拼装的影响。

方勇（2007）[35]以土压平衡式盾构机为背景，采用三维有限元法分别对正交下穿和平行盾构隧道施工过程进行模拟，分析了新隧道动态掘进时既有隧道变形和内力变化规律。数值模型中考虑了盾构机与隧道管片衬砌的相互作用，以及管片衬砌结构的横观各向同性性质。

Mroueh（2008）[36]考虑盾构掘进施工特点，建立了简化的三维非线性有限元数值模型，该模型主要考虑了开挖过程中未及时支护的衬砌长度以及应力释放率，认为盾构施工过程中可以通过调整衬砌支护的步骤时间及应力释放的大小来控制地面变形。

朱才辉（2011）[37]进一步在数值仿真过程中加入理论及经验公式预测，首先基于 Rowe 等[38]提出的"间隙参数"概念，对"间隙参数"进行相应的修正，再基于 Loganathan 公式[14]，利用修正的"间隙参数"对地表沉降进行施工因素的量化分析，同时建立了数值仿真模型对张云等[39]基于经验提出的等代层参数厚度进行相应的修正。

目前，通过有限元对盾构掘进引起的地表变形研究很多，也取得了不少成果。有限元法能够模拟各种工况以及施工因素，比如盾构机性能、盾构掘进速度以及纠偏注浆等的相互作用，且可重复性比较好。但有限元法比较浪费时间，且由于土的物理力学性质的复杂性，确定基本参数和建立本构模型较为困难，难以反映工程实际情况。

1.3.4　模型试验法

为了对隧道施工引起的地表变形影响因素等进行分析，许多学者通过相似材料模型试验、离心模型试验等方法对这一课题进行研究。此类方法主要是针对某一具体工程条件，在实验室内按相似理论建立模型并进行模拟试验，进而得出盾构掘进过程中周围土体变形的规律。

Mair 等（1983）[40]用离心机模型试验与有限元相结合的方法，对浅埋隧道引起的地面沉降进行了深入分析。认为地面沉降的大小很大程度上是由隧道周边土的特性所决定，并且浅埋隧道的稳定系数与隧道本身的埋深有关，稳定率相同但埋深不同的两条隧道施工所引起的地面沉降差别会比较大。

李围等（2005）[41]采用室内模型试验与有限元相结合的方法，研究了南京新建盾构隧道在玄武湖公路隧道下方穿越的施工影响，认为采用合适的施工参数可以有效减少施工对已有隧道周围土体的扰动。

刘纪峰（2011）[42]通过大型物理模型试验，总结了不同工况下的地表沉降规律，并归纳了不同工况下的地表沉降曲线，探讨了隧道埋深、支护压力以及掘进速度对地表沉降值的影响。

何川等（2012）[43]对土压平衡式盾构掘进过程进行了室内相似模型试验，获得了土压平衡盾构掘进对土体变形影响的一般规律，试验结果经过相似关系换算后可直接反映出原型中的实际地层沉降量。

相似模型试验的优点是可人为地控制室内实验条件，研究单个或多个变量对试验结果的影响，试验效率较高。此外，室内模型试验可进行多次重复性的破坏实验，而现场施工过程则无法满足相应的试验条件。但相似模型试验也有其缺点，主要包括：相似准则一般不太容易满足，且初始和边界条件也不太容易模拟，定量分析试验的研究周期以及相关费用可能还需要进一步增加[44]。

1.3.5　现场实测法

国内较早进行地铁现场测试是在 20 世纪 70 年代于上海地铁区间隧道试验段，主要是针对地铁盾构施工引起的地表沉降进行监测，并在现场实测的基础上对 Peck 公式进行了一定程度的改进，提出了考虑土体扰动固结下的地面沉降计算公式。

赵志民（2004）[45]对天津地铁一号线新华路至下瓦房区间隧道进行了现场实

测，主要研究盾构施工对周围土体的影响，分别测试了土体深层水平位移、竖向分层位移以及地表土体变形，给出了盾构掘进过程中土体的位移变化规律。

璩继立（2006）[46]对上海地铁二号线龙东路站至世纪公园站区间隧道进行了现场实测，研究了隧道埋深与地表最大沉降、地表沉降槽宽度系数之间的关系，并给出了不同埋深下的沉降槽实测形状。

胡群芳（2006）[47]对上海地铁 M4 线某区间隧道近距离下穿已运营 M2 线工程进行了施工监测，对比分析了盾构两次近距离下穿施工的隧道变形特点，并研究了 M2 线周围土体的变形规律，认为盾构掘进过程需满足慢慢掘进、均匀转弯、保持压力、适当注浆的施工条件。

姜忻良（2011）[48]对广州地铁 2、8 号延长线某区间进行现场实测，研究了盾构掘进过程中引起的两相水平深层位移，并将实测结果与数值模拟相结合进行了进一步计算，认为在盾构通过的不同阶段，平行于隧道方向的水平位移与垂直于隧道方向的水平位移呈现出不同的变化规律，两相水平深层位移均不可忽略。

魏新江（2013）[49]对杭州地铁 1 号线土压平衡盾构隧道施工进行了现场监测，监测内容包括：地表沉降、土体深层水平位移、超孔隙水压力及盾构机实时工作参数，研究了盾构机参数关系对土体变形的影响，认为正确选择掘进参数可有效保持开挖面稳定、减少土体变形。

1.4　盾构掘进对邻近建筑物影响研究现状

盾构掘进不可避免地会对周围土体产生扰动，当地表产生的变形较大时，往往又会引起邻近建筑物的沉降、倾斜甚至开裂等问题，这已成为盾构掘进过程中最值得关注及研究的问题之一。地表变形对建筑物产生的影响研究最早是针对煤矿采动区进行的，不少学者对煤矿采动区域房屋的变形、损害情况作了深入研究，其采动区建筑物损害评价标准已形成了一定成果，而隧道施工区域建筑物损害评价标准还并未建立。

目前对盾构隧道掘进对邻近建筑物影响研究中，国内外也形成了大量研究成果。现阶段盾构隧道掘进对邻近建筑物的影响分析方法一般可分为三种：理论分析法、数值仿真法和现场实测法。

1.4.1　理论分析法

Skempton 等（1956）[50]总结了 90 多个相关工程实例，确定了地表变形允许的差异沉降值和总沉降值，并认为是结构物产生裂缝的主要原因是由于地表沉降曲线的曲率半径过大所导致，但是沉降曲线的曲率半径较难测量，而变形角却较容易测得，因此一般情况下可以把测得的变形角作为结构物变形的主要判断根据。Burland（1995）[51]和 Mair 等（1996）[52]用挠度比和水平应变定义了建筑物的破坏级别，得到了较为广泛的使用。Boone（1996）[53]假定基础是与地表运动一致的柔性基础，运用材料力学、结构力学计算分析了框架墙体的拉、剪应变，并和已有的结构材料的临界拉、剪应变进行了对比分析，从而可较好的评定结构物受损情况。

曹红林（2005）[54]、姚海波（2006）[55]采用英国地铁 Jubilee 延长线建筑物评价标准分析了地面沉降对房屋的影响，但其中剪切拉应变和弯曲拉应变较难确定，且没有考虑建筑物的结构特性。施成华（2004）[56]根据煤炭工业部编制的《砖石结构建筑物破坏等级》，从地面最大沉降值、倾斜值和弯曲曲率三个方面对浅埋隧道开挖区域地面建筑物安全进行了评价。葛世平（2011）[57]针对盾构施工对建筑物的扰动提出双控控制指标：①建筑物下沉降槽平均斜率总量小于 2‰；②建筑物下沉降槽平均斜率增量小于 0.1‰。

Richard（2005）[58]运用解析法分析了隧道开挖引起地面框架结构的变形，假定地梁可以限制墙体变形和抑制剪切变形，将挠度、剪切刚度与偏差比率相结合，提出了一个简化的闭合解。

韩煊（2009）[59]对英国地铁 JLE 工程中建筑物沉降进行了拟合，在计算地表横向沉降的 Peck 公式基础上提出了体型简单、结构刚度均一的多层建筑物沉降的高斯分布模型。可实际上在隧道开挖面还未达到建筑物地基处，其引起的地表纵向变形已经对建筑物产生影响。

丁智（2012）[60]基于弹性半空间的 Boussinesq 解，对邻近建筑物盾构施工引起的地表沉降影响进行了理论分析。在扰动荷载的基础上引入建筑物荷载模型，求解了邻近建筑物工况下的盾构施工引起的地表横向沉降。

欧阳文彪（2013）[61]考虑了建筑物刚度影响，将建筑物看作上覆硬壳层，采用等效刚度原理对建筑物硬壳层进行分析，将盾构隧道穿越建筑物引起的变形问题转变成匀质半无限空间内的 Verruijt 和 Booker 解问题，从而推出考虑建筑物刚度时盾构隧道穿越建筑物引起的地表横向沉降计算公式。

1.4.2 数值仿真法

盾构隧道掘进对邻近建筑物影响因素比较复杂，现有理论分析方法在研究建筑物变形及内力变化上还较为欠缺，所以有限元数值分析法仍是国内外学者进行研究的主要方法之一。

Mroueh（2003）等[62]对隧道开挖引起的地表建筑物变形进行了三维数值模拟，认为忽略建筑物的自重会导致沉降计算结果明显偏小，但其并没有考虑建筑物结构的特点，使得地表沉降在独立基础连接处产生明显的变化。

Jenck（2004）等[63]对邻近建筑物盾构施工进行了三维数值模拟，并考虑了土体损失的影响，研究了建筑物刚度变化对地表变形的影响。认为建筑物的存在对地表沉降有明显的影响，在盾构施工过程中需引起重视。

姜忻良等（2006）[64]采用有限元程序 ABAQUS 对盾构掘进过程进行了动态模拟，进一步分析了盾构掘进对邻近建筑物的影响。认为建筑物离隧道越近，受到盾构掘进的影响越大，当距离 3 倍半径以外时影响已经很小，距离大于 4 倍半径时，影响可以忽略不计。

贺美德等（2010）[65]采用有限元法对新建隧道施工所引起的邻近高层建筑物的结构沉降、基础倾斜进行深入研究，认为盾构到达建筑物之前的临近影响区域内，建筑物向远离隧道方向一侧倾斜；盾构侧穿过程中，建筑物向邻近隧道方向一侧发生一定程度的倾斜，直至后期稳定。

丁祖德等（2011）[66]结合深圳地铁隧道下穿某框架结构物实例，利用 midas/GTS 有限元软件建立了三维数值模型，考虑了隧道与建筑物呈 90°、60°、45°和 30°夹角四种不同工况，分析了隧道与建筑物不同夹角条件下隧道开挖对地表建筑物基础沉降和结构受力变形的影响。

姚爱军（2012）[67]结合北京地铁十号线盾构隧道侧穿筏板基础建筑物的工程实例，采用 FLAC3D 有限元软件进行了三维数值计算，研究了盾构到达建筑物前、通过及离开建筑物三个阶段的地表横向及纵向变形规律，并依据规范提出该建筑物地基基础变形控制标准。

1.4.3　现场实测法

Breth 等（1974）[68]分析了盾构在砌体结构和框架结构建筑物下方掘进时引起的地面沉降，发现实际测得的地面沉降槽宽度比未考虑建筑物刚度时的预测结果宽得多，认为在预测盾构掘进对建筑物影响时必须考虑建筑物的刚度。

杨兴富（2006）[69]对上海轨道交通 M8 线盾构下穿一砖混结构民房进行了现场监测，认为土体损失对地表的沉降量影响最大，在盾构推进过程中应合理控制掘进速度、土仓压力、出土量等施工参数。

李海（2011）[70]对苏州地铁 1 号线下穿新区实验中学食堂进行了实测，总结了苏州粉土地层中盾构下穿独立基础建筑物关键技术，系统提出了盾构掘进参数控制、跟踪注浆以及地面加固保护的方法。

孙宇坤（2012）[71]结合杭州地铁 1 号线某区间盾构隧道下穿砌体结构住宅群的实例，通过对左、右线隧道整个施工期间的建筑物沉降的监测及分析，研究了盾构隧道掘进对邻近地表砌体结构建筑物沉降的影响规律。

徐泽民（2013）[72]对天津地铁 3 号线某区间下穿风貌大楼进行了实测，研究了盾构掘进过程中建筑物变形规律及特点，认为合理的控制盾构掘进参数能有效减少建筑物的沉降，淤泥质土层下方注浆可抬升自重较小的建筑物，但注浆引起的孔压消散则会导致建筑物工后沉降。

随着国内地铁建设的蓬勃开展，基于现场实测分析的案例与研究也越来越多，此类研究对指导今后的盾构施工具有一定的工程意义。但现场监测试验一般会花费较大的人、物、财力，同时还可能会受到实际施工条件的限制而不能全方位地开展，因而不同地区的地铁盾构施工引起的建构筑物变形实测数据还需进一步归纳与分析。

1.5 现有研究的不足之处

以上国内外研究现状表明，目前在计算分析盾构掘进对邻近建筑物影响还存在较多不足之处，具体问题可归纳为如下：

（1）现有计算和预测盾构隧道掘进变形仍以经验公式为主，理论解中 Mindlin 解法和随机介质法较难在工程现场中应用，Sagaseta 解虽可以方便应用，但现有计算中将盾尾和开挖面引起的土体损失混淆在一起，没有考虑施工特点及工艺因素的影响，有必要进行进一步修正。

（2）国内外对于盾构掘进对建筑物的影响研究方法仍主要集中在数值模拟方法，其分析方法主要有两大类，第一类是整体分析法，这类分析方法中都没有考虑到建筑物的存在对盾构掘进引起土体变形的影响；第二类为两阶段分析法，但没有考虑建筑物的类型、基础形式及受力特点，研究成果可应用性则大大降低。

（3）已有成果都是集中在隧道开挖面引起的地表横向沉降对建筑物变形的影响研究，且都是简化为静态扰动，而考虑地铁盾构纵向掘进对邻近浅基础建筑物的影响几乎没有，同时隧道掘进引起的建筑物附加变形和附加内力的计算公式也未见报道，反映动态的隧道掘进区地基、浅基础和建筑物协同作用解析模型也还没有建立。

（4）已有预测邻近建筑物隧道开挖面沉降计算公式仍然是采用 Peck 公式，但该公式并没有考虑建筑物的存在。大部分学者在对隧道-建筑物-土体相互影响研究中，仍然在用 Peck 计算公式进行对比分析。但在实际工程中，由于建筑物的结构刚度的作用，使建筑物的变形曲线与天然地基情况完全不同。忽略了建筑物的自重会导致隧道开挖面地表沉降计算结果和沉降槽宽度有明显改变。

（5）目前我国地铁隧道施工中建筑物评价标准几乎空白，无法有效判断盾构隧道开挖面处的最大地表沉降是否会对相邻建筑物产生危害，进而确定相关建筑物的损坏程度，没有将建筑物的损坏程度和盾构掘进土体损失相结合，且无法考虑建筑物基础形式，不能较好地指导地铁工程实践。

1.6 本书的主要研究内容

根据国内外已有研究的不足之处，本书主要针对盾构掘进引起的土体变形及对邻近不同基础建筑物影响开展了以下研究工作：

（1）对杭州地铁 1 号线艮山门站（现改名为打铁关站）—闸弄口站区间隧道工程进行了现场实测，研究了盾构掘进对土体变形及邻近不同基础建筑物的影响。重点实测了盾构下穿短桩基础多层建筑物（第一汽车公司教练大队办公楼）的变形，以及邻近浅基础多层建筑物（文晖农贸市场旁建筑物）及长桩基础高层建筑物（野风现代家园住宅楼）盾构掘进引起的变形，并对施工参数进行了对比分析。

（2）结合到盾构实际施工，将盾构掘进引起的土体损失视为由开挖面出土平衡引起的土体损失和盾尾间隙及注浆产生的土体损失组成。基于 Sagaseta 汇源法理论，假定开挖面出土平衡引起的土体损失是由与出土率有关的等量径向土体位移造成，盾尾间隙产生的土体损失是由与盾尾脱空及注浆有关的等量径向土体位移造成，推导出半无限空间三维土体变形计算公式，并给出了修正的 Sagaseta 地面变形计算公式。

（3）引入协同作用理论模型深入分析盾构隧道纵向掘进对邻近浅基础和短桩基础建筑物的影响，将盾构法施工造成的土体损失作为引起地面沉降的主要原因，并利用修正的 Sagaseta 地面变形计算公式，推导出浅基础（短桩基础）建筑物地基、基础和结构协同作用的力学模型及理论解，并利用分析软件 1stOpt 进行了数值积分求解，分析得到盾构掘进区建筑物变形规律以及内力分布规律。

（4）在土体损失计算理论基础上，进一步建立了双线平行（双圆）盾构隧道轴线上方建筑物地基、基础与结构协同作用力学模型，分析了双线平行（双圆）盾构隧道掘进过程中邻近浅基础建筑物变形及内力变化规律。并基于上述理论模型，结合建筑物变形安全评判原则，提出了盾构掘进区建筑物变形与安全控制标准。

（5）分析邻近建筑物盾构隧道施工引起的土体横向位移规律，提出了隧道在建筑物正下方、扰动范围内以及扰动范围外三种工况下施工时，地表横向沉降槽分别呈"塞形分布曲线"、"偏态分布曲线"和"正态分布曲线"特征，并给出了塞形分布曲线计算公式和偏态分布曲线计算公式及相关参数。

（6）采用通用软件开发工具 Delphi7.0，编制了可视化软件"邻近建筑物隧道施工影响系统"，可以较为方便的判断隧道掘进引起的地表横向沉降槽大小，以及其是否对邻近不同距离建筑物产生损坏，进而可以较为方便的确定建筑物损坏程度。通过对建筑物的容许拉应变和倾斜率计算地表变形基准值，再以地表变形基准值作为评价依据来确定邻近不同距离建筑物是否受到施工损害。

（7）通过杭州、南昌、宁波 3 个不同盾构隧道邻近建（构）筑物施工的工程案例，给出了合适的邻近建筑物的盾构施工控制技术，提出了盾构机改造、建筑物和盾构隧道自身加固、地层注浆、施工监控量测反分析等具体技术措施，同时分析了施工过程中地表及建（构）筑物的沉降变形，以评判工程控制技术措施的合理性和有效性，可为类似工程提供有益参考。

第2章 邻近不同基础建筑物盾构掘进沉降
实测与分析

2.1 引言

我国沿海地区经济发达、人口密集，是地铁建设集中的地区，也是深厚软黏土广泛分布的地区，地铁隧道不可避免地需要穿越强度低、压缩性高、灵敏度高的软弱土层。同时地铁建设一般沿线穿过繁华的商业闹市区，不同形式基础建筑物及地下管道密集。因此，在全国大兴地铁建设的今天，如何较为准确地预测隧道掘进对邻近不同基础建筑物的影响以及合理地控制和减小影响，就成为软土地区地铁建设中亟待解决的一大难题。

由前述综述可知，现场实测试验已成为研究盾构掘进引起的土体和建筑物变形的有效手段之一。国外如德国、英国、法国、日本等结合盾构隧道工程进行了大量现场试验及理论研究，我国上海、北京、广东、江苏等地结合盾构隧道工程进行了一系列现场监测研究。但由于工程地质的复杂性以及施工参数的变化，不同地区的土体及建筑物变形具有不同的特点，研究成果还难以满足复杂的地铁盾构隧道工程建设的需要。

目前系统分析盾构掘进对不同基础建筑物变形影响的实测和研究还并不多见，而针对杭州这一特殊软土地区的研究则更少。考虑到岩土工程的区域性，有必要更全面探讨和分析盾构掘进对不同基础建筑物变形的影响，为相似工程提供参考。本章基于杭州地铁1#线艮-闸区间隧道工程中不同基础建筑物的大量监测数据，初步讨论和分析了盾构掘进区域内土体及不同基础建筑物变形规律。在实测数据的基础上，推导了考虑施工参数影响的土体变形理论解（第3章），并在土体变形解的基础上建立了隧道-地基-不同基础建筑物理论模型（第4、5、6章），研究了盾构隧道纵向掘进对邻近不同基础建筑物变形及内力的影响。此外，对隧道掘进区邻近浅基础建筑物地表横向沉降分布进行了预测，并根据已有控制标准编制了相应预测软件（第7章）。

2.2 工程概况

2.2.1 工程介绍

本次试验研究对象为杭州地铁1号线艮山门站（现改名为打铁关站）～闸弄

口站区间隧道工程，为地下双线单圆盾构隧道（5、6 号盾构），5 号、6 号盾构分别于 2009 年 6 月 20 日和 2009 年 10 月 24 日始发，于 2009 年 12 月 9 日和 2010 年 5 月 20 日到达。起点为焦家村车站，经过绍兴路，在桩号 K18＋140 进入铁路艮山门货运站，在文晖大桥东头桩号为 K18＋600 与文晖路连接，沿着文晖路到闸弄口站，地铁区间经过的绍兴路宽约 40.0m，文晖路宽约 50.0m。铁路艮山门货运站内现有部分建筑及密集的铁路线。

图 2-1　"西子号"盾构机

隧道掘进机械采用的是杭州锅炉集团制造的第一台盾构机"西子号"（图 2-1），机长 8.5m，直径 6.34m，总长 60m，重达 350t。衬砌类型为标准环加左转弯环或右转弯环的形式，采用错缝拼装形式。标准环管片内径 5.5m，外径为 6.2m，厚度 0.35m，宽度为 1.2m，钢筋混凝土管片采用 C50 防水混凝土浇筑而成，抗渗等级为 S10，每环由 1 块封顶块、2 块标准块、2 块邻接块及 1 块封底块共 6 块管片构成。

2.2.2　水文地质条件

（1）地形地貌

地铁 1 号线工程艮山门站～闸弄口站区间位于杭州城区东面，钱塘江的北部，属于冲海积平原地貌单元。隧道区间线路为东西走向，工程场地区域内地势平坦，拟建场地自然地面较平坦，地面标高 5.0～6.5m。

（2）地质条件

现场施工场地深度 20m 范围内为冲海相砂质粉土夹粉砂，埋深 20～40m 厚约 10.0～20.0m 的流塑状淤泥质黏土层，埋深约 40～45m 厚约 1.0～6.0m 粉质黏土及含砂粉质黏土层，下部为厚度大于 3m 的性质较好的圆砾层。场地等级为二级，为中等复杂场地。

场地内按勘探深度可分为①、③、④、⑥、⑧等 8 个大层，详细可划分为 18 个亚层。部分土层物理力学性能指标如表 2-1 所示。

土层物理力学性能指标　　　　　　　　　　表 2-1

层号	土层名称	天然重度	压缩模量	黏聚力	内摩角	渗透系数	
		γ(kN/m³)	E_{S1-2}(MPa)	c(kPa)	φ(°)	K_v(cm/s)	K_h(cm/s)
①₁	杂填土	17.8	—	—	—	3.5×10^{-3}	—
①₂	素填土	19.2	6.50	28.0	19.5	4×10^{-4}	—

续表

层号	土层名称	天然重度	压缩模量	黏聚力	内摩角	渗透系数	
		$\gamma(kN/m^3)$	$E_{S1-2}(MPa)$	$c(kPa)$	$\varphi(°)$	$K_v(cm/s)$	$K_h(cm/s)$
③₂	砂质粉土	19.0	12.22	9.4	29.3	$3.34×10^{-5}$	$2.70×10^{-5}$
③₃	砂质粉土	19.1	13.28	5.7	32.3	$7.50×10^{-4}$	—
③₅	砂质粉土	18.4	9.60	6.0	29.5	$1.85×10^{-4}$	$4.42×10^{-5}$
④₂	淤泥质土夹淤泥质黏土	17.1	2.49	14.9	8.9	$5.25×10^{-7}$	$2.38×10^{-6}$
④₃	淤泥质黏土	16.9	2.48	15.5	9.4	$3.28×10^{-7}$	$6.28×10^{-7}$
⑥₁	淤泥质土夹粉质黏土	17.8	3.06	17.9	11.0	$5.77×10^{-7}$	$6.98×10^{-6}$
⑥₂	淤泥质黏土	17.2	3.00	16.2	10.4	$9.37×10^{-7}$	$1.15×10^{-6}$
⑧₁	淤泥质黏土	17.1	2.80	19.0	8.8	$2.62×10^{-7}$	$4.07×10^{-7}$

（3）地下水

本场地地下水主要类型为第四纪松散岩类孔隙水，根据其含水介质、水理性质、赋存条件和水力特征，可分为孔隙性潜水和承压水两大类。

1）潜水

本场地浅层地下水属孔隙潜水，主要赋存在表层填土及③₂～③₆层粉土、粉砂中，由地表水径流和大气降水补给，在麦庙港附近区域进行河水补给，地下水位随着季节而变化。钻孔静止水位埋深0.9～3.0m，相应高程3.46～5.30m。根据该区域内水文地质资料，浅层地下水的水位年变幅约1.0～2.0m，多年平均高水位埋深约0.5～1.0m。根据杭州市区类似相关工程经验及场地环境，地下水的流速较小。

2）承压水

工程区域内孔隙承压水主要分布在深部的⑭₂层圆砾中，水量较为丰富，隔水层为上部的淤泥质黏土层（④、⑥、⑧、⑨、⑬层）。

在旁通道位置Z-12钻孔内埋设铁制套管，将上部潜水含水层隔离，实测⑭₂圆砾层承压水头埋深，各孔测试成果见表2-2。

承压水头测试结果　　　　　　　　　　表2-2

测试孔号	位置	里程桩号	承压水埋深	相应高程
C-18	艮山门站	K17+780.00	9.51	−4.25
Z-06	闸弄口站	K19+470.00	9.10	−4.00
Z-12	艮山门站～闸弄口站	K18+725.00	9.78	−4.04

2.3 现场测试方案

盾构施工是一个对土体持续扰动的过程，土体受到挤压或土体损失及土体固结均会引起地面产生隆沉变化，具体与以下因素有关：盾构密封仓平衡压力、出土速度、盾构姿态、盾构外壳拖带作用、管片衬砌接缝密封程度、建筑间隙、隧道衬砌变形、土体固结和次固结沉降、注浆填充材料凝固收缩沉降等。为减少对环境的不利影响，盾构施工就必须引入信息化监测手段，以反馈指导施工，确保开挖面稳定，正确控制掘进速度，不断优化掘进施工参数，以有效控制土体沉降和变形。

本章着重研究盾构掘进影响区地表和建筑物的变形规律，故重点分析工程施工中地表和建筑物的垂直位移监测结果。

2.3.1 测试方法

为提高相应的监测数据精度，采用整体布设和分级布网的原则：即首先布置统一监测控制网，再在相应基础上布置监测点。

(1) 沉降变形监测高程控制网测量

1) 采用独立的水准系，在远离施工一定影响范围以外两侧各布置一组牢固的水准点，该组水准点即为永久水准基准点。沉降变形监测基准网则以上述水准基准点作为相应起算点，组成水准控制网进行垂直位移联测。

如图 2-2 所示，基点是观测沉降点垂直位移量的基准，一般采用高精度水准测量法来测定相应基点的高程，并经常检查核定其高程有无受外界影响而改变。测量时与国家相应二等水准点进行往返观测，且检查周期小于 30 天。同时在沉降观测时，对各测点（如图 2-3、图 2-4 所示）与相应后视基点的视距应进行控制，其与后视基点的视差距应小于 2m。在对各沉降点进行观测后必须再观测相应后视基点，两次后视读数的差应小于 0.1mm，否则应进行重测。

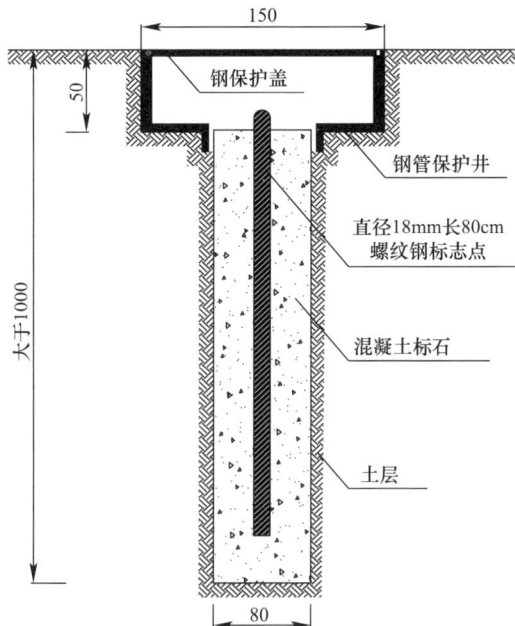

图 2-2 地表基准标志埋设形式（mm）

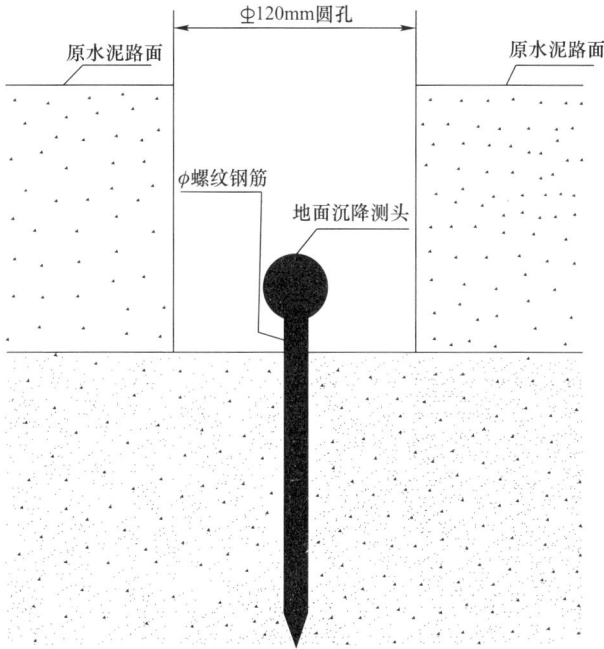

图 2-3 地面沉降点安装示意图

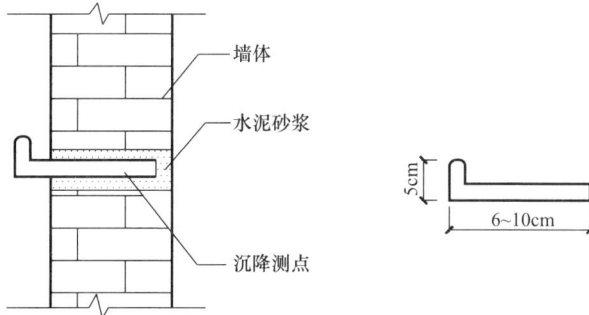

图 2-4 建筑物沉降测点示意图

基准网的观测按照国家二等水准测量规范进行测量，高精度水准测量主要技术要求见表 2-3。

精密水准测量的主要技术要求 表 2-3

每千米高差中误差 (mm)		水准仪等级	水准尺	观测次数	往返较差、附合或环线闭合差 (mm)
偶然中误差	全中误差	DS1	钢钢尺	往返测各一次	$4\sqrt{L}$
±1	±2				

注：L 为往返测段、环线的路线长度（以 km 计）

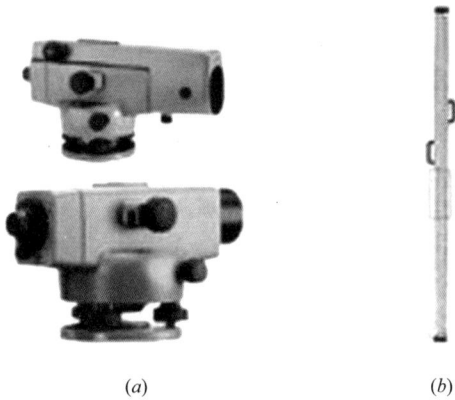

图 2-5　测量仪器
（a）WILDNA2 自动安平水准仪；（b）铟钢尺

2）本高程监测基准网使用 WILD NA2 自动安平水准仪（标称精度：±0.3mm/km）及配套铟钢尺，仪器见图 2-5（a）、（b）。

沉降观测需严格按国家二等精密水准测量规范要求进行，为确保较高的观测精度，测量时采取如下措施：

① 测量前编制相应的作业规划表，以确保沉降观测的有序开展；

② 观测前应对高精度水准仪及铟钢尺进行全方位的检验；

③ 观测方法：往测奇数站采用"后—前—前—后"，往测偶数站采用"前—后—后—前"；返测奇数站采用"前—后—后—前"，返测偶数站采用"后—前—前—后"。当往测转变为返测时，两根铟钢尺进行互换；

④ 测站的视线长度、前后视距差、视线高度要求见表 2-4。

外业观测要求　　　　表 2-4

标尺类型	视线长度		前后视距差	前后视距累计差	视线高度	
	仪器等级	视距			视线长度 20m 以上	视线长度 20m 以下
铟钢尺	DS1	≤50m	≤1.0m	≤3.0m	0.5m	0.3m

⑤ 测站观测限差见表 2-5。

测站观测限差　　　　表 2-5

基辅分划读数差	基辅分划所测高差之差	上下丝读数平均值与中丝读数之差	检测间歇点高差之差
0.5mm	0.7mm	3.0mm	1.0mm

⑥ 两次测量高差超限需进行重测。

3）沉降基准网观测完成后，需对测量记录进行严格的检查，尽量控制每个水准闭合环差闭合较好，当各项参数认定合格后才可以进行内业的平差计算。内业计算一般采用平差软件按照间接平差方法进行严密的平差计算，高程成果单位可取至 0.1mm。

（2）监测点沉降测量

按照国家二等水准测量规范的要求，每次沉降观测都是通过工作基点之间联测一条相应的二等水准闭合路线，并通过路线上的工作基点来观测各监测点的位移值。每个监测点高程值的初始值应在工程前期进行两次测定取平均值，某监测点本次沉降值为本次高程值减去前次高程值的差值，累计沉降值为本次高程值减去初始高程值的差值。

（3）监测频率

因盾构施工推进的动态性质，监测同样需同步动态跟踪，重点应监测盾构推进施工段前20m、后30m长度范围的所有监测点。

重点建筑盾构施工期间监测周期和频率见表2-6。

重点建筑监测频率 表2-6

施工阶段	盾构推进		
施工范围（距建筑物）	10～30m	10m以内	30m以外
监测频率	1～2次/d	2～4次/d	逐步停测

区间盾构推进施工监测周期和频率见表2-7。

施工监测频率 表2-7

监测对象 施工工况	盾构推进施工段前20m、段后30m内所有管线、建筑物、地表监测点	盾构推进施工段前10m、段后10m内所有管线、建筑物、地表监测点	盾构推进施工段后30m外管线、建筑物、地表监测点
盾构推进前	至少2次初值		
盾构推进中	1次/d	2次/d	
盾构推进后			1次/3d（0～10d） 1次/7d（10～30d） 逐步停测（30d）

（4）报警值

根据相关规范及设计要求，地面和房屋沉降累计报警值设置为（＋10mm～－30mm），单次隆沉报警值为±3mm；房屋倾斜报警值为 $\delta/l < 3/1000$（δ 为差异沉降值，l 为建筑物长度）。当监测点达到报警值时立即进行报警，分析其中原因并采取相应技术措施。

2.3.2 测点布置

（1）艮山门车站周围地表、建筑物的监测

盾构穿越第一汽车公司、现代家园时，因盾构刚出洞，一些施工参数并未调整至最佳，加上盾构姿态也不是很好，地表及建筑物受盾构掘进的影响较大，所以需要对第一汽车公司、现代家园及沿线地面的沉降作重点监测，测点布置见图2-6。其中第一汽车公司是一短桩基础建筑，现代家园住宅楼是桩基础建筑，具体的测点布置方案如下。

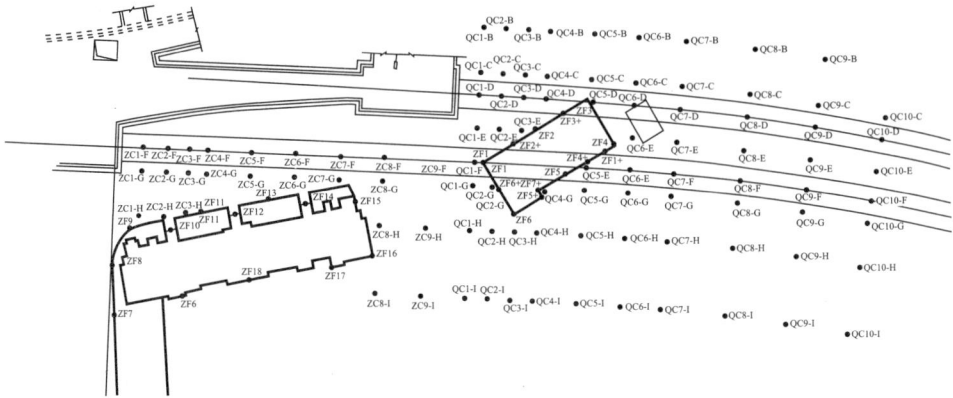

图 2-6　艮山门车站周围地表、建筑物的监测点布置

1）地表测点布置

横向布置：距盾构工作井（出洞段和进洞段）90m 范围内加密监测，横向沉降剖面具体布置如下：0～15m 内每 5m 布置一个剖面；15～45m 每 10m 布置一个剖面；45～90m 每 15m 布置一个剖面；其他部位每 50m 布置一个剖面。艮山门站～闸弄口站区间共 32 个剖面（编号 QC1～QC32）。剖面监测范围（剖面长度）为各隧道中心向外 30m，每一剖面上共布置 9 个测点，其余 6 个测点两侧各 3 个，各自离两条隧道中心线上的测点距离分别为 5m、10m、15m（共 30m），每组剖面测点的编号为 A～I，见图 2-7。

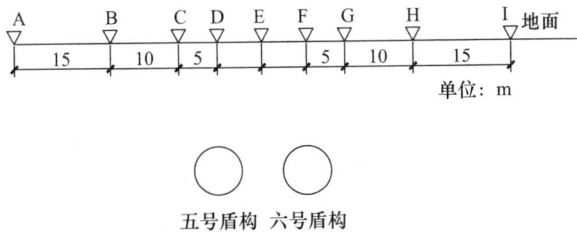

图 2-7　地表沉降横向剖面测点示意图

隧道轴线上方地表沉降点采取钻孔埋设方法，在地表钻出直径 5～10cm 孔，打破硬壳层后钉入 60～80cm（视地下障碍物复杂情况而适当调整）长钢筋后用黄砂填实，其他区域一般以带帽钢钉敲入预定位置地表，特殊地段（如管线密集区或重要建筑附近）按照轴线上方布点方式加深（不损伤管线）布置监测点。

2）第一汽车公司短桩基础建筑物测点布置

本工程盾构从艮山门车站出洞后在里程 K18＋40～K18＋115 之间从教练大队办公楼下穿过，办公楼为 6 层砖结构，基础为薄壁 Φ500mm 预应力管桩，桩长 8.5m，桩底标高为－3.5（黄海高程）。5、6 号盾构顶标高为－5.385m，距离桩

24

基底部约 1.9m，隧道中心距离约 14.5m，盾构穿越土层为④₃ 层淤泥质粉质黏土夹淤泥质黏土及⑥₁ 层淤泥质粉质黏土。在该建筑物上布设监测点 13 点，平均点距约 7m，最小点距约 2m，如图 2-8 所示。

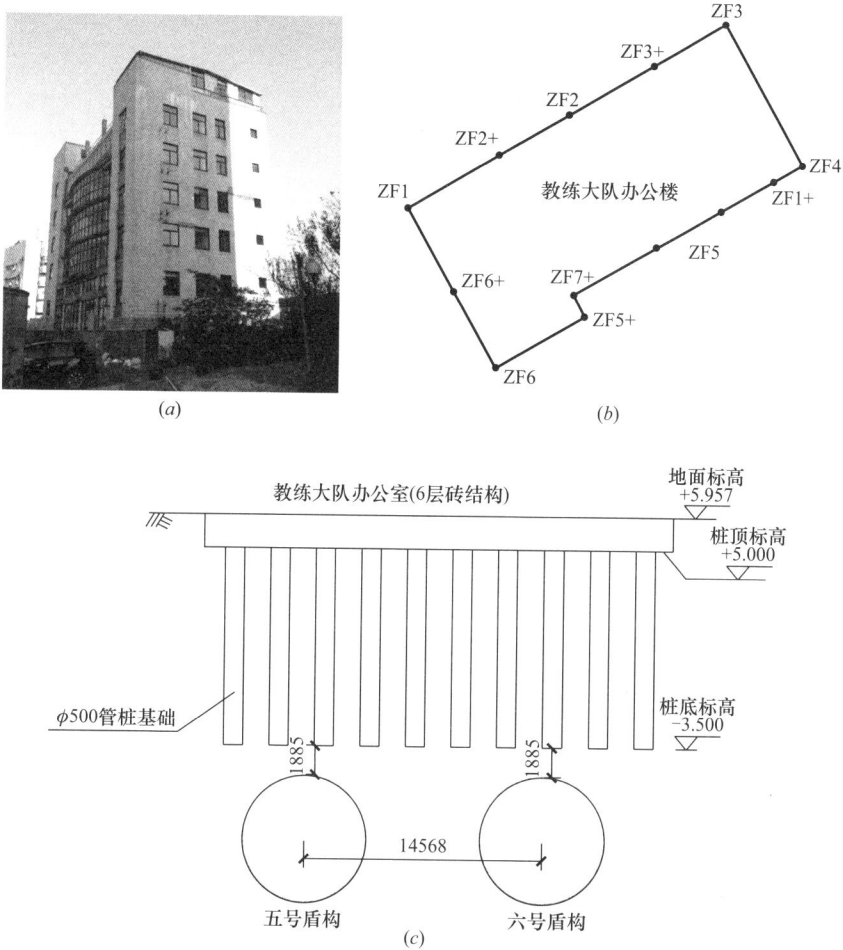

图 2-8 第一汽车公司短桩基础建筑物

（a）教练大队办公楼；（b）大楼的监测点布置；（c）大楼与地铁隧道的位置关系

3）现代家园长桩基础建筑物测点布置

区间 6 号盾构从艮山门车站出洞后从野风房产"现代家园"旁穿过，房屋基础为 $\Phi 600mm$ 及 $\Phi 700mm$ 的钻孔灌注桩，桩长 39.8m，距离隧道边线最近约 6m，区段 6 号盾构顶部埋深约 10m，穿越土层为③₆、③₇ 层粉砂、砂质粉土。该建筑上共布设监测点 13 个，其中 8 点位于主楼上，5 点位于裙楼上，如图 2-9 所示。

(a)

(b)

(c)

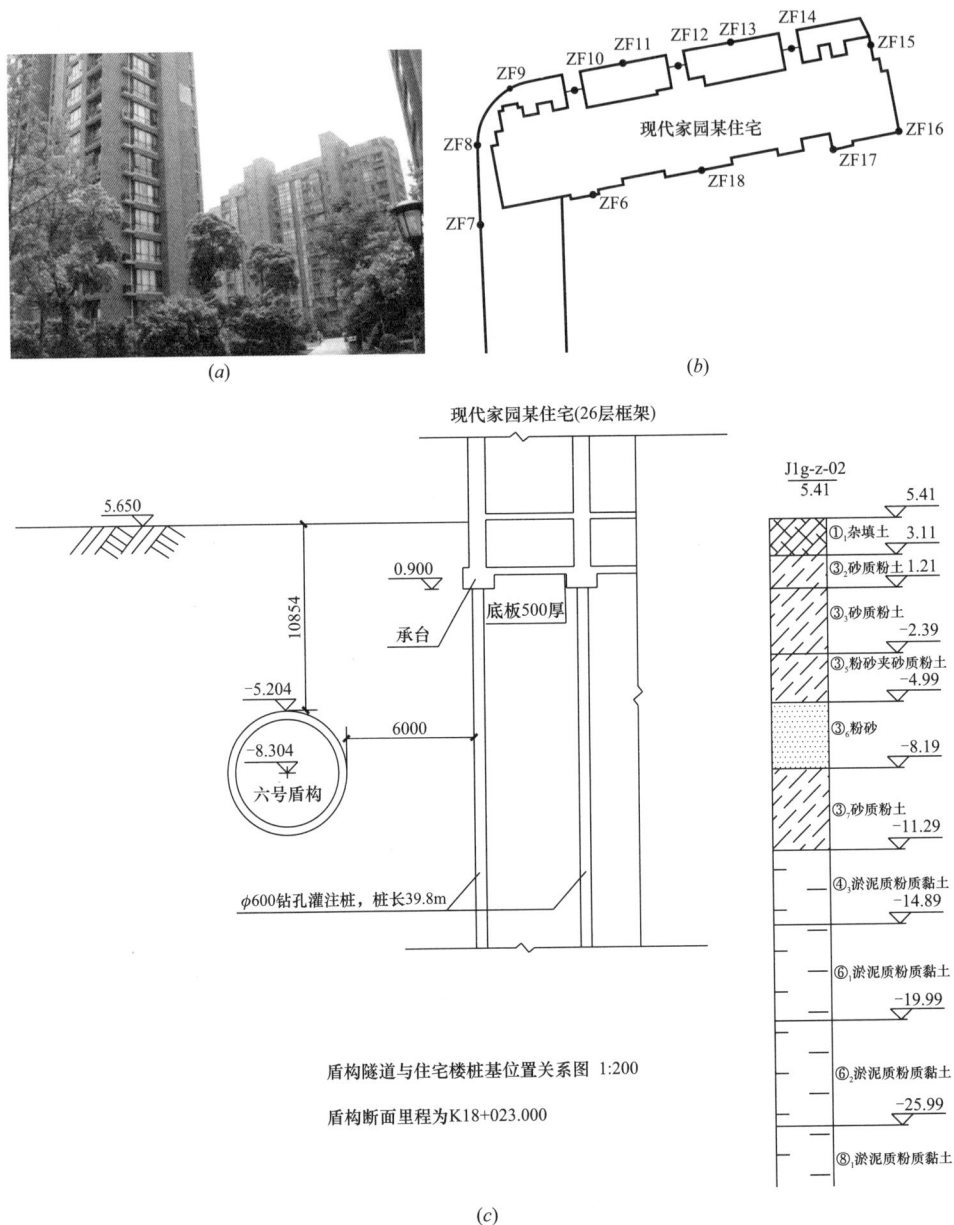

图 2-9　现代家园长桩基础建筑物

（a）现代家园；（b）建筑物上的监测点布置；（c）楼与地铁隧道的位置关系

（2）杭州文晖果品市场附近浅基础建筑物测点布置

盾构掘进影响区内的浅基础建筑物更容易受盾构施工的影响，对沉降的敏感度较高，所以对盾构上方的浅基础作重点监测。

文晖果品市场位于艮山门～闸弄口车站的中部位置,其西侧是艮山门货运站铁路,东侧是住宅小区"天成嘉苑",南侧有文晖大桥,另外,其周围有较多老房子。地铁一号线的五号盾构掘进路线与周围建(构)筑物的位置关系见图 2-10。建筑物 A(铁路艮山门货运站浅基础建筑物)、B(文晖果品市场商铺浅基础建筑物)与五号盾构隧道轴线近似平行,且盾构从其下方穿过,故对其监测数据进行重点分析。建筑物 A 为二层砖结构,条形基础,基础埋深约为 0.5m,沿隧道轴线方向长约 13m,宽度约 6m,布置 4 个监测点,记作 TF1～4,见图 2-11。建筑物 B 为二层砖混结构,条形基础,基础埋深约为 0.5m,沿隧道轴线方向长约 31m,宽约 10m,布置六个监测点,记作 QF8～13,见图 2-12。

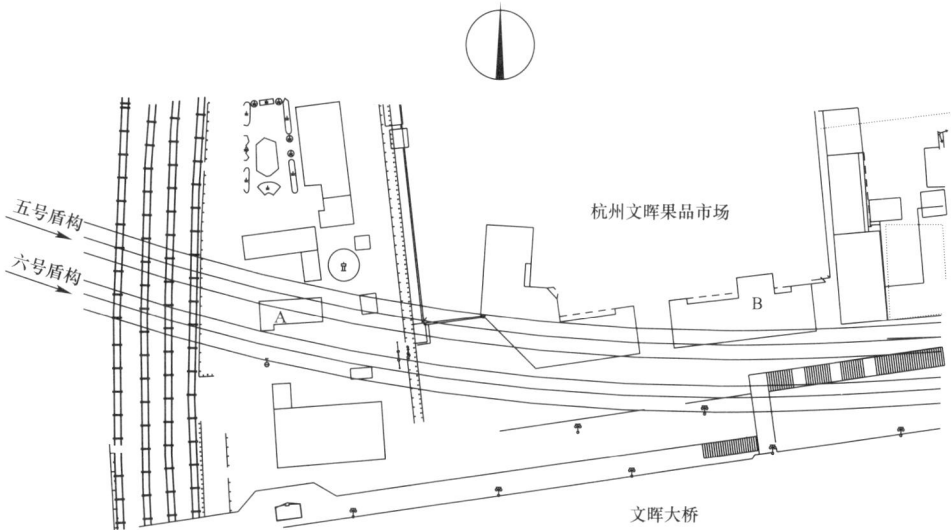

图 2-10 隧道与周边建筑物的位置关系

(a)

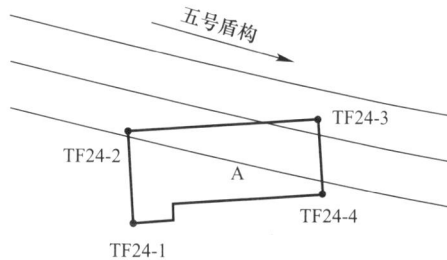

(b)

图 2-11 铁路艮山门货运站浅基础建筑物

(a) 建筑物 A 照片;(b) 建筑物 A 的监测点布置

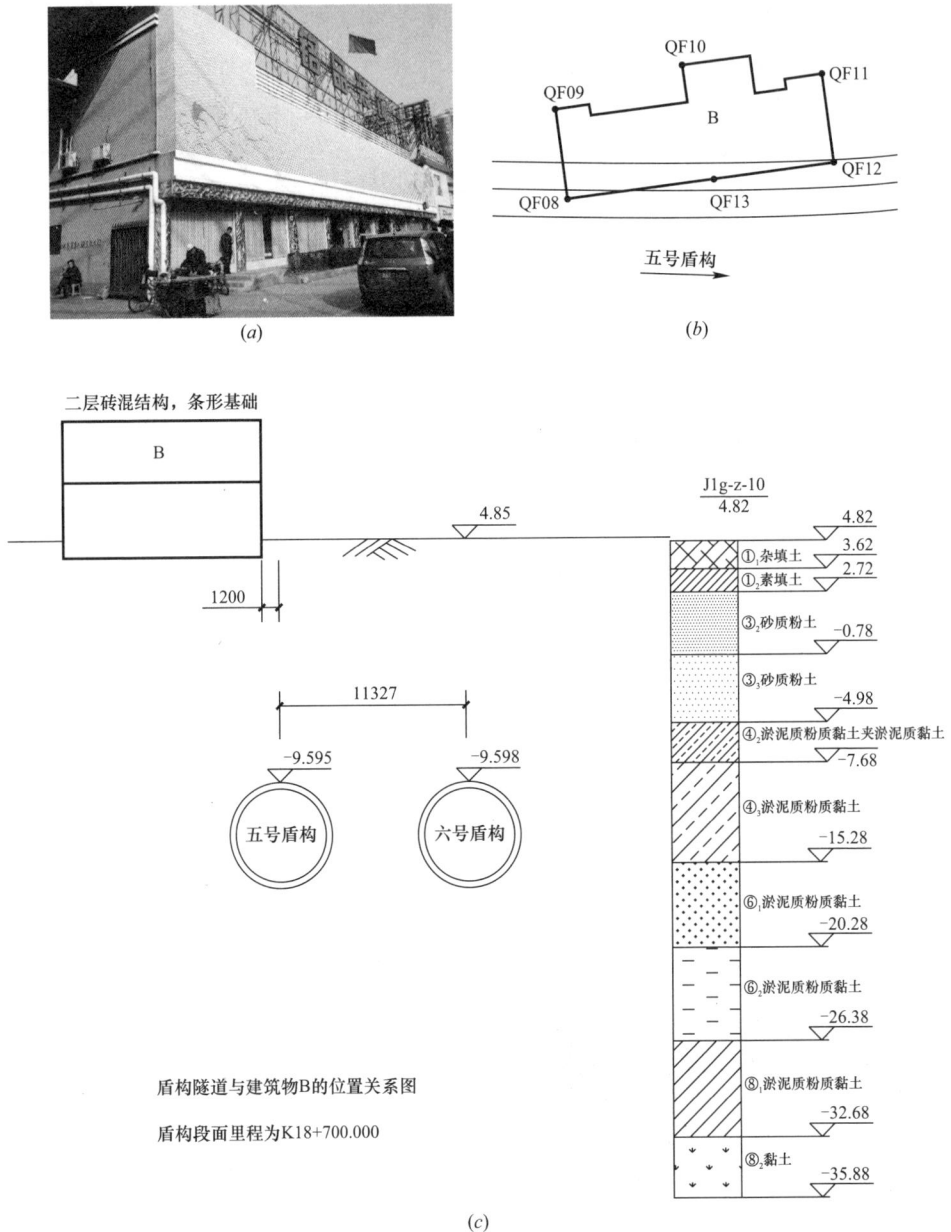

图 2-12　文晖果品市场商铺浅基础建筑物

（*a*）建筑物 B 照片；（*b*）建筑物 B 的监测点布置；（*c*）房屋与地铁隧道的位置关系

2.4　实测结果分析

2.4.1　实测地面沉降曲线分析

（1）地表测点的沉降变化

五号盾构掘进时地面测点的沉降历程曲线，横坐标为盾构开挖面距横向监测剖面的距离，正值表示盾构开挖面未到达测点，负值为开挖面离开测点；纵坐标为测点地表的沉降值，正值表示隆起，负值表示沉降。五号盾构掘进时横断面的地表沉降曲线，横坐标表示监测剖面上的监测点；纵坐标为隆沉值，定义为对比初始值的增量，正值表示相比初始值测点的隆起量，负值表示相比初始值测点的沉降量。

3 号监测剖面距盾构始发工作井水平距离约为 15m，图中初始数据于 2009年 6 月 20 日测得，此时盾构刚开始顶进；6 月 30 日为最后一次正常测量，盾构推进至 30 环；长期沉降本书暂不予以考虑。由图 2-13（a）可以看出，测点沉降变化曲线可分为 3 个类型：

1）测点 D、E 沉降型。当盾构开始掘进时，测点的沉降开始发展；当开挖面距测点 15～3.5m 时，测点 E 的沉降速度较快，沉降量达到 7mm，而测点 D 沉降相对较慢且沉降量较小，为 2mm 左右；当开挖面距测点 3.5～−5m 时，测点有微小隆起，测点 E 较为明显；当开挖面距测点−5～−12m 时，测点再次发生较快的沉降，测点 E 的沉降了 3mm（测点 D 的数据有缺，故不再考虑）；当开挖面离开测点 12m 后，测点 E 的沉降变得缓慢。

2）测点 B、C 隆起型。当开挖面距测点 15～7m 时，测点稍有隆起；开挖面距测点 7～4m 内，测点有 1mm 的沉降；当开挖面距测点 4～−5m 时，测点隆起 2mm，此后测点变形较稳定，直到开挖面离开测点 13m，测点隆起又有所增长，测点 D 的隆起较明显。

3）测点 A、H 稳定型。测点的变形处于动态平衡，可认为几乎不受盾构掘进的影响。

盾构出洞时其盾构机姿态一般情况下不是特别好，需进行纠偏控制，这样会对周围土体造成一定程度的扰动，具体表现在各测点的沉降趋势不一致，这会对上方建筑物及其桩基础沉降变形产生一定影响。可考虑在施工过程中采用自动测量系统和人工复核相结合的方式控制盾构的推进轴线，确保盾构的掘进轴线不会有太大偏差，从而尽量减少周围土体的扰动。

5 号监测剖面距盾构始发工作井水平距离约为 30m，2009 年 6 月 25 日对该剖面各测点进行首次测量，此时盾构推进至 5 环；7 月 8 日为最后一次正常测量，

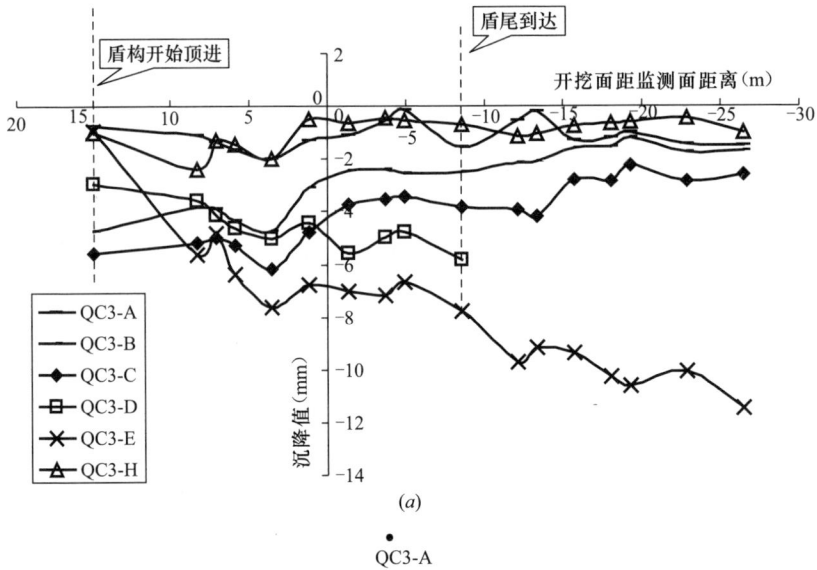

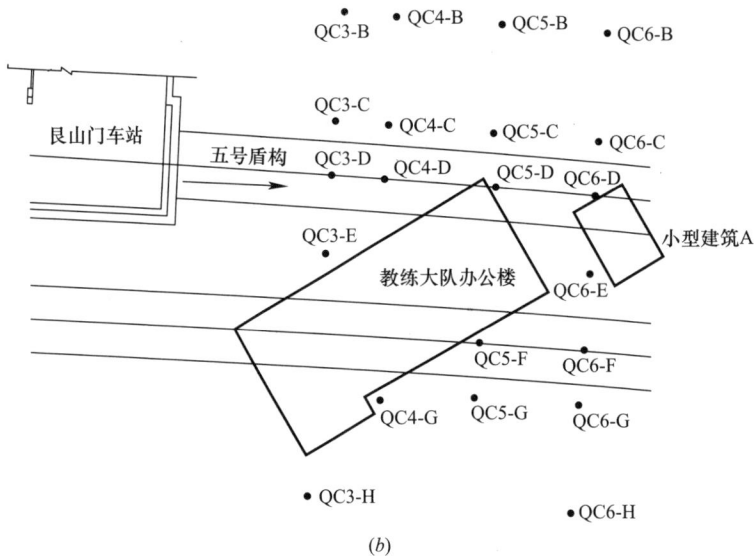

图 2-13　地表沉降

（a）QC3 剖面监测点沉降历程；（b）教练办公大楼和隧道的位置关系

盾构推进至 83 环。由图 2-14 可以看出，盾构未到达测点时，测点 C、F 略有隆起，测点 D 略有沉降；在盾构穿越测点时，测点都表现为隆起；当盾尾脱离测点（盾尾到达测点）后，测点都发生沉降，其中测点 D 的沉降速度较快，达到最大沉降 6mm 后有回弹，测点 F 的沉降较缓，达到最大沉降 3.5mm 后有回弹，测点 C 的变形比较稳定。由于距洞口距离的增大，地表沉降的趋势保持了较好的一致性，考虑到沉降的进一步发展和距离建筑物桩基较近（1.9m），对出土率进行了较好的设定，一般控制在 99% 范围内。同时对盾尾注浆压力进行了特别控制，一般小于 0.4MPa，防止土体扰动程度较大，考虑到浆液的损耗，注浆率一般控制在 150%～200% 之间。由于短桩建筑物的存在，地表沉降变形较大，实际施工时同时进行了二次注浆，注浆压力一般小于 0.4MPa。

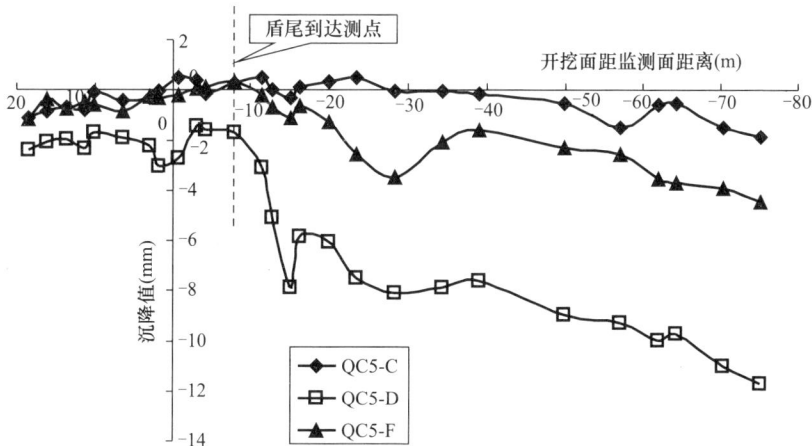

图 2-14　QC5 剖面部分监测点沉降历程

6 号监测剖面距盾构始发工作井水平距离约为 40m，2009 年 6 月 25 日对该剖面各测点进行首次测量，此时盾构推进至 5 环；7 月 8 日为最后一次正常测量，盾构推进至 83 环。图 2-15（a）为五号盾构推进时 6 号剖面上部分测点的沉降曲线，当开挖面未到测点且距离大于 12m 时，测点略有隆起但变形不明显，此时受盾构掘进的影响非常小；当开挖面距测点 12m 时，测点出现隆起，隆起量随盾构开挖面靠近测点逐渐增大；当开挖面到达测点时，测点的隆起速率突然加大，当开挖面离开测点 4m 时，隆起突然停止，但是随后二次注浆又重新让隆起快速发展；当盾尾脱离测点（盾尾到达测点）时，测点的隆起值随即到达峰值，此前的过程测点总隆起量约为 4mm，之后测点迅速呈下沉状态；然后通过二次注浆施工，测点再次快速隆起，在开挖面离开测点 30m 左右时，隆起量再次达到峰值；最后随着盾构机的远离，在开挖面离开测点 48m 后，测点开始沉降，这阶段主要是土体排水固结产生的沉降。

由以上可知：①盾构掘进时，由于出土的不平衡，刀盘挤压前方土体，会使前方地表隆起；盾构穿越测点的过程中，机身对上方土体的挤压造成的隆起十分明显；②壁后注浆和二次注浆能填补盾构开挖产生的空隙，但是如果注浆量过多

31

时同样挤压周围的土体，从而造成地表的隆起；如果注浆量、注浆压力合适时，可以有效控制地表的沉降；③注浆产生隆起的同时，存在土体扰动和应力释放引起的沉降；④隆起型的测点，它的变形与出土量、注浆量以及注浆率有很大关系。

图 2-15（b）是 6 号监测剖面的横向地表沉降变化曲线，可见地表受盾构掘进施工时的变形主要表现为隆起。由图可见，当盾构推进至 7 环（此时开挖面距测点较远）时，横向沉降曲线的隆起量较均匀且比较微小，可认为是测量误差，

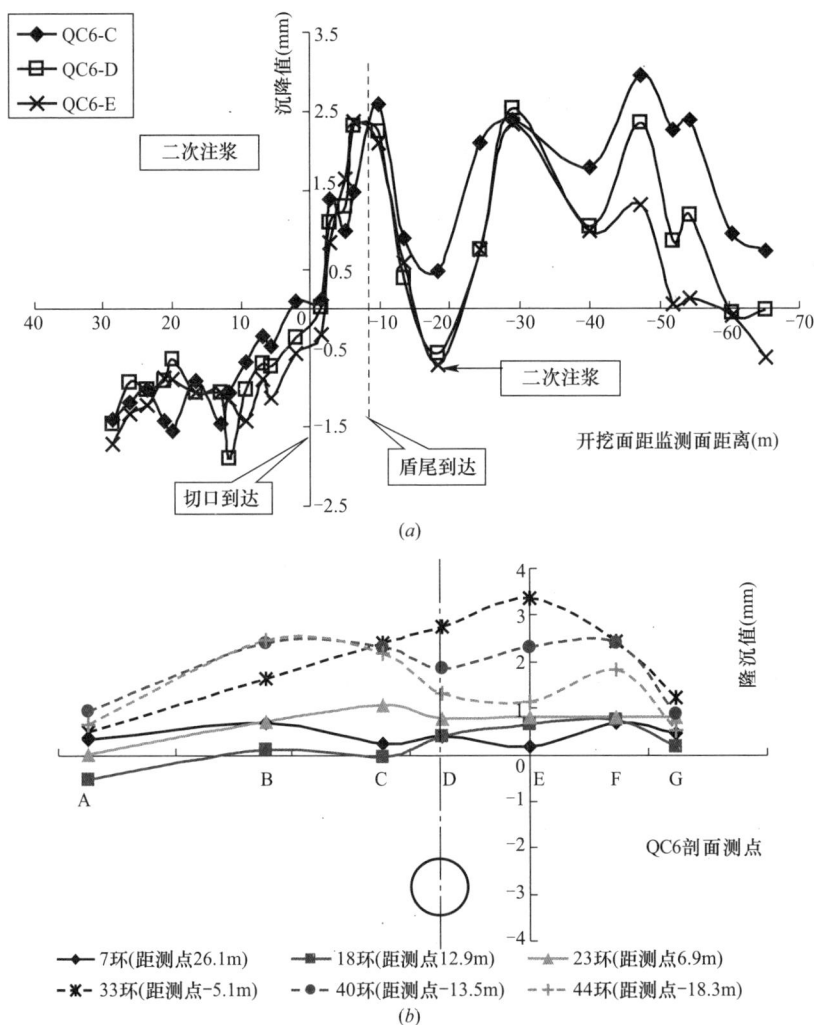

(a)

(b)

图 2-15　地表沉降曲线

（a）QC6 剖面部分测点沉降历程；（b）QC6 剖面的地表沉降变化

但不排除其他可能性；当其推至 18 环时，隧道正上方及右侧的点有轻微隆起，随着盾构的推进，地面的隆起量逐渐增大，但是在盾构靠近测点的过程中 D、E 的隆起量却不比邻近的测点大，直至盾构穿越测点的过程中，D、E 的隆起才表现得稍大于相邻的测点；当盾尾脱离测点后，隆起量减小，此时测点 D、E 的沉降又明显大于邻近测点，横向地表沉降曲线在 D、E 之间下凹。

本书认为当盾构在靠近阶段由于出土的不平衡，前方土体受到较小的扰动而产生微小隆起，但是前方的建筑物会削弱这种隆起；当盾构穿越测点时，盾构机周围的土体受扰动较大，盾构正上方的建筑物阻碍了下方土体的移动，而使建筑物周围土体更容易隆起，表现为建筑物两侧的测点隆起量更大；而当盾构在离开阶段时，夹在建筑和盾构之间的土体迅速释放应力，产生较大沉降，建筑物的下沉会带动周边的土体下沉，表现为测点的隆起量减小得更快。

7 号监测剖面距盾构始发工作井水平距离约为 50m，2009 年 6 月 27 号对该剖面各测点进行首次测量，此时盾构推进至 11 环；7 月 10 号为最后一次正常测量，盾构推进至 95 环。如图 2-16（a）所示，开挖面距离测点 20m 左右时，测点呈隆起趋势，随着盾构靠近测点，隆起量逐渐增大；盾构穿越测点时，测点的隆起较快；当盾尾脱离测点后，由于壁后注浆的作用，测点的隆起量迅速增大，隧道轴线上方的测点 D 的隆起值约为 4mm，略大于邻近的测点 C、E。可见注浆对地表的变形影响较大。图 2-16（b）为 QC7 剖面的地表沉降变化曲线，可以看出，受盾构掘进的影响，盾构正上方的土体隆起量要比隧道两侧的大。

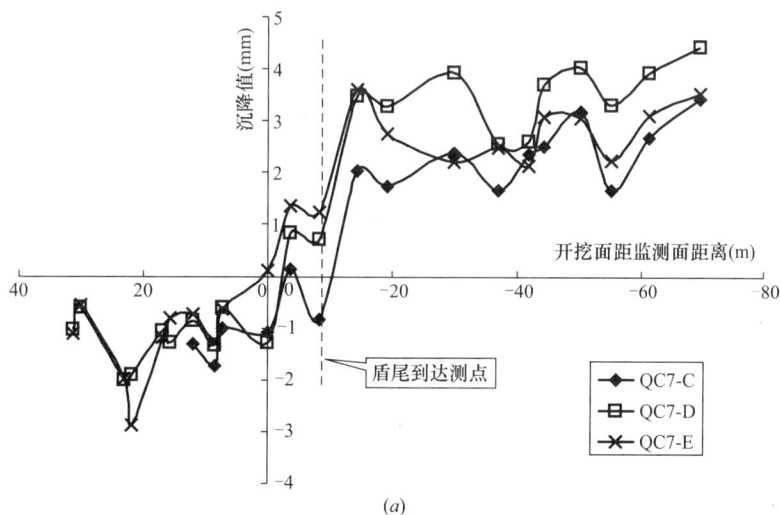

(a)

图 2-16　地表沉降曲线（一）

（a）QC7 剖面部分测点沉降历程

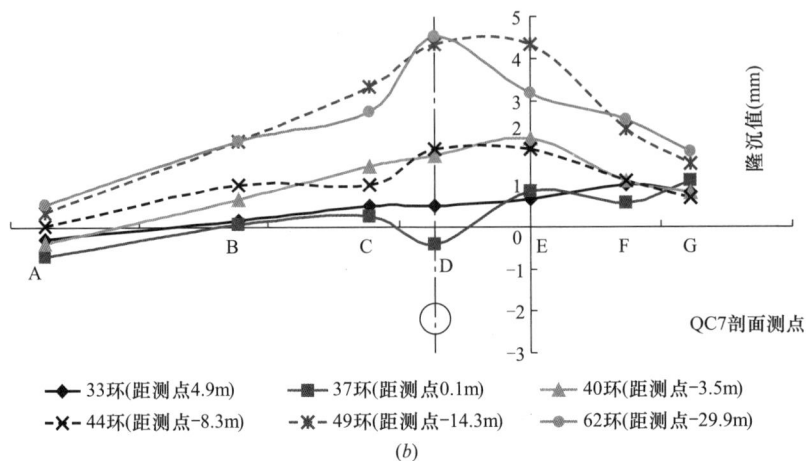

图 2-16　地表沉降曲线（二）

(b) QC7 剖面的地表沉降变化

8 号监测剖面距盾构始发工作井水平距离约为 65m，2009 年 6 月 30 号对该剖面各测点进行首次测量，此时盾构推进至 27 环；7 月 13 号为最后一次正常测量，盾构推进至 115 环。如图 2-17 所示，测点处地表受盾构掘进影响时，主要以隆起为主，最大隆起量为 4mm 左右。开挖面离开测点 40m 后有所回弹，之后地表持续沉降。

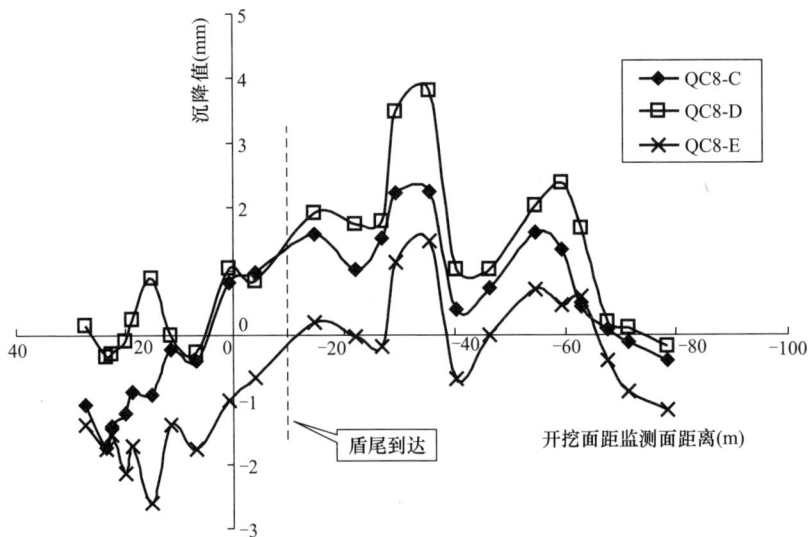

图 2-17　QC8 剖面部分测点沉降历程

9 号监测剖面距盾构始发工作井水平距离约为 80m，2009 年 7 月 3 号对该剖面各测点进行首次测量，此时盾构推进至 44 环；7 月 13 号为最后一次正常测量，盾构推进至 115 环。图 2-18 为 QC9 剖面部分测点沉降变化曲线，可以看出，盾构在靠近、穿越的过程中，测点有 1mm 左右的隆起，当盾尾到达测点（盾尾脱离测点）后，地表开始产生沉降，C、E 的沉降速度较快；在开挖面离开测点约 25～45m 时，测点沉降略有回弹。

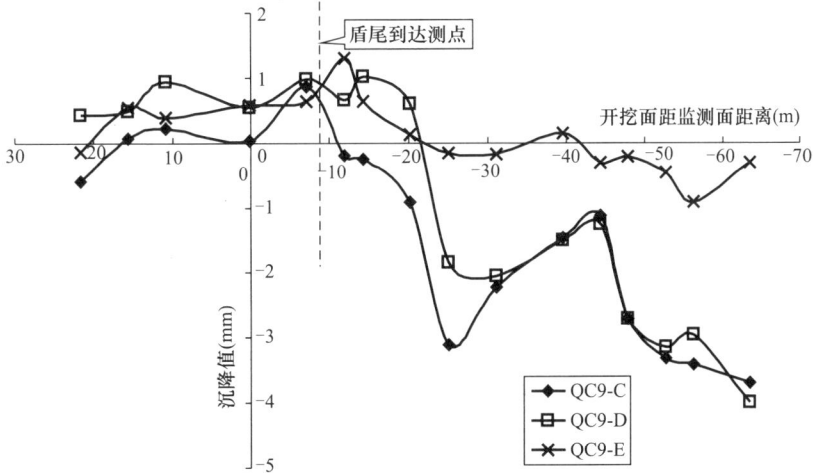

图 2-18   QC9 剖面部分测点沉降历程

10 号监测剖面距盾构始发工作井水平距离约为 95m，2009 年 7 月 7 号对该剖面各测点进行首次测量，此时盾构推进至 72 环；7 月 13 号为最后一次正常测量，盾构推进至 115 环。图 2-19 为 QC10 剖面部分测点沉降变化曲线，可见盾构在穿越测点时，测点地表略有隆起；当盾构盾尾快要离开测点时，隧道上方的测点 C、D 开始沉降；在开挖面离开测点 25～30m 时，沉降略有回弹。

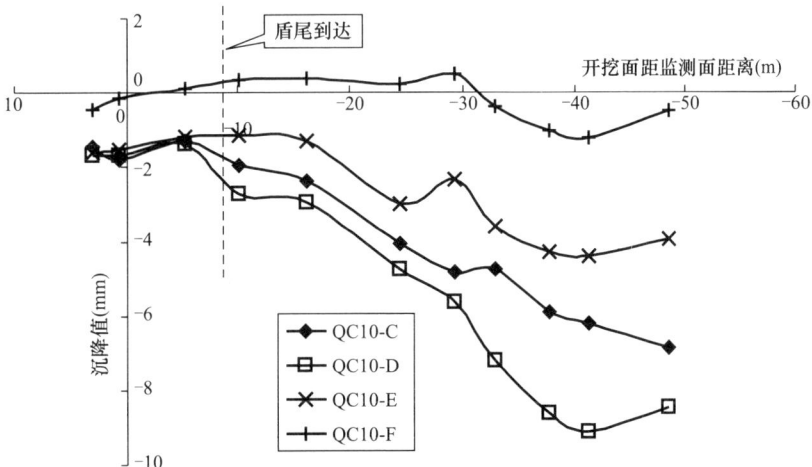

图 2-19   QC10 剖面部分测点沉降历程

（2）地表纵向沉降曲线

五号盾构推进至 30 环、37 环、44 环和 49 环时，纵向地表沉降曲线见图 2-20。由图可见，盾构掘进的过程中，每一个位置的施工参数不同，导致了纵向地表沉降曲线都各有差异，但是基本的规律是：开挖面前方 7m 以外的土体受影响较小，7m 以内的土体有少量隆起；盾构机上方土体仍然呈隆起；盾尾后方地面的隆起一般会达到最大，离开盾尾一段距离后，地表的变形最终为沉降。其中 37、44 以及 49 环盾尾处产生过大的隆起主要是由于二次注浆导致，而 30 环开挖面处的隆起主要是由于出土不平衡导致。

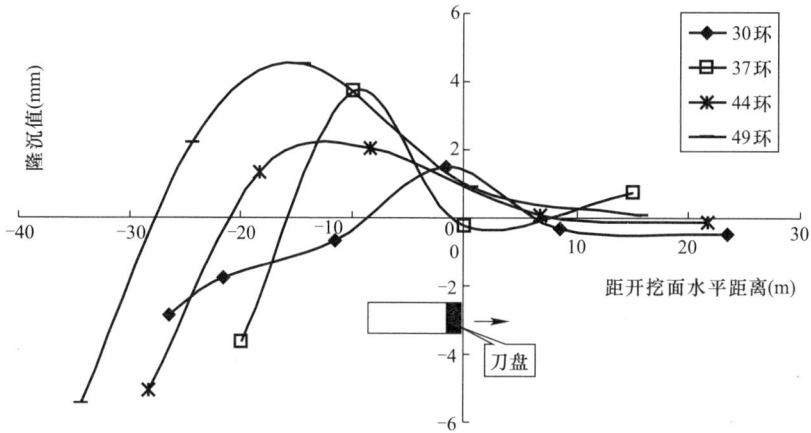

图 2-20　地表纵向沉降曲线

地表产生隆起的原因有多种，廖少明[73]总结了以下五种情况：①开挖面欠挖状态，即切削的土体积大于排出的土体积产生负的地层损失，使得盾构机前方地表隆起；②开挖面支护压力过大，当开挖面土压力设定值大于开挖面静止土压一定限度或达到被动土压力时，开挖面前方土体将有向盾构前上方大约 45° 方向移动或破坏，导致盾构机前方会出现大量隆起或冒浆冒泥；③同步注浆压力过大、注浆量过多，引起盾尾地表隆起；④盾构切口处存在障碍物时，盾构会将其推动使其随盾构一起向前移动，导致前方地表隆起；⑤盾构穿越黏性较大的黏土时，尤其是双圆盾构推进时其背部易拖带或存留黏聚力较大的黏土，产生背土效应。本书认为开挖面地表产生隆起主要与出土不平衡导致，它可以由开挖面欠挖、支护压力过大以及背土效应综合所导致。

2.4.2　实测不同基础建筑物沉降曲线分析

隧道上方的土体变形与其邻近的上方建筑物的变形相关，邻近建筑物的存在约束了土体的移动，这与建筑物的自重和基础刚度有关。而建筑物也因其自身结构形式的不同，其抵抗变形的能力不同，如桩筏基础的整体刚度较条形基础和独立基础好，所以它能更好地抵抗沉降、差异沉降、水平位移等多种形式的地层变形。所以研究盾构下穿建筑物过程中不同基础形式建筑物的变形规律对保护盾构掘进区内建筑物具有重要意义。

（1）第一汽车公司（短桩基础）

五号盾构从第一汽车公司教练大队办公楼的北边一角下方穿过，如图 2-21 所示各测点的沉降测量结果见图 2-22。由图可见：①测点 ZF1、ZF2＋、ZF3＋、ZF2、ZF6＋、ZF3 的沉降量相比其他测点要大，且它们的最大沉降量关系为：ZF1>ZF2＋>ZF3＋>ZF2>ZF6＋>ZF3；②测点 ZF1、ZF2＋、ZF2 和 ZF6＋距始发井的距离近，受盾构掘进影响的时间相对较早，在 2009 年 6 月 21 号，它们的沉降开始较快发展，其中测点 ZF1、ZF2＋、ZF6＋在 6 月 23 号达到较大值并有所回弹；③大楼东角的最终沉降为 0.5mm，南角为 4mm，西角为 18mm，北角为 8mm，可见大楼的整体沿东西方向倾斜，这除了盾构掘进时出土不平衡和注浆的影响外，还和大楼与隧道的位置密切相关。

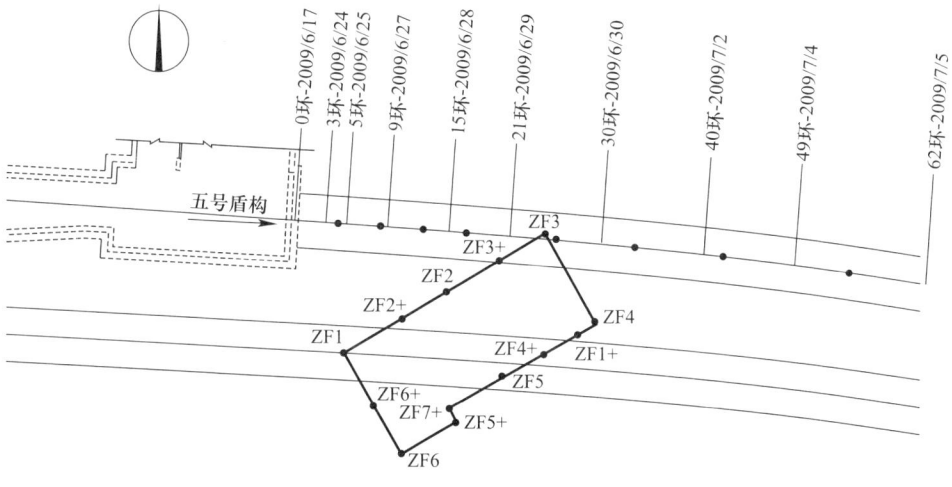

图 2-21　盾构的掘进位置变化

从图 2-23 可以看出，教练大队办公楼在盾构穿越期间发生了倾斜，原因有：①ZF1、ZF2＋的沉降发生得相对较早，而 ZF3 还未开始沉降或者刚开始沉降；②由于盾构机开挖面出土不平衡，邻近隧道的建筑物基底受到的土压大，使得沉降更小或者产生隆起；③建筑物具有较大刚度，这使得建筑物的沉降较均匀且整体向一侧倾斜。

比较两幅图可以发现，大楼北侧的沉降较南侧大，且整个大楼是沿东西方向的倾斜；另外，大楼沉降、倾斜的发生规律是：大楼最先受盾构施工的影响，产

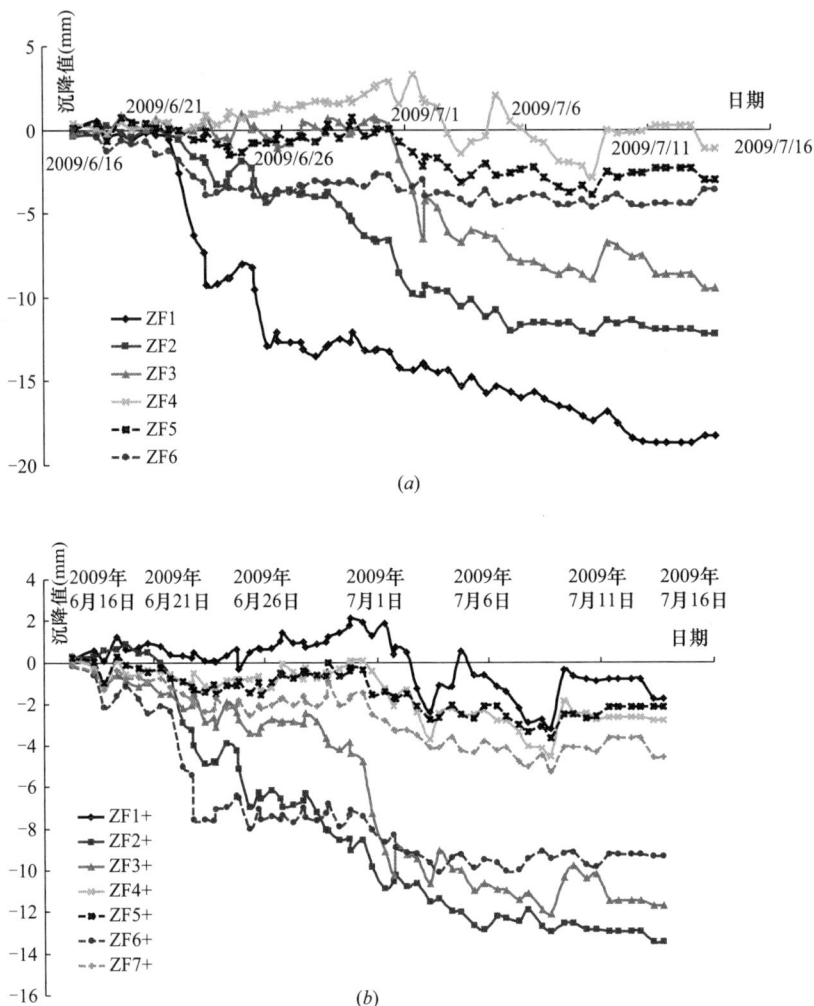

图 2-22　五号盾构掘进时建筑物的沉降变化

(a) 建筑物上测点的沉降历程曲线；(b) 建筑物上增加监测点的沉降历程曲线

生较大的沉降，前期沉降发展速度较快；当沉降达到 13mm 左右时，沉降变得缓慢，而此时东角沉降刚开始发展，且速度较快，当其沉降达到 7mm 时才有所缓和；大楼正中间区域的沉降总体较为均匀。

由图 2-22、2-23 实测结果表明，下方穿越短桩基础建筑物时引起的结构变形较大，需严格控制盾构出土量以及盾尾同步注浆量，必要时可进行二次注浆。出土率不要低于 98%，且不要形成超挖，注浆率控制在 160%～200% 范围内，盾构掘进面土仓压力可控制在 0.2MPa 范围内，注浆压力控制在 0.3～0.5MPa 之间，盾构机穿越时盾构开挖面处可以有较小的隆起量来平衡盾尾处空隙引起的土体沉降量。同时保证盾构穿越时掘进速度不宜太快，穿越短桩基础建筑物时施工

(a)

(b)

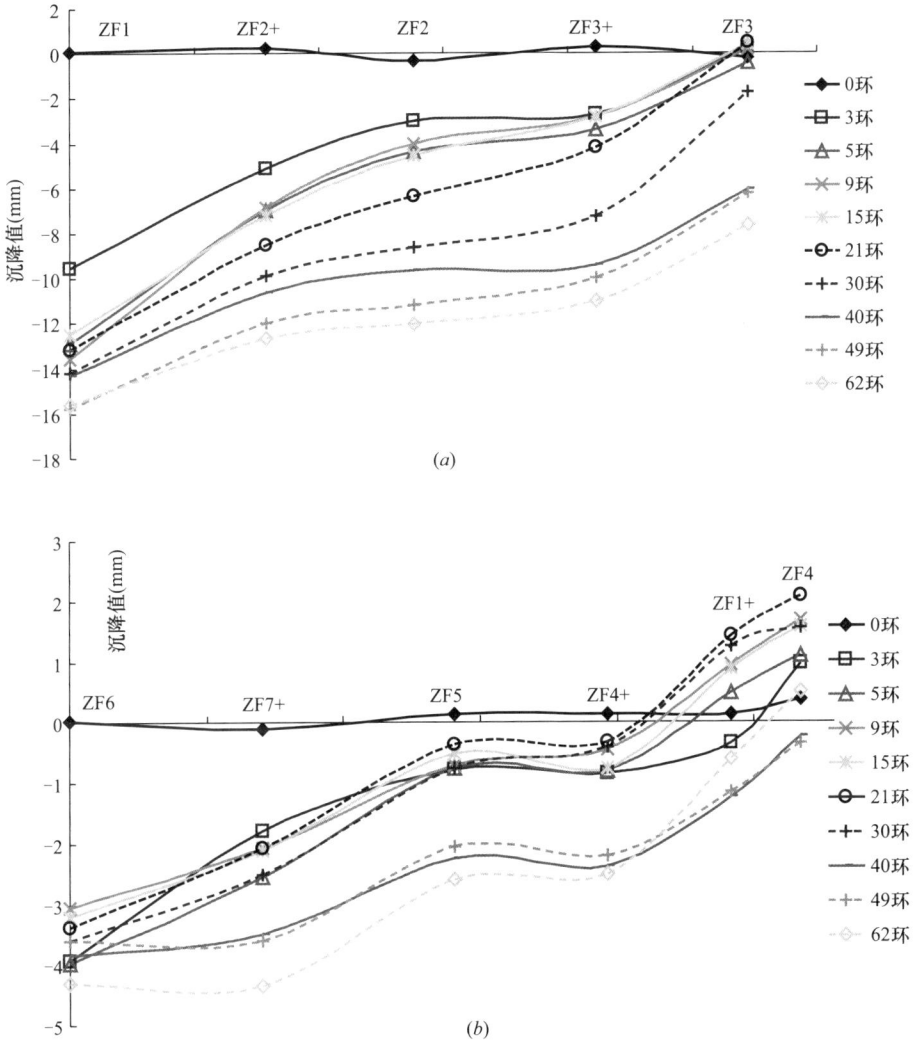

图 2-23 大楼的变形情况

(a) 大楼西北侧的沉降；(b) 大楼东南侧的沉降

速度可控制在 1cm-2cm/min。通过建筑物时须加强其沉降及倾斜观测频率，并根据实测数据及时地调整盾构掘进参数，如出土量、土仓压力、掘进速度、注浆量等。

（2）现代家园（长桩基础）

六号盾构从现代家园的某住宅楼北边穿过，图 2-24 为盾构掘进过程中开挖面与建筑物的位置关系。图 2-25（a）为建筑物上测点的沉降变化曲线，可知住宅楼受盾构施工的影响发生了隆起，但是由于建筑物为桩基础，产生的隆起量得到很好的控制，都在 3mm 以内。图 2-25（b）为建筑物上近似成一条直线的测点的变形曲线，可知盾构在建筑物一旁掘进时，首先建筑物的中部会隆起，两端略有沉降；渐渐的建筑物的两端开始隆起，中部变形微小；当开挖面离开建筑物后建筑物整体隆起。

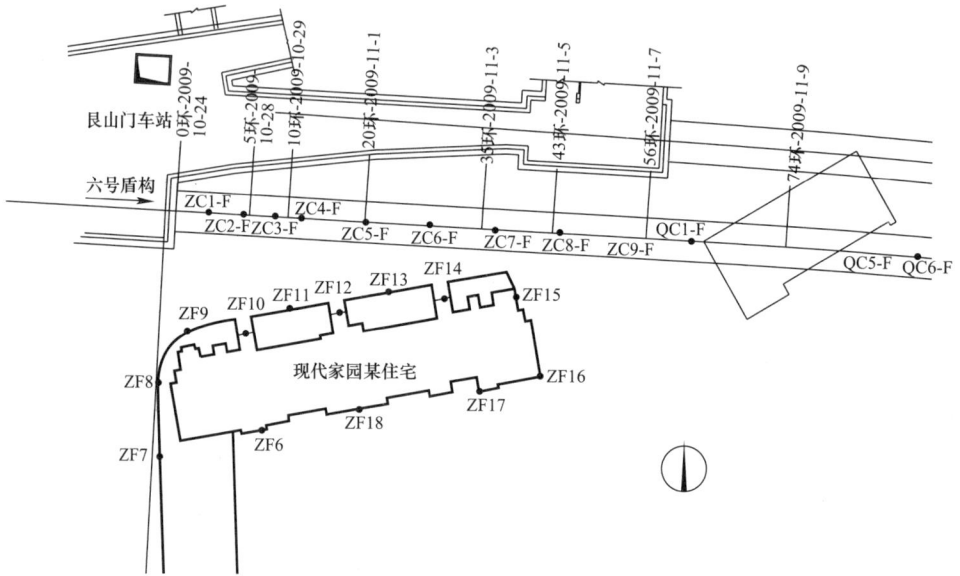

图 2-24　开挖面与建筑物的位置关系

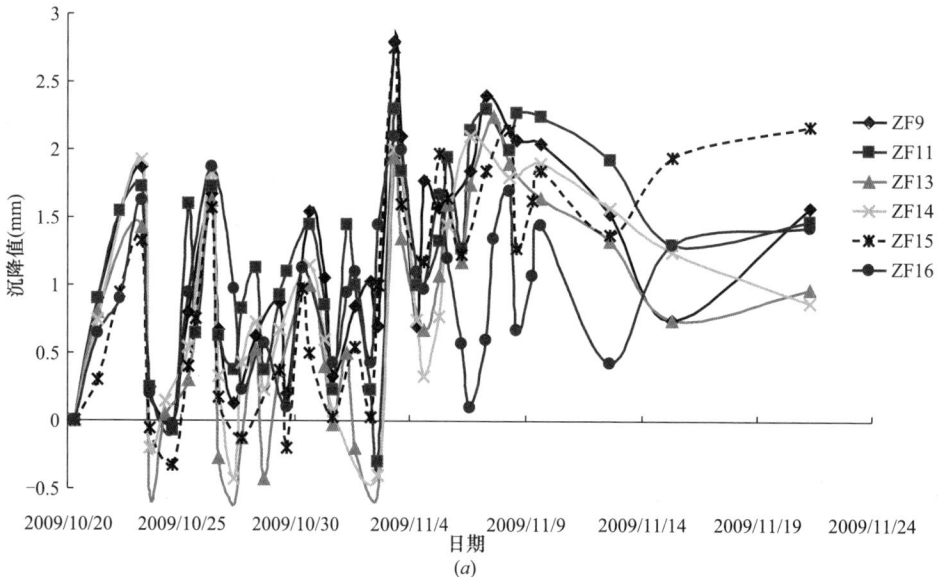

图 2-25　现代家园住宅楼的沉降情况（一）

(a) 建筑物上测点的沉降历程

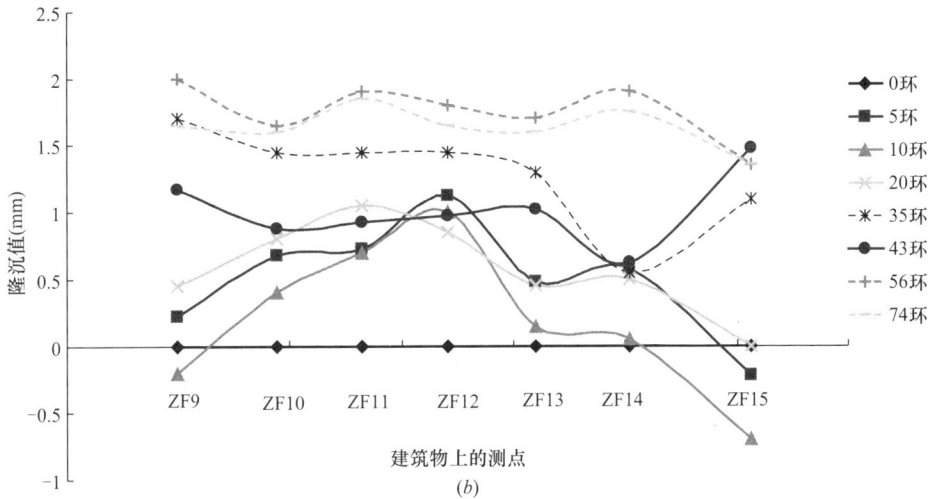

图 2-25　现代家园住宅楼的沉降情况（二）
(b) 建筑物整体变形情况

由图 2-24、2-25 实测结果对比发现，距离长桩建筑物约 6m 处盾构掘进引起的结构变形较小，且主要变现为微量的隆起，这主要与出土率控制在 98% 左右有关。邻近长桩基础建筑物时盾构掘进速度可控制在 3～4cm/min，注浆压力控制在 0.3MPa 左右，注浆率可控制在 150%～180% 范围内。当距离长桩建筑物 6m 及以上时，可以认为盾构掘进对结构的变形影响甚小，只需将出土率、注浆率及掘进速度控制在正常范围即可。

（3）杭州文晖果品市场附近浅基础建筑物（条形基础）

图 2-26 是建筑物 A 上测点的沉降变化历程曲线，可以看出盾构切口到达 A 时，各测点都开始轻微隆起，而在盾尾到达 A，一直至盾尾离开 A 的过程中，各测点的隆起较明显。这整个隆起阶段中，1 和 3 号测点隆起量约为 4mm，4 号测点的隆起量约为 3mm，建筑物的整体隆起较为均匀。当盾尾离开 A 时，可以看到，3 个测点立即呈下沉趋势，且下沉的速度较快，当盾尾离开建筑物 A 约 11m 后，测点沉降到达最大，3 号测点的累计沉降量达 12mm，1 号和 4 号的累计沉降量分别为 6mm 和 7mm，此时建筑物 A 整体向隧道一侧倾斜。当发生如此大地沉降后，采取二次注浆以控制建筑物沉降，1 号和 4 号点重新呈隆起状态，而 3 号测点则依然为沉降状态，建筑物 A 向隧道一侧倾斜。

图 2-27 是建筑物 B 上测点的沉降变化历程曲线，盾构未到建筑物 B 时，B 上的各测点开始出现轻微隆起；在盾构到达 B 且穿越的过程中，除 8 号测点有较小沉降外，其他 3 个测点的变形稳定；当盾构离开 B 及渐渐远离后，各测点沉降量逐渐增大。

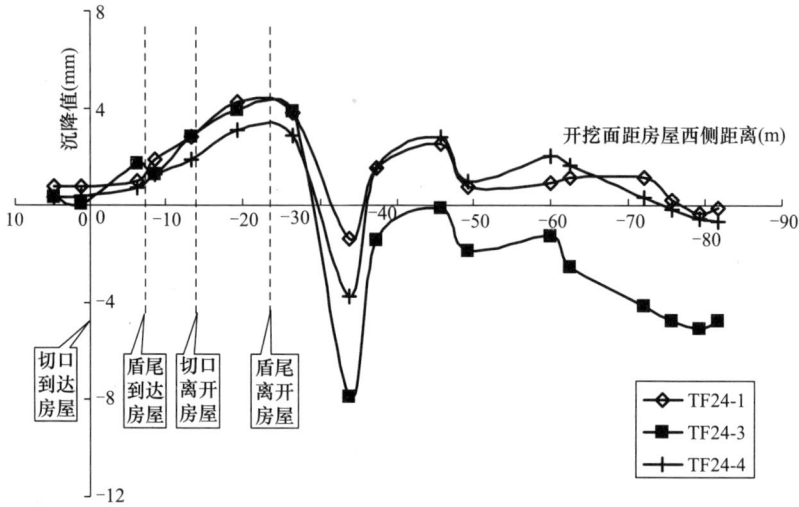

图 2-26　建筑物 A 上测点沉降历程曲线

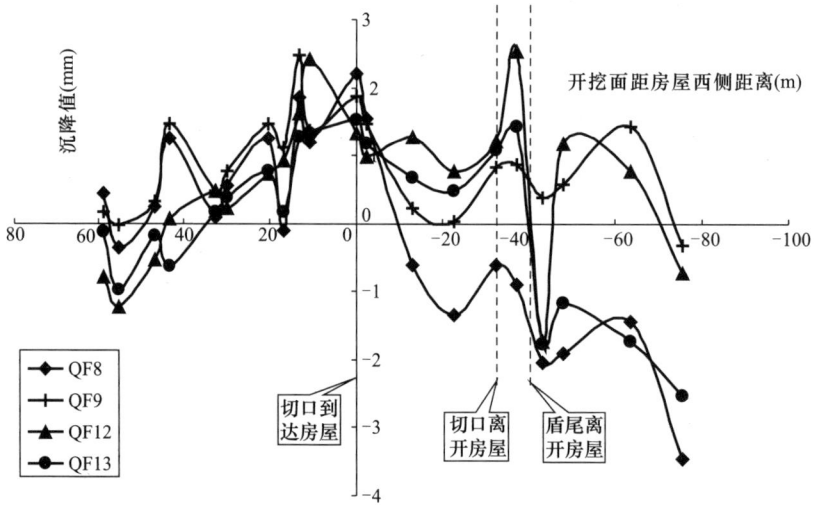

图 2-27　建筑物 B 上测点沉降历程曲线

图 2-28（a）反映的是建筑物 B 南侧墙上的 3 个测点 QF8、QF13、QF12 随盾构掘进的变形情况，可以看到：①在盾构切口距 B 西侧 10.8m 到 0m 的过程中，8 号测点抬升约 1mm，13 号测点下沉约 0.2mm，12 号测点下沉约 1mm，这说明建筑物 B 整体发生了倾斜，盾构挤压前方土体，土体又挤压上方的建筑物，使得 B 的西侧发生了隆起，而由于建筑物整体刚度的作用，又使较远的 12 号测点发生了沉降；②盾构下穿建筑物 B，距 B 西侧 0～−13.2m 的过

程中，8 号点的下沉量较大，约 3mm，13 号点下沉约 1mm，而 12 号点几乎不变，建筑物再次倾斜，这就像绕着 12 号测点，整体按"逆时针"旋转了较小角度；③盾构距 B 西侧−13.2～−22.8m 的过程中，8 号点下沉约 0.8mm，13 号点略有下沉，12 号点下沉约 0.5mm，在本阶段建筑物 B 出现整体下沉，但东西两侧的沉降量大于中部，所以 B 的弯曲度较大；④盾构距西侧−22.8～−32.4m（切口离开建筑物 B1.4m）的过程中，8 号点抬升了 0.8mm，13 号点抬升了 0.6mm，12 号点抬升了 0.5mm，建筑物 B 出现整体抬升，这主要是注浆量、注浆压力大所致。⑤在切口距 B 西侧−32.4（切口离开建筑物 B1.4m）～−43.2m（切口离开建筑物 B12.2m）的过程中，8 号点下沉约 1.5mm，13 号点下沉约 2.9mm，12 号点下沉约 3mm，建筑物整体发生较大沉降，且东侧的沉降大于西侧。

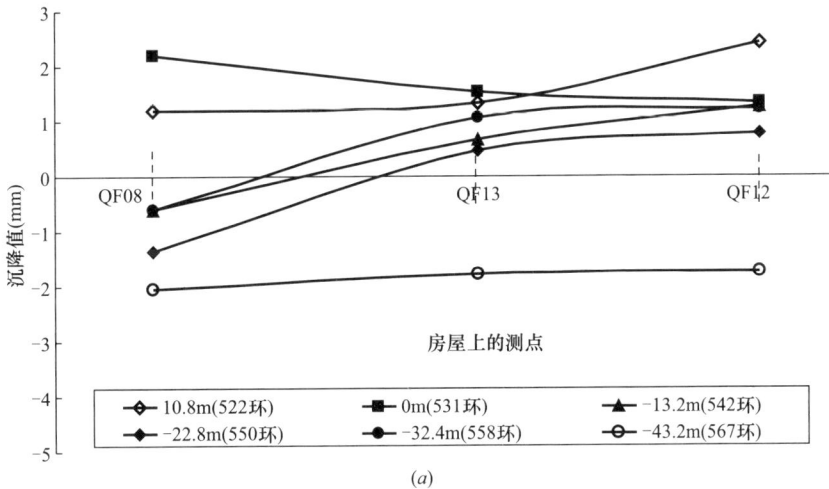

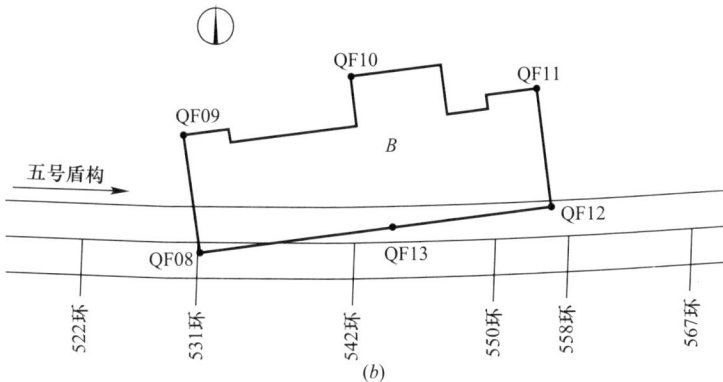

图 2-28 房屋的变形情况

（a）建筑物 B 南侧的沉降变化；（b）盾构机切口与建筑物 B 的位置关系

图 2-26、图 2-27 实测结果表明，在同样的出土率和注浆率的工况下，浅基础建筑物在盾构穿越的过程中产生的沉降要小于短桩建筑物，隆起量则大于短桩建筑物，表明二次注浆效果对于控制浅基础建筑物沉降效果较好，且对自重较小的建筑物会产生明显的抬升作用，这与文献［72］的实测结果较为相似。

2.5　本章小结

本章通过对杭州地铁 1 号线艮山门站（打铁关站）—闸弄口站盾构隧道区间工程内四栋不同基础建筑物进行了现场实测，研究了盾构掘进对土体变形及邻近不同基础建筑物的影响，现场实测结果表明：

（1）盾构出洞时一般需进行纠偏控制，会对周围土体造成的扰动，进而对邻近建筑物及其基础变形产生一定影响。因此，施工过程中可考虑采用自动测量系统和人工复核相结合的方式控制盾构的推进轴线，确保盾构的掘进轴线不会有太大偏差从而尽量减少对周围土体的扰动。

（2）盾构掘进时，会使一定范围内地表产生隆起。开挖面地表产生隆起主要是由出土不平衡导致，它可以由开挖面欠挖、支护压力过大以及背土效应综合所导致。壁后注浆和二次注浆能有效填补盾尾处空隙，但是如果注浆量过多时同样挤压周围的土体，从而造成盾尾处地表隆起。注浆产生隆起的同时，存在土体扰动和应力释放引起的沉降，这是工后沉降的主要原因之一。

（3）对于不同基础的建筑物，盾构掘进参数可做适当调整。邻近长桩基础建筑物时盾构掘进速度可控制在 3～4cm/min，注浆压力控制在 0.3MPa 左右，注浆率可控制在 150％～180％范围内。穿越短桩基础和浅基础建筑物时，施工速度可控制在 1～2cm/min，盾构掘进面土仓压力可控制在 0.2MPa 范围内，注浆压力控制在 0.3～0.5MPa 之间，注浆率控制在 160％～200％范围内。

（4）穿越浅基础及短桩基础建筑物时，浅基础建筑物在盾构穿越的过程中产生的沉降要小于短桩建筑物，隆起量则大于短桩建筑物，这是由于短桩建筑物位于出洞区域，二次注浆未及时跟进，导致沉降过大，可见采用合理施工参数对控制不同基础建筑物变形影响较大。

由此可见，不同基础形式、不同类型建筑物在盾构掘进时所表现的变形也不尽相同。邻近建筑物的存在约束了一定范围内土体的移动，其变形大小与盾构施工工艺、建筑物的自重、基础刚度、距离等多种因素有关。如桩筏基础整体刚度一般比条形和独立基础的更好，所以它能较好地抵抗沉降、倾斜等多种形式的地层变形。因此，在盾构施工过程中考虑施工因素及结构、基础形式的不同对保护隧道掘进区内建筑物具有重要的意义。

第 3 章　盾构隧道掘进引起的土体变形计算

3.1　引言

目前国内外已对盾构法施工引起的土体纵、横向位移机理开展了较多的研究。在经验公式方面，Peck（1969）[9]对隧道表面沉降槽形状进行了长期观测，并在大量实测数据基础上提出了隧道施工阶段地面呈正态分布的沉降经验预测公式。Attewell 等（1982）[17]采用累积概率公式计算隧道轴线之上的纵向地表沉降，刘建航等（1991）[18]总结了自 1958 年以来上海等软土地区的隧道施工经验，并对 Peck 公式进行了修正和改进，提出了纵向地面沉降估算公式。在理论公式方面，Sagaseta（1987）[19-20]假定土体损失量沿轴线方向均匀分布，并采用等效圆柱模拟土体损失量，得到了土体三维变形计算公式。在"Sagaseta 公式"的基础上，Verruijt 和 Booker（1996）[21]、Loganathan 和 Poulos（1998）[14]、陈枫（2004）[23]、姜忻良（2005）[24]、魏纲（2005）[25]、唐晓武（2010）[27]等对其进行了修正和改进，得到了考虑间隙参数、衬砌变形等影响因素的土体变形三维半解析解。但上述研究有一个明显缺陷，就是不能很好地解释和计算盾构开挖面前方一定距离处既有可能出现隆起也有可能出现沉降的动态变化现象。

Sagaseta 等认为隧道掘进引起的地层损失都是沉降，且主要位于开挖面，而实际上开挖面的地层损失产生是与开挖面土压是否平衡有关，也就是与出土量紧密联系在一起的[74-75]。Schmidt[19]、Loganathan[14]、魏纲[25]等对 Sagaseta 提出的计算公式表示了一定程度的质疑，认为运用该理论公式计算得到的地面沉降槽宽度值要明显得大于实测值，而地面沉降最大值要明显小于实测值。本书对其进行了思考和总结，认为将开挖面土压平衡引起的土体损失与盾尾间隙引起的土体损失等同是不合适的，有必要在研究时重新考虑和定义土体损失的概念。

本章考虑到盾构实际施工状态，认为盾构掘进引起的土体损失主要包括开挖面土压平衡引起的土体损失和盾尾间隙产生的土体损失。基于 Sagaseta 提出的汇源法理论，将开挖面土压平衡引起的土体损失认为是由与出土率有关的等量径向土体位移造成，盾尾间隙产生的土体损失是由与盾尾脱空及注浆有关的等量径向土体位移造成。并对 Sagaseta 的源汇法进行一定程度的修正，推导了半无限空间下土体三维变形计算公式，并给出了修正的 Sagaseta 地面纵向变形计算公式。

3.2　汇源法（镜像法）原理

汇源法是由 Sagaseta 在 1987 年时提出的[19-20]，采用镜像方法求解且能考虑自由表面问题，它可求解均匀线弹性半空间无限体内由空隙产生的位移问题，其相关求解步骤如下（图 3-1）姜忻良、赵志民（2005）[24,76]：

（1）首先假定土体为无限体，忽略地面存在影响，问题则由半空间无限体转化为无限体内部空隙的问题，在原地面处将产生剪应力 τ_0 与正应力 σ_0，无限体内部产生位移场；

（2）在无限体内部与原空隙镜像位置处可假想存在一大小相等的体积膨胀，则该体积膨胀会在原地面处产生剪应力 τ_0 和正应力 $-\sigma_0$；

（3）以上两步在原地面处产生的正应力可相互抵消，剪应力则为 $2\tau_0$，为符合实际问题自由场边界条件，将上两步产生的附加剪应力 $2\tau_0$ 反号施加在半空间无限体表面处，并求出该应力在地面及以下各点处产生的位移场。

（4）以上三步产生的位移大小之和即为该问题的实际位移解答。

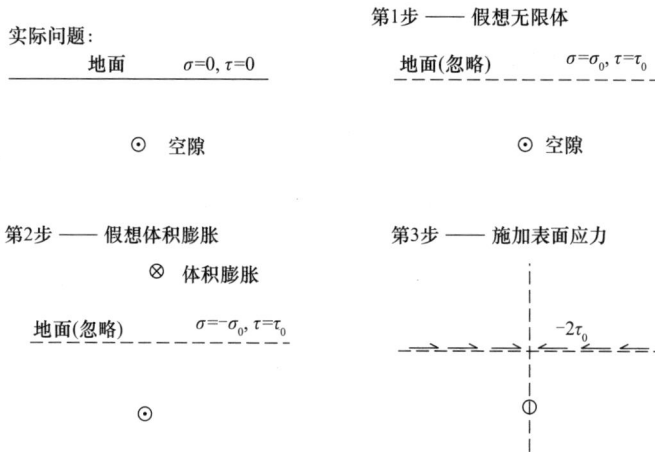

图 3-1　汇源法分析步骤图

以下为具体推导计算方法和过程。

如图 3-2 所示，对于半空间无限体内部一半径为 a 的空隙，假定体积不发生改变，则距离为 r 的任意一点处径向位移大小为

$$S_r(r) = -\frac{a}{3}\left(\frac{a}{r}\right)^2 \tag{3-1}$$

步骤 1：如图 3-3 所示，在直角坐标系中 $C(x_0, y_0, z_0)$ 点处半径为 a 的空隙，在点 $P(x, y, z)$ 处所产生的位移分量是：

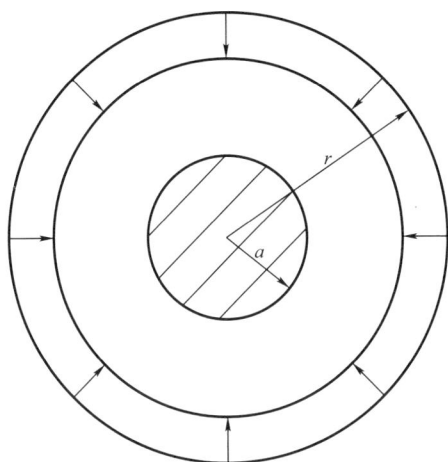

图 3-2 半无限体内空隙图

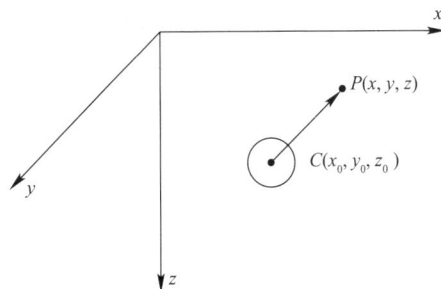

图 3-3 直角坐标系内空隙图

$$S_{x1} = -\frac{a^3}{3}\frac{x-x_0}{r_1^3}$$

$$S_{y1} = -\frac{a^3}{3}\frac{y-y_0}{r_1^3} \tag{3-2}$$

$$S_{z1} = -\frac{a^3}{3}\frac{z-z_0}{r_1^3}$$

其中，$r_1 = [(x-x_0)^2 + (y-y_0)^2 + (z-z_0)^2]^{\frac{1}{2}}$。

步骤 2：其镜像位置 $(x_0，y_0，-z_0)$ 处一大小相等的体积膨胀于点 $P(x，y，z)$ 处产生的位移大小计算方法和步骤 1 相同，位移分量大小分别为：

$$S_{x2} = \frac{a^3}{3}\frac{x-x_0}{r_2^3}$$

$$S_{y2} = \frac{a^3}{3}\frac{y-y_0}{r_2^3} \tag{3-3}$$

$$S_{z2} = \frac{a^3}{3}\frac{z+z_0}{r_2^3}$$

其中，$r_2 = [(x-x_0)^2 + (y-y_0)^2 + (z+z_0)^2]^{\frac{1}{2}}$。

步骤 3：通过柯西方程可以求得前两步在地表 $(x，y，0)$ 产生的剪应变为

$$\gamma_{xz} = \left(\frac{\partial(S_{x1}+S_{x2})}{\partial z} + \frac{\partial(S_{z1}+S_{z2})}{\partial x}\right)_{z=0} = -4a^3\frac{z_0(x-x_0)}{[(x-x_0)^2+(y-y_0)^2+z_0^2]^{\frac{5}{2}}} \tag{3-4}$$

$$\gamma_{yz} = \left(\frac{\partial(S_{y1}+S_{y2})}{\partial z} + \frac{\partial(S_{z1}+S_{z2})}{\partial y}\right)_{z=0} = -4a^3\frac{z_0(y-y_0)}{[(x-x_0)^2+(y-y_0)^2+z_0^2]^{\frac{5}{2}}} \tag{3-5}$$

根据虎克定律，相应的剪应力为

$$\tau_{xz} = G\gamma_{xz}, \tau_{yz} = G\gamma_{yz} \tag{3-6}$$

式中：G 为剪切弹性模量。

相应的剪应力 τ_{xz} 在 $y = y_0$ 时的分布形式如图 3-4 所示，同理也可得到剪应力 τ_{yz} 的分布。为符合实际问题的边界条件，将剪应力 τ_{xz} 和 τ_{yz} 反方向并作用在地表上，通过对已知半无限体内地表水平方向力产生的位移解答进行积分（Cerruti 解答）[77]，即可求得第 3 步所产生的 3 个位移分量：

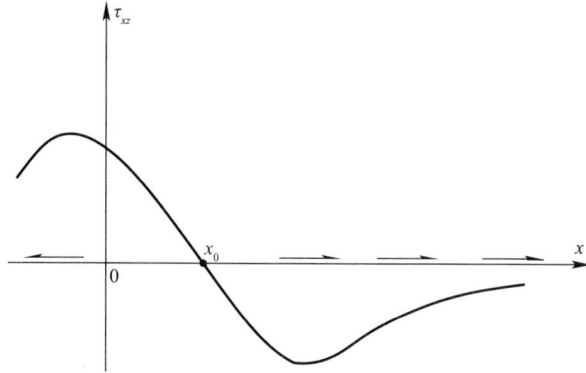

图 3-4　地表剪应力

$$
\begin{aligned}
S_{x3} = {} & \lim_{b \to \infty} \lim_{c \to \infty} \int_{y_0-b}^{y_0+b} \int_{x_0-c}^{x_0+c} -\frac{a^3}{\pi} \frac{z_0(u-x_0)}{\left[(u-x_0)^2 + (t-y_0)^2 + z_0^2\right]5/2} \\
& \left[\frac{1}{R} + \frac{R(R+z) - (x-u)^2}{R(R+z)^2} \cdot (1-2\mu) + \frac{(x-u)^2}{R^3}\right] \mathrm{d}u\mathrm{d}t + \\
& \lim_{b \to \infty} \lim_{c \to \infty} \int_{y_0-b}^{y_0+b} \int_{x_0-c}^{x_0+c} -\frac{a^3}{\pi} \cdot \frac{z_0(t-y_0)}{\left[(u-x_0)^2 + (t-y_0)^2 + z_0^2\right]^{5/2}} \\
& \left[\frac{1}{R} + \frac{(y-t)^2}{R^3} + \frac{R(R+z) - (y-t)^2}{R(R+z)^2}(1-2\mu)\right] \mathrm{d}u\mathrm{d}t
\end{aligned} \tag{3-7a}
$$

$$
\begin{aligned}
S_{y3} = {} & \lim_{b \to \infty} \lim_{c \to \infty} \int_{y_0-b}^{y_0+b} \int_{x_0-c}^{x_0+c} -\frac{a^3}{\pi} \frac{z_0(u-x_0)(x-u)(y-t)}{\left[(u-x_0)^2 + (t-y_0)^2 + z_0^2\right]^{5/2}} \left[\frac{1}{R^3} + \frac{1-2\mu}{R(R+z)^2}\right] \mathrm{d}u\mathrm{d}t \\
& + \lim_{b \to \infty} \lim_{c \to \infty} \int_{y_0-b}^{y_0+b} \int_{x_0-c}^{x_0+c} -\frac{a^3}{\pi} \cdot \frac{z_0(t-y_0)(x-u)(y-t)}{\left[(u-x_0)^2 + (t-y_0)^2 + z_0^2\right]^{5/2}} \left[\frac{1}{R^3} + \frac{1-2\mu}{R(R+z)^2}\right] \mathrm{d}u\mathrm{d}t
\end{aligned} \tag{3-7b}
$$

$$
\begin{aligned}
S_{z3} = {} & \lim_{b \to \infty} \lim_{c \to \infty} \int_{y_0-b}^{y_0+b} \int_{x_0-c}^{x_0+c} -\frac{a^3}{\pi} \frac{z_0(u-x_0)(x-u)}{\left[(u-x_0)^2 + (t-y_0)^2 + z_0^2\right]^{5/2}} \left[\frac{z}{R} + \frac{1-2\mu}{R(R+z)}\right] \mathrm{d}u\mathrm{d}t \\
& + \lim_{b \to \infty} \lim_{c \to \infty} \int_{y_0-b}^{y_0+b} \int_{x_0-c}^{x_0+c} -\frac{a^3}{\pi} \cdot \frac{z_0(t-y_0)(y-t)}{\left[(u-x_0)^2 + (t-y_0)^2 + z_0^2\right]^{5/2}} \left[\frac{z}{R} + \frac{1-2\mu}{R(R+z)}\right] \mathrm{d}u\mathrm{d}t
\end{aligned} \tag{3-7c}
$$

式中：μ 为泊松比，$R = [(x-u)^2 + (y-t)^2 + z^2]^{1/2}$

步骤 4：以上 3 个步骤所产生的位移大小之和即为实际需求解问题的位移解答，半无限体内 (x_0, y_0, z_0) 点处半径为 a 的空隙在点 (x, y, z) 处产生的总位移为：

$$S_x = S_{x1} + S_{x2} + S_{x3}, S_y = S_{y1} + S_{y2} + S_{y3}, S_z = S_{z1} + S_{z2} + S_{z3} \quad (3-8)$$

对于单位体积空隙产生的位移在上式公式基础上除以体积 $4\pi a^3/3$，即

$$s_x = \frac{S_x}{\frac{4}{3}\pi a^3}, s_y = \frac{S_y}{\frac{4}{3}\pi a^3}, s_z = \frac{S_z}{\frac{4}{3}\pi a^3} \quad (3-9)$$

以上步骤 1~4 是基于汇源法推导单位体积空隙产生的土体位移，若需计算单位体积膨胀引起的土体位移，推导过程完全一致，只是符号相反[45]。

3.3 考虑施工影响因素的汇源法

若不考虑地表后期固结变形，土压平衡盾构掘进引起的土体变形主要包括开挖面土压失衡引起的变形和盾尾脱空及注浆引起的变形。可以这么认为，盾构开挖面处出土率为 100% 也就是处于出土平衡状态时，开挖面区域处将不发生隆沉现象[75]。若出土率大于 100%，开挖面处于超挖状态，土体将下沉；若出土率小于 100%，开挖面处于挤土状态，土体将隆起。同时盾构掘进过程中盾尾将不可避免产生环形空隙，进而产生土体下沉现象。为避免土体产生过大的位移，要对盾尾注浆孔进行及时的注浆，以减小土体下沉量。若盾尾空隙得不到有效的注浆，土体变形仍呈现下沉现象；若盾尾空隙被浆液完全填充甚至过量注浆，则盾尾处土体变形就会呈现隆起现象。基于此，本书采用汇源法分别对开挖面失衡、盾尾空隙和同步注浆引起的土体变形进行计算，可以考虑出土率、注浆率等施工因素，使计算结果更符合工程实际。

3.3.1 开挖面失衡引起的土体变形计算

颜波[74]认为盾构施工排土量多少直接影响到盾构开挖面稳定盾构正面土压力，控制排土量是控制地表变形的重要措施。王洪新[75]认为土压平衡盾构出土率是盾构推进时控制平衡的重要参数，它决定土压平衡盾构推进时地层损失的大小，决定前方产生多大的隆起或沉降。当盾构掘进切削的土体量与螺旋机排出土体量相等时，盾构掘进就处于平衡状态，这种平衡同盾构与前方土体的接触压力与水土压力的平衡相比，对土压平衡盾构控制更有意义。可见，将出土量与开挖面土体损失进行转换计算更符合施工实际，概念也更为清晰。

因此，将汇源法引入到开挖面出土失衡引起的土体变形进行计算，其计算过

程如下：

　　由于开挖面失衡引起的土体损失与出土量有关，假定土体是各向同性线弹性介质，开挖面土体因为出土的不平衡，呈圆形等量径向土体位移移动模式，如图 3-5 所示。当盾构开挖面处出土率大于（小于）100％时，掘进机周围土体产生向内（外）侧的均匀径向位移，它是由单位长度"正（负）土体损失"引起的，其产生的土体位移面积与出土率大小有关，则实际出土率变化引起的单位长度的土体损失计算公式如下：

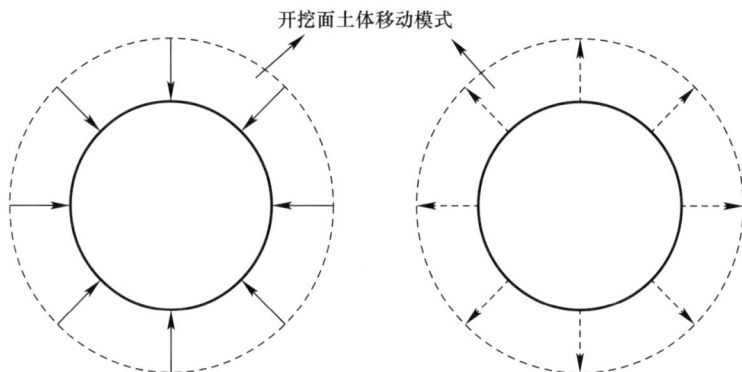

图 3-5　开挖面土体位移移动模式示意图

$$V_{\text{loss}}^1 = \pi R^2 (\xi - 1) \tag{3-10}$$

式中：R 为盾构机外径，ξ 为出土率。

　　出土率 ξ 可由施工现场出土记录按下式计算：

$$\xi = \frac{V_c}{\pi R^2 l_G} \tag{3-11}$$

式中：V_c 为每环出土量，为盾构机自动记录参数，l_G 为每环管片长度。

　　若盾构机出土量无法记录，出土率 ξ 也可按以下经验公式计算[75]：

$$\xi = \frac{4\eta k k_c Q}{\pi \gamma_0 D^2} \times \left(\frac{N}{v}\right) \tag{3-12}$$

式中：η 为螺旋机出土效率；与土体性质、转速等有关；k 为把体积换算为重量的参数，与土层性质有关；k_c 为考虑添加材料重量时的有效出土比；Q 为螺旋机一转出土量；N 为螺旋机转速；γ_0 为土体的天然容重；D 为螺旋直径；v 为盾构机推进速度。

　　当盾构开挖面处出土率为 100％时，土体位移面积为 0，也就意味着土体损失为 0，开挖面处土体将不发生隆沉，开挖面失衡引起土体位移间隙计算如下：

$$g_1 = R \times (\sqrt{\xi} - 1) \tag{3-13}$$

开挖面处土体位移大小可以通过对单位体积空隙或膨胀所产生的土体位移进

行积分得到，如图 3-6 所示，假设隧道开挖面中心深度为 h，自（0，0，h）点沿 x 轴正方向开始掘进，推进到如图所示位置（0，l，h），间隙厚度为 g_1。可见，土体损失则为两个长度相同、半径不同圆柱体之间的空隙，即 $V = V_1 - V_2$。其中，当出土率大于 100% 时，外圆半径为 R，内圆半径为 $R \times (2 - \sqrt{\xi})$；当出土率小于 100% 时，外圆半径为 $R \times (2 - \sqrt{\xi})$，内圆半径为 R。

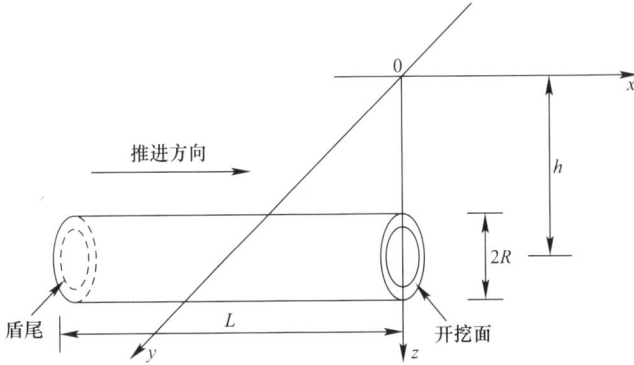

图 3-6　盾构掘进示意图

则开挖面处出土导致的土体损失并产生的土体位移可通过下面积分求得：

$$U^1 = \iiint\limits_{V} s_x(x, y, z)\mathrm{d}x\mathrm{d}y\mathrm{d}z = \iiint\limits_{V_1 - V_2} s_x(x, y, z)\mathrm{d}x\mathrm{d}y\mathrm{d}z \tag{3-14a}$$

$$V^1 = \iiint\limits_{V} s_y(x, y, z)\mathrm{d}x\mathrm{d}y\mathrm{d}z = \iiint\limits_{V_1 - V_2} s_y(x, y, z)\mathrm{d}x\mathrm{d}y\mathrm{d}z \tag{3-14b}$$

$$W^1 = \iiint\limits_{V} s_z(x, y, z)\mathrm{d}x\mathrm{d}y\mathrm{d}z = \iiint\limits_{V_1 - V_2} s_z(x, y, z)\mathrm{d}x\mathrm{d}y\mathrm{d}z \tag{3-14c}$$

式中，U^1 为 x 方向的位移；V^1 为 y 方向的位移；W^1 为 z 方向的位移。

3.3.2　盾尾空隙引起的土体变形计算

根据盾构隧道掘进特点，可以认为开挖面的土体移动、土体挤入盾尾间隙以及盾尾注浆是引起地表变形的主要原因，其中土体挤入盾尾间隙量的多少是决定土体下沉量大小的最重要因素。由于盾构机刀盘直径大于衬砌管片外径，管片在盾尾处拼装完成并脱出后，与土体之间形成一个环形间隙，简称盾尾间隙，如图 3-7 所示。盾尾间隙若得到不及时填充，势必造成土体下沉，进而引起相邻地表建、构筑物沉降。Lee（1992）[78]、Loganathan（1998）[14]、Park（2004）[22] 等人提出了等效土体间隙参数 g，并采用非等量径向土体移动模式对盾尾处间隙引起的三维土体变形进行了计算分析，如图 3-8 所示。但他们都将开挖面土压失衡引起的变形和盾尾脱空及注浆引起的变形影响混淆在一起，且都放在开挖面处计算，并没有根据盾构施工特点分别进行计算，与施工实际明显不符。而赵志民（2004）[45]、魏纲（2005）[25]、齐静静（2007）[79]、朱才辉（2011）[37]等在 Loganathan（1998）[14]等提出的等效土体间隙参数 g 基础上对盾尾脱空引起的变形影响进行了计算，重复考虑了盾构机推力及其引起的开挖面土压变化，与施工实际也明显不符。

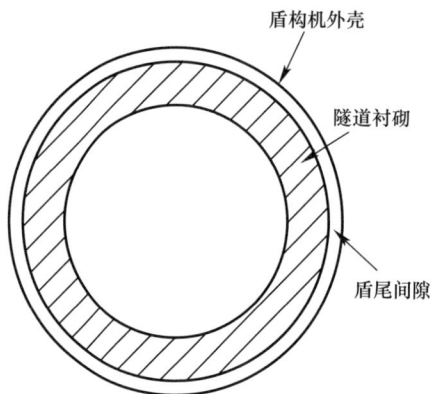

图 3-7　盾尾间隙示意图

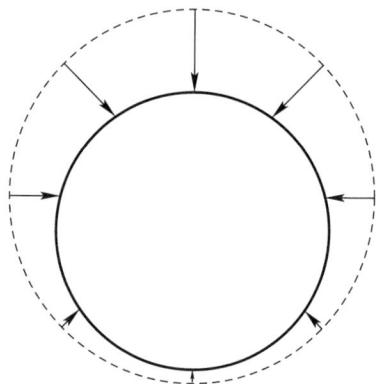

图 3-8　非等量径向土体移动模式示意图

赵志民（2004）[45]、魏纲（2005）[25]、齐静静（2007）[79]、朱才辉（2011）[37]等参照 Loganathan（1998）等提出的等效土体间隙参数 g，认为盾尾脱空造成的土体移动模型为非等量径向土体移动模式。魏纲[25]认为非等量径向土体移动模式中隧道衬砌要落到土体边界的底部，隧道轴线正上方所产生的最大地面沉降值会比采用等量均匀径向位移模式的要大，这样就解决了地面沉降最大值要明显小于实测值的问题。本书认为考虑非等量径向土体移动模式值得商榷，首先盾尾脱空是瞬间过程，盾尾形成的环形土体间隙要进行应力释放，上、下端土体均需进行应力释放，只考虑上端土体应力释放明显是不合适的[80]。其次，魏纲等认为采用等量均匀径向土体位移模式计算得到的变形量较小，那是因为其在等效土体间隙参数 g 基础进行计算，该参数考虑了开挖面支护压力以及盾尾注浆力。而实际上只计算盾尾间隙产生的土体位移时并不需要涵盖其他因素，这样采用等量均匀径向位移模式的计算结果并不会偏小，反而更符合施工实际情况。

仍假定土体是各向同性线弹性介质，盾尾脱空产生的土体位移呈圆形等量径向土体移动模式，如图 3-9 所示。可以

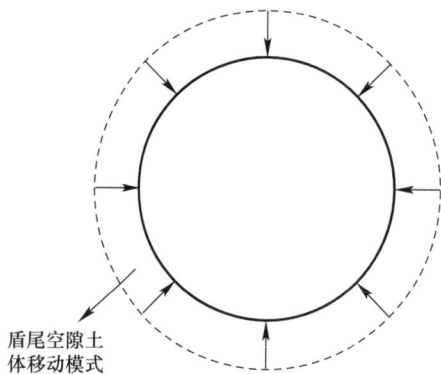

图 3-9　盾尾间隙土体移动模式示意图

通过对单位体积的空隙所产生的土体位移积分得到，推导过程与上一节相似。如图 3-6 所示，假设隧道盾尾处断面中心深度为 h，自（0，$-L$，h）点沿 x 轴正方向掘进，推进到如图所示位置（0，$l-L$，h），间隙厚度为 $g_2 = R-r$。土体损失仍由两个长度相同、半径不同圆柱体之间的空隙组成，即 $V' = V'_1 - V'_2$。其中，外圆半径为盾构机外径 R，内圆半径为衬砌外径 r。

则由盾尾间隙导致的单位长度土体损失为

$$V_{loss}^2 = \pi(R^2 - r^2) \tag{3-15}$$

其产生的土体位移可以通过以下积分求得：

$$U^2 = \iiint_V s_x(x,y,z)\mathrm{d}x\mathrm{d}y\mathrm{d}z = \iiint_{V'_1-V'_2} s_x(x,y,z)\mathrm{d}x\mathrm{d}y\mathrm{d}z \tag{3-16a}$$

$$V^2 = \iiint_V s_y(x,y,z)\mathrm{d}x\mathrm{d}y\mathrm{d}z = \iiint_{V'_1-V'_2} s_y(x,y,z)\mathrm{d}x\mathrm{d}y\mathrm{d}z \tag{3-16b}$$

$$W^2 = \iiint_V s_z(x,y,z)\mathrm{d}x\mathrm{d}y\mathrm{d}z = \iiint_{V'_1-V'_2} s_z(x,y,z)\mathrm{d}x\mathrm{d}y\mathrm{d}z \tag{3-16c}$$

式中，U^2 为 x 方向的位移；V^2 为 y 方向的位移；W^2 为 z 方向的位移。

3.3.3　盾尾注浆引起的土体变形计算

由上节分析内容可知，当盾尾脱出管片时，在管片与土体之间会形成一个环形间隙。如果该间隙得不到及时填充，就会导致上方一定范围内的土体产生较大沉降。为有效控制这部分沉降，往往会采用盾尾同步注浆。盾构通过预埋好的注浆管同步向该间隙中注入充足的浆液，以填充盾尾环形间隙。同时充满间隙的浆液可提供一定压力来支撑上方土体，防止盾尾脱空后上方土体坍塌产生较大的瞬时沉降[81]。赵志民（2004）[45]认为盾尾上方注浆孔注浆压力很大，而下方注浆孔注浆压力很小，衬砌外侧的注浆量主要是集中在隧道顶部，而底部相对较少。但 Bezuije（2004）[82]对 Sophia 隧道浆体压力随掘进时间的变化进行了现场监测，发现注浆完成后浆体压力分布较均匀，且浆体压力表现为上小下大的形式。本书认为在实际注浆施工中，衬砌外侧的注浆量并非一定呈上大下小或上小下大的分布，盾尾注浆实际填充情况如图 3-10 所示。

根据注浆量的这个分布特点，考虑到注浆量分布受土质、浆液材料、注浆压力以及其他施工工艺影响较大，本书假定注浆后形成的截面与盾尾间隙的环形分布相似，仍呈理想均匀环形，注浆过程可认为是盾尾间隙产生的逆过程[45]。但注浆引起的土体位移体积并不等于实际施工中的注浆体积，因为实际注浆过程中浆液会发生损耗[79]。因此可以认为注浆产生的位移是体积膨胀，是负的土体损失，它的大小与注浆量、注浆率、浆液损耗率有关，单位长度计算公式如下：

$$V_{loss}^3 = (1-\eta) \times \lambda(\pi R^2 - \pi r^2) \tag{3-17}$$

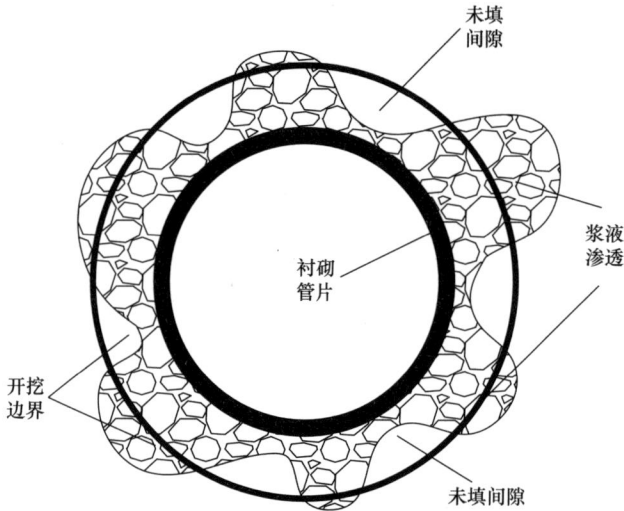

图 3-10　盾尾注浆充填示意图

式中：R 为盾构机外径，r 为衬砌外径，λ 为注浆率，η 为注浆损耗系数。

注浆率 λ 可由施工现场注浆量记录按下式计算：

$$\xi = \frac{V_z}{\pi R^2 l_G} \tag{3-18}$$

式中：V_z 为每环注浆量，为盾构掘进过程记录参数，l_G 为每环管片长度。

浆液损耗系数一般与土体孔隙率及渗透系数、隧道超挖、注浆压力、输送浆液管道长度等因素密切相关[79、83]，其计算公式如下：

$$\eta = \alpha_1 + \alpha_2 + \alpha_3 + \alpha_4 \tag{3-19}$$

式中：α_1 为压密损耗系数，与浆液材料性质有关，指的是浆液会产生密度变大、体积减小的现象，其变化范围在 0.05～0.15 之间，一般取 0.1；α_2 为土质损耗系数，与土体性质有关，孔隙率及渗透系数大的土体，浆液损耗也越大，一般软土可取 0.35；α_3 为输送损耗系数，指的是在浆液输送途中由于管内残留少许浆液从而出现一定程度的损耗，一般长度在 1000m 以内的隧道，输送损耗系数可取 0.1；α_4 为超挖损耗系数，浆液需填充超挖的空隙从而造成浆液损耗，一般可取 0.05。

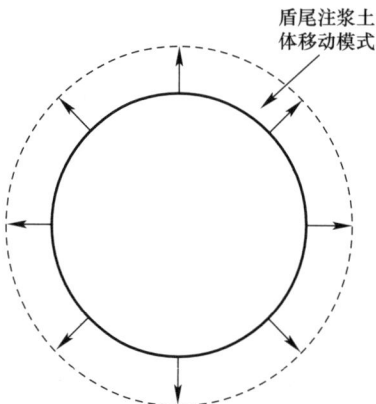

图 3-11　盾尾注浆土体移动模式示意图

仍假定土体是各向同性线弹性介质，盾尾注浆产生的体积膨胀呈圆形等量径向土体移动模式，如图 3-11 所示，推导过程和上一节类似。如图 3-6 所示，假设隧道盾尾断面处中心深度为 h，自（0，$-L$，h）点沿 x 轴正方向掘进，推进到如图所示位置（0，$l-L$，h），间隙厚度为 $g_3 = \sqrt{\dfrac{V_{loss}^3}{\pi} + r^2} - r$。土体损失仍由两个长度相同、半径不同圆柱体之间的空隙组成，即 $V'' = V_1'' - V_2''$。其中，外圆半径为 $\sqrt{\dfrac{V_{loss}^3}{\pi} + r^2}$，内圆半径为衬砌外径 r。

盾尾注浆产生的土体位移可以通过以下积分求得：

$$U^3 = \iiint\limits_{V} s_x(x,y,z)\,\mathrm{d}x\mathrm{d}y\mathrm{d}z = \iiint\limits_{V_1''-V_2''} s_x(x,y,z)\,\mathrm{d}x\mathrm{d}y\mathrm{d}z \tag{3-20a}$$

$$V^3 = \iiint\limits_{V} s_y(x,y,z)\,\mathrm{d}x\mathrm{d}y\mathrm{d}z = \iiint\limits_{V_1''-V_2''} s_y(x,y,z)\,\mathrm{d}x\mathrm{d}y\mathrm{d}z \tag{3-20b}$$

$$W^3 = \iiint\limits_{V} s_z(x,y,z)\,\mathrm{d}x\mathrm{d}y\mathrm{d}z = \iiint\limits_{V_1''-V_2''} s_z(x,y,z)\,\mathrm{d}x\mathrm{d}y\mathrm{d}z \tag{3-20c}$$

式中，U^3 为 x 方向的位移；V^3 为 y 方向的位移；W^3 为 z 方向的位移。

综上所述，土压平衡盾构掘进过程中开挖面土压失衡、盾尾脱空及注浆产生的土体总变形为：

$$U = U^1 + U^2 - U^3, V = V^1 + V^2 - V^3, W = W^1 + W^2 - W^3 \tag{3-21}$$

式中，U 为 x 方向的位移；V 为 y 方向的位移；W 为 z 方向的位移。

3.4 改进的 Sagaseta 计算公式

3.4.1 对 Sagaseta 公式的改进

由上一节分析可知，盾构施工过程中由于开挖面出土失衡、盾尾脱空等因素会导致土体产生变形，会使得地面沉降或隆起过大，进而对周围建筑物产生影响。由于盾构掘进引起的地面变形更值得关注，基于式（3-14），Sagaseta 利用汇源法推得平面条件下土体损失引起的地面变形解析解，计算公式如下：

$$\left.\begin{aligned} S_{x0} &= -\frac{v}{2\pi} \times \frac{y}{y^2+h^2}\left[1 - \frac{x}{\sqrt{x^2+y^2+h^2}}\right] \\ S_{y0} &= \frac{v}{2\pi} \times \frac{1}{\sqrt{x^2+y^2+h^2}} \\ S_{z0} &= \frac{v}{2\pi}\frac{h}{y^2+h^2}\left[1 - \frac{x}{\sqrt{x^2+h^2+y^2}}\right] \end{aligned}\right\} \tag{3-22}$$

式中：v 为开挖面单位长度土体损失。

式（3-22）相比土体变形三维解式（3-14）更易在工程中应用，但其只考虑了土体损失出现在开挖面，并没有考虑盾构施工因素的影响，且计算的地表变形无法考虑隆起的影响。因此，本书参考 Sagaseta 基于汇源法推导出的地面变形解析解，结合式（3-21），推得考虑施工影响因素下的竖向地面变形解如下：

$$
\begin{aligned}
S_{z0} = & \frac{V_{\text{loss1}}}{2\pi} \frac{h}{y^2+h^2}\left[1-\frac{x}{\sqrt{x^2+y^2+h^2}}\right] \\
& + \frac{V_{\text{loss2}}}{2\pi} \frac{h}{y^2+h^2}\left[1-\frac{x+L}{\sqrt{(x+L)^2+y^2+h^2}}\right] \\
& - \frac{V_{\text{loss3}}}{2\pi} \frac{h}{y^2+h^2}\left[1-\frac{x+L}{\sqrt{(x+L)^2+y^2+h^2}}\right]
\end{aligned}
\tag{3-23}
$$

式中，V_{loss1}、V_{loss2}、V_{loss3} 分别为开挖面出土导致的单位长度土体损失、盾尾间隙导致的单位长度土体损失以及注浆产生的单位长度土体损失。

若盾构掘进过程中，出土率为 100%，也就是出土保持平衡时，则式（3-23）即可转化为下式：

$$
S_{z0} = \frac{(V_{\text{loss2}}-V_{\text{loss3}})h}{2\pi(y^2+h^2)} \times \left[1-\frac{x+L}{\sqrt{(x+L)^2+y^2+h^2}}\right]
\tag{3-24}
$$

式（3-24）与式（3-22）中的竖向解相似，但土体损失概念更明确，其位置在盾尾处而非开挖面，其大小在开挖面保持平衡的状态下是由盾尾间隙及注浆所决定，更符合施工实际工况。

对于式（3-23），当 $y=0$ 时隧道轴线上方的纵向地面变形计算公式为：

$$
\begin{aligned}
S_{z0} = & \frac{V_{\text{loss1}}}{2\pi h}\left[1-\frac{x}{\sqrt{x^2+h^2}}\right] + \frac{V_{\text{loss2}}}{2\pi h}\left[1-\frac{x+L}{\sqrt{(x+L)^2+h^2}}\right] \\
& - \frac{V_{\text{loss3}}}{2\pi h}\left[1-\frac{x+L}{\sqrt{(x+L)^2+h^2}}\right]
\end{aligned}
\tag{3-25}
$$

以下算例对改进的 Sagaseta 公式（3-24）、（3-25）进行验证，以表明改进公式的正确性和适用性。

3.4.2　算例验证

（1）算例分析一

算例 1：采用本书现场实测案例，盾构机直径为 6.34m，机长 8.5m，衬砌内、外径分别为 5.50m 和 6.20m，宽度为 1.2m，隧道轴线埋深 h 约为 14m，土层相关参数见第二章。

前文分析施工参数注浆率为 183%，注浆损耗率为 65%，出土率为 98.9%。计算结果见图 3-12，由图可见理论与实测结果较为吻合。理论得到的纵向沉降曲线中盾构开挖面前 20m 就已经隆起，这个隆起主要是由排出土的体积小于切削土的体积，土仓内压力大于开挖面前的静止土压力，而使盾构前方和上方土体受挤压造成，盾构后方的沉降主要是有效注浆量小于管片后的空隙造成的。实测曲线中前方 10~20m 范围内有小于 0.5mm 的沉降，可能是由于路面交通荷载造成的。

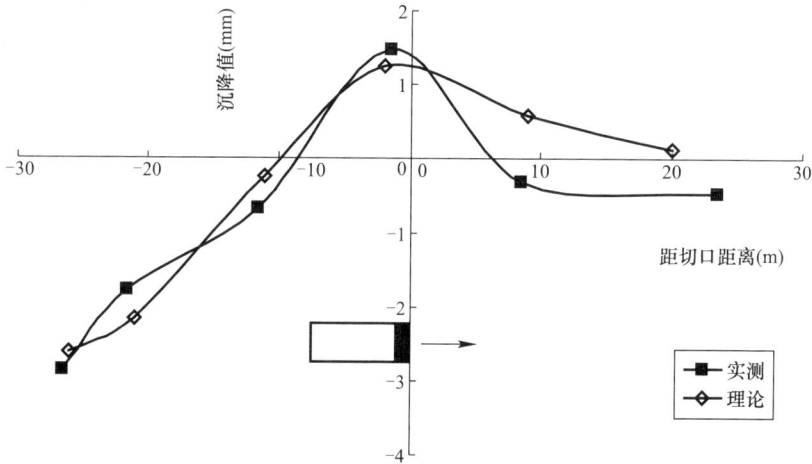

图 3-12　杭州某盾构隧道纵向地面变形计算与实测比较图

（2）算例分析二

算例 2：杭州地铁 2 号线某区间隧道工程，盾构机直径为 6.34m、机长 8.5m，衬砌内、外径分别为 5.50m 和 6.20m，宽度为 1.2m，隧道顶部覆土厚度为 9.0m。土层自上而下分别为：①砂质粉土；②淤泥质粉质黏土；③砂质粉土夹淤泥质粉质黏土；④砂质粉土夹粉砂；⑤粉砂夹砂质粉土；⑥砂质粉土。隧道主要穿越第④砂质粉土夹粉砂、⑤粉砂夹砂质粉土[85]。

按照文献［85］，盾构施工参数注浆率在 150%~180% 之间，注浆损耗率在 60%~70% 之间，出土率在 95%~100% 之间，本书计算时取注浆率为 163%，注浆损耗为 65%，出土率为 98.6%，计算结果见图 3-13。由图 3-13 可见理论与实测的沉降曲线较为吻合，盾构机前方产生一定量的隆起，主要是由于开挖面出土不平衡导致，但最大隆起位置稍微有些偏差，这主要是理论计算值中未考虑盾构机偏斜及摩擦力的影响。

（3）算例分析三

算例 3：上海轨道交通的明珠线二期工程"鄱阳路站～临平路站"盾构隧道区间位于临平路站和鄱阳路站之间。采用一台全断面切削式土压平衡式盾构机施工，盾构机直径 6.34m，机长 6m，衬砌内径、外径分别为 5.50m 和 6.20m，衬砌宽度为 1.0m。隧道埋深 9.1m，主要穿越第②3-1 层黏质粉土、第②3-2 层砂质粉土。其他各土层分别为第①层人工填土、第④层淤泥质黏土[84]。

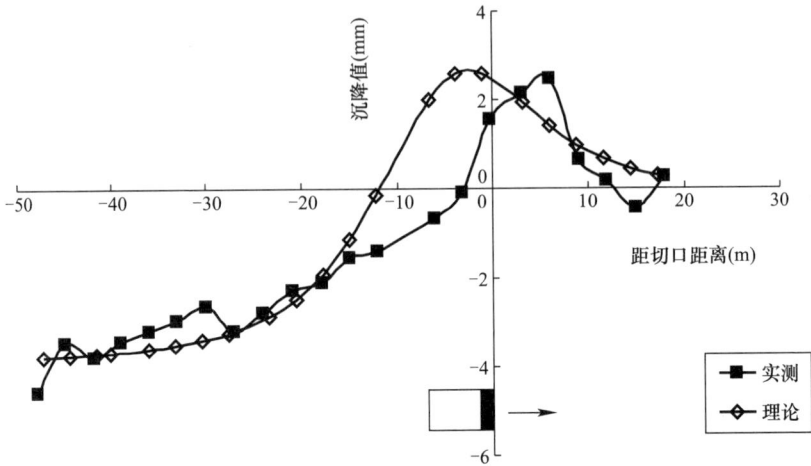

图 3-13　杭州某盾构隧道纵向地面变形计算与实测比较图

计算地表纵向变形时，按照实际工况取盾构施工参数：注浆率为 200%，注浆损耗为 65%，出土率为 100%，计算结果见图 3-14。结果表明，理论值与实测值较为吻合，该工况下出土较为平衡，盾构机前方并未发生隆起现象，盾尾通过后产生较大沉降，并达到相应的峰值。

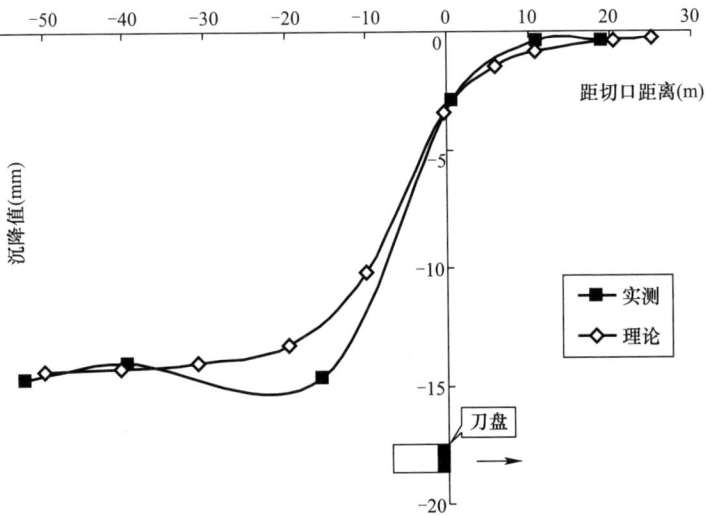

图 3-14　上海某盾构隧道纵向地面变形计算与实测比较图

3.5　本章小结

本章根据实测数据，针对盾构施工引起的土体变形状态，认为盾构掘进引起的土体损失主要包括开挖面土压平衡引起的土体损失和盾尾间隙产生的土体损失，提出考虑盾构实际施工因素的地表纵向变形计算公式。

（1）软土地区土压平衡盾构掘进，要合理的设置施工参数。首先，要保持好盾构开挖面出土率平衡，当出土率小于 100％时，会引起开挖面前土体隆起，但一般不要低于 95％，以避免隆起过大；考虑到盾尾注浆时浆液的损耗，注浆率一般都要大于 100％，以避免盾尾空隙产生较大的地表沉降。

（2）在 Sagaseta 汇源法理论基础上，将开挖面出土平衡引起的土体损失认为是由与出土率有关的等量均匀径向土体位移造成，盾尾间隙产生的土体损失是由与盾尾脱空及注浆有关的等量均匀径向土体位移造成，并推导出了半无限空间内土体变形计算公式，同时给出了修正的 Sagaseta 地面纵向变形计算公式，并和实测数据进行了对比分析。

本书考虑盾构施工工艺的影响，推导出修正的面纵向变形计算公式，且与实测数据吻合的较好。但在实际施工中，由于要避免较大的地表沉降产生，还要进行二次注浆，这在纵向变形计算公式上难以反映出来，还须进一步的研究与分析。

第 4 章 盾构纵向掘进对邻近浅基础 建筑物影响研究

4.1 引言

地铁盾构掘进实际上是一个动态的过程，隧道开挖引起的应是三维沉降槽，意味着在隧道开挖面还未达到建筑物地基处，盾构掘进引起的地表变形已经对建筑物产生影响，这在施工、设计和研究过程易被忽视。目前，国内外对盾构施工对周边环境影响的研究都集中在地面横向沉降槽这一问题上，且大部分的研究都未考虑建筑物存在的工况，对邻近建筑物内力影响的研究更是少之又少，这使得不能全面地、准确地评价盾构隧道掘进对地面建筑物的影响，从而难以保证地面建筑物的安全。

工程实践也表明，隧道掘进区土及邻近建筑物的变形不是一个跟时间无关的过程，而是一个随时间而变化的过程[71、72]。在隧道掘进区即使距建筑物一定距离，隧道施工每一步开挖活动都将牵动上覆土体纵向发生一定变形，而土体的每一次纵向变形运动都将影响着建筑物基础的外力环境，因而整个体系时刻处于运动状态。土体与基础相互作用特点也在发生变化，两者通过彼此内力及变形的不断调整，在掘进每一阶段寻求相应时刻的平衡状态，如图 4-1 所示。

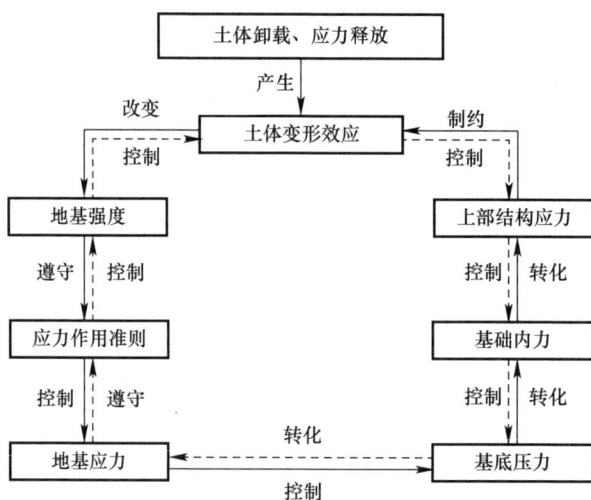

图 4-1 土体变形与基础动态相互作用系统

目前，国内外针对盾构掘进引起的邻近建筑物沉降变形及内力变化的理论研究几乎空白，本章首先引入协同作用模型研究盾构隧道纵向掘进对邻近浅基础建筑物的影响[86,87]，将盾构法施工产生的土体损失作为引起地面沉降的主要原因，推导出浅基础建筑物地基、基础和结构协同作用的力学模型及理论解，并利用数值分析软件 1stOpt 软件进行求解，分析得到建筑物纵向变形规律以及内力变化规律。

4.2　基于弹性地基梁协同作用模型理论研究

4.2.1　计算模型的建立

参考文献 [86]，建立如图 4-2 所示的两个坐标系统，将浅基础建筑物简化为弹性地基上的梁。地表变形坐标系为 $w_1(j)\text{-}O_1\text{-}j$，原点 O_1 点建在盾构开挖面正上方的地表处，横坐标 j 轴的指向与盾构机掘进方向一致，纵坐标 $w_1(j)$ 为第 j 点的地表位移量；建筑物的位移坐标系为 $w(x)\text{-}O\text{-}x$，原点建立在建筑物左端地表处，距 O_1 的距离为 j（开挖面未到达建筑物时 j 为正，开挖面穿越建筑物及离开后 j 为负值），横坐标的 x 轴方向与 j 轴的指向一致，建筑物内的任意一点 x 的变形为 $w(x)$、对应的地表点变形为 $w_1(j+x)$。

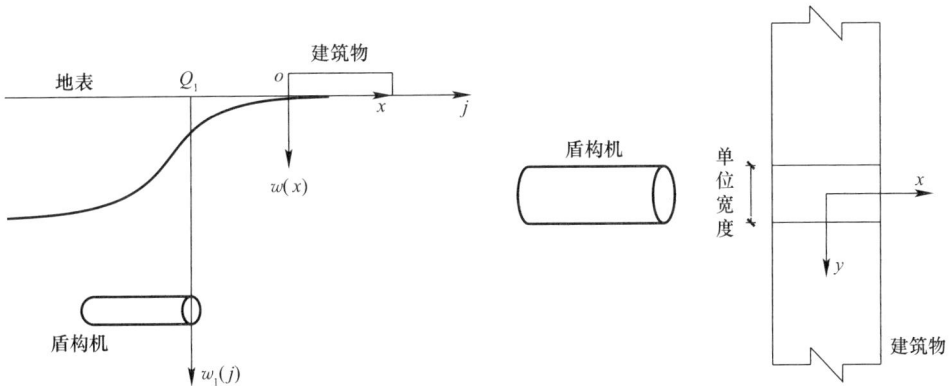

图 4-2　建筑物与地表沉降坐标系

（1）基本假定

1）如图 4-3 所示，盾构施工过程中，土体损失引起的地面变形可用上一章推导的地面竖向位移公式来计算：

$$S_{z0} = \frac{V_{\text{loss1}}}{2\pi} \frac{h}{y^2 + h^2} \left[1 - \frac{x}{\sqrt{x^2 + y^2 + h^2}} \right]$$

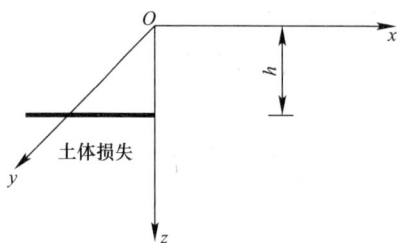

图 4-3　土体损失示意图

$$+ \frac{V_{\text{loss2}}}{2\pi} \frac{h}{y^2+h^2} \left[1 - \frac{x+L}{\sqrt{(x+L)^2+y^2+h^2}} \right]$$

$$- \frac{V_{\text{loss3}}}{2\pi} \frac{h}{y^2+h^2} \left[1 - \frac{x+L}{\sqrt{(x+L)^2+y^2+h^2}} \right]$$

$$(4\text{-}1)$$

式中，V_{loss1}、V_{loss2}、V_{loss3} 分别为开挖面出土导致的单位长度土体损失、盾尾间隙导致的单位长度土体损失以及注浆产生的单位长度土体损失。

假定盾构掘进过程中出土保持平衡，当 $y=0$ 时，得到隧道轴线上方的纵向地面变形计算公式为

$$w_1(x) = \frac{V_{\text{loss2}} - V_{\text{loss3}}}{2\pi h} \times \left[1 - \frac{x+L}{\sqrt{(x+L)^2+h^2}} \right] \qquad (4\text{-}2)$$

2）将建筑物简化为弹性地基上的有限长梁，根据文克尔弹性地基理论，建筑物的地基反力 σ_{d} 与其切入地基值的大小成正比，计算公式为

$$\sigma_{\text{d}}(x) = k[w(x) - w_1(j+x)] \qquad (4\text{-}3)$$

式中，k 为地基基床系数 kN/m^3，$\sigma_{\text{d}}(x)$ 为建筑物底部任意点受到的地基反力 kN/m^2。

（2）基本微分方程

如图 4-4 所示，建筑物弯矩微分方程为

$$EJ \frac{\mathrm{d}^2 w(x)}{\mathrm{d}x^2} = M(x) \qquad (4\text{-}4)$$

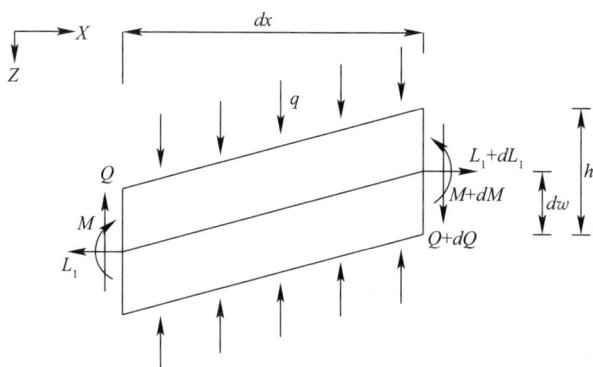

图 4-4　建筑物的微段受力分析

式中：E 为建筑物弹性模量；J 为惯性矩；$M(x)$ 为建筑物内任意断面处弯矩。剪力和弯矩间的关系式为

$$Q(x) = \frac{\mathrm{d}M(x)}{\mathrm{d}x} \tag{4-5}$$

在从建筑物某断面处过渡到间隔 $\mathrm{d}x$ 远断面时，其剪力增量为 $\mathrm{d}Q(x) = (q - \sigma_d)\mathrm{d}x$，即

$$\frac{\mathrm{d}Q(x)}{\mathrm{d}x} = q - \sigma_d = q - k[w(x) - w_1(j+x)] \tag{4-6}$$

式中，q 为建筑物作用于地基的竖向荷载。

综合考虑上述关系式，得到弹性地基上建筑物弯曲的微分方程式

$$EJ\frac{\mathrm{d}^4w(x)}{\mathrm{d}x^4} = q - k[w(x) - w_1(j+x)] \tag{4-7}$$

将（4-2）式带入（4-7）式得

$$EJ\frac{\mathrm{d}^4w(x)}{\mathrm{d}x^4} + kw(x) = q + \frac{k(V_{loss2} - V_{loss3})}{2\pi h}\left[1 - \frac{j+x+L}{\sqrt{(j+x+L)^2 + h^2}}\right] \tag{4-8}$$

式（4-8）即为经过简化的建筑物地基、浅基础和结构协同作用的理论微分方程。

（3）边界条件

1）建筑物两端可认为是自由端，则剪应力大小为零，即

当 $x=0$ 或 $x=l$ 时，$EJ\frac{\mathrm{d}^3w(x)}{\mathrm{d}x^3}=0$，式中 l 为建筑物的长度（m）。

2）建筑物两端可认为是自由端，则弯矩大小为零，即

当 $x=0$ 或 $x=l$ 时，$EJ\frac{\mathrm{d}^2w(x)}{\mathrm{d}x^2}=0$

（4）微分方程的解

1）根据齐次微分方程的求解方法，齐次微分方程 $EJ\frac{\mathrm{d}^4w(x)}{\mathrm{d}x^4} + kw(x) = 0$ 通解为

$$w(x) = e^{-ax}(C_1\sin ax + C_2\cos ax) + e^{ax}(C_3\sin ax + C_4\cos ax),$$

式中：$a = \sqrt[4]{\frac{k}{4EJ}}$；$C_1$、$C_2$、$C_3$、$C_4$ 为待定常数。

2）再求非齐次微分方程（4-8）的一个特解 w^*，则微分方程（4-8）的解为通解加特解。由于方程（4-8）无法推导出理论解析解，可采用 1stOpt 软件进行数值求解。

4.2.2 理论结果分析

计算分析基本条件：基础梁弯曲刚度 EJ 为 1280MN·m²，建筑物墙体长 l 为 20m，建筑物作用于地基的竖向荷载 q 为 200kN/m²，软土地基基床系数 k 取 15000kN/m³，盾构机直径为 6.34m，机长 6m，衬砌内、外径分别为 5.50m 和

6.20m，宽度为 1.0m，注浆率为 200%、注浆损耗为 65%，隧道轴线埋深 h 为 9.1m。参数代入浅基础建筑物地基、基础和结构协同作用微分方程，通过 1stOpt 软件进行数值计算，得到建筑物下沉曲线、倾斜曲线、建筑物的弯矩、剪力，本书筛选了规律较为明显的 6 种情况作为比较（开挖面距建筑物左端 50m、10m、0m、−10m、−20m、−30m、−50m），见图 4-5 和图 4-6。

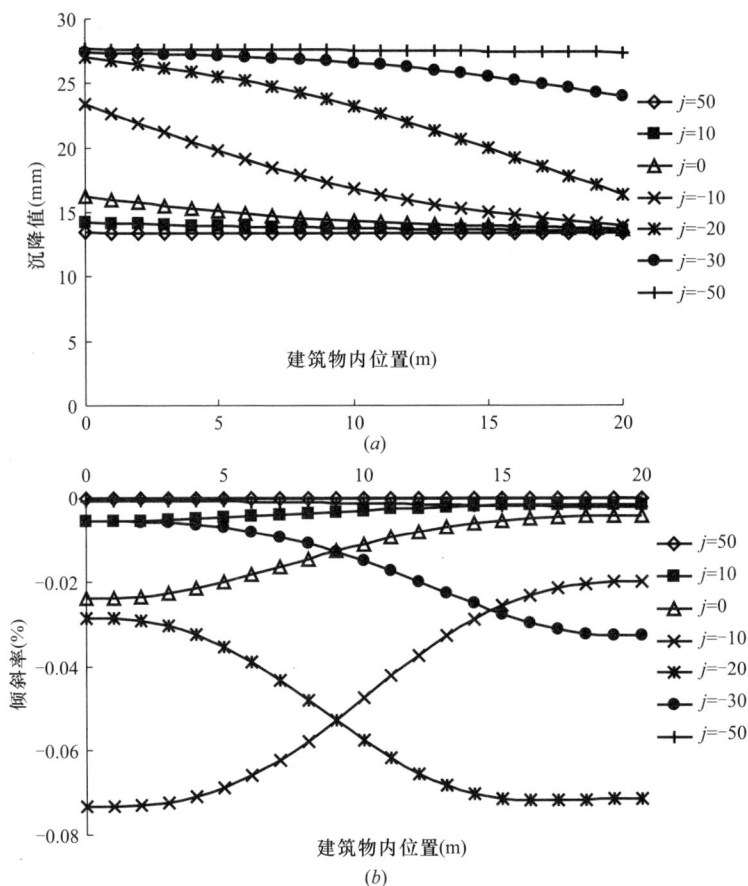

图 4-5　盾构机距建筑物不同距离时建筑物变形图

(a) 建筑物下沉曲线；(b) 建筑物倾斜曲线

由图 4-5 (a)、(b) 可以得出，建筑物未受到盾构掘进影响时其整体已经切入地基较大深度，这与地基土基床系数、建筑物竖向荷载等影响因素有关，因为建筑物需要地基反力来平衡整个建筑物的荷载。当建筑物受盾构机掘进影响后，其沉降变形和对应位置处的地表变形大小基本上一致。随着盾构的开挖面逐渐靠近建筑物，建筑物的下沉量渐渐变大，当盾构开挖面在建筑物的左端时，建筑物沉降逐渐增大；当掘进至大概 1/5 位置时（$j = -4$m），建筑物左端下沉量急剧增加，右端开始发生缓慢沉降，由于建筑物左右两侧的变形差异大，导致此时建筑物左端倾斜最大；随着盾构开挖面到达建筑物中间（$j=-10\mathrm{m}$），建筑物整体有较大倾斜；当开挖面位于建筑物右端位置时（$j=-20\mathrm{m}$），建筑物左端变形趋于稳定，而建筑物右端沉降仍然继续进行，此时建筑物右端的倾斜最大，这与第二章的实测沉降及倾斜规律还是较为吻合的。建筑物的沉降为整体向一侧倾斜，从左端到右端下沉值变化趋势较为一致。这说明此工况下，浅基础建筑物不会受地面沉降影响使结构局部变形过大而破坏。

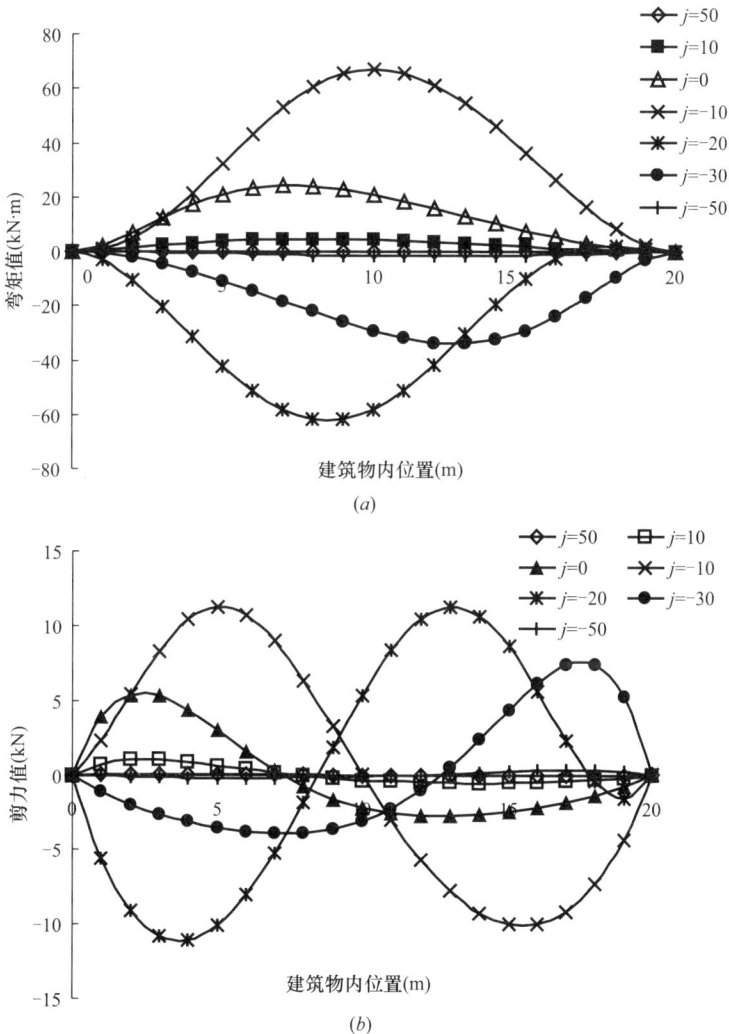

(a)

(b)

图 4-6 盾构机距建筑物不同距离时建筑物的附加应力分布图

(a) 建筑物内的弯矩分布；(b) 建筑物内的剪力分布

建筑物任意截面的附加弯矩和剪力在受盾构机掘进影响过程中的变化较大，如图 4-6 (*a*)、(*b*) 所示。当建筑物发生变形时，建筑物体内附加弯矩和剪力开始产生，当开挖面到达建筑物大概 1/2、右端位置处（建筑物位于地表下沉曲线最大负、正曲率处），建筑物中部弯矩值最大，弯矩的分布呈近似对称的凹或凸形曲线；当开挖面位于两者之间位置时，建筑的正负弯矩值明显减小；最后当掘进机远离建筑物时，建筑物沉降趋近于稳定，其附加弯矩值也趋近为零。由 (4-4) 式可知，建筑物附加弯矩是由建筑物的下沉曲线曲率所决定，而决定着建筑物弯曲程度的是地表下沉曲线，即与地表下沉曲线曲率相关。无论开挖面在哪个位置，建筑物始终存在正负剪力，这也是地表下沉半盆地长度小，而建筑物长度大的缘故；当开挖面到达建筑物大概 1/2 处，建筑物的 1/4 处产生最大正剪力，3/4 处产生最大负剪力，中部剪力为零，剪力分布呈近似反对称；当开挖面到达建筑物右端处，刚好相反。这表明采取措施加强建筑物 1/2 处、1/4 处、3/4 处的刚度可以达到保护建筑物的效果。

4.2.3　各种因素对建筑物附加应力的影响

盾构隧道掘进开挖面相对建筑物的位置不同时，建筑物的附加弯矩、剪力分布情况不同。本书取开挖面在建筑物 1/2 位置时这一特殊情况，即 $j = -10\text{m}$，此时建筑物内受到最大正弯矩和最大剪力，能较为明显地反映出变化规律。建筑物的附加应力变化与建筑物类型、材料、尺寸、地基性质和盾构施工工艺等因素相关，下面分析建筑物的抗弯刚度、地基基床系数、注浆率和注浆损耗率对内力的影响。

(1) 建筑物的抗弯刚度

建筑物类型、材料和尺寸的不同使得建筑物的抗弯刚度也不同。在其他计算条件不变的情况下，建筑物抗弯刚度分别取 750MN·m² 、1000MN·m²、1280MN·m²、1500MN·m²，通过 1stOpt 软件计算得到建筑物的弯矩、剪力图，见图 4-7 (*a*)、(*b*)。由图 4-7 (*a*) 可见建筑物抗弯刚度越大，附加弯矩越大，这是因为抗弯刚度越大，建筑物就越不易随着地表的变形而变形，建筑物内聚集的能量就越大，所以附加弯矩也就越大。另外，随着建筑物抗弯刚度的增大，附加弯矩的增大变为缓慢。由图 4-7 (*b*) 可以看出剪力的变化规律与弯矩类似。可见，提高建筑物本身刚度对抵抗盾构掘进影响引起的附加变形是有效的，但存在一定的有效影响范围。

(2) 地基基床系数

本书取软土地区基床系数 k 分别为 5000kN/m³ 、10000kN/m³、15000kN/m³、20000kN/m³，其他计算条件不变，可以得到建筑物弯矩、剪力分布曲线与基床系数的关系曲线，见图 4-8 (*a*)、(*b*)。由图 4-8 可见地基越软，其基床系数越小，建

(a)

(b)

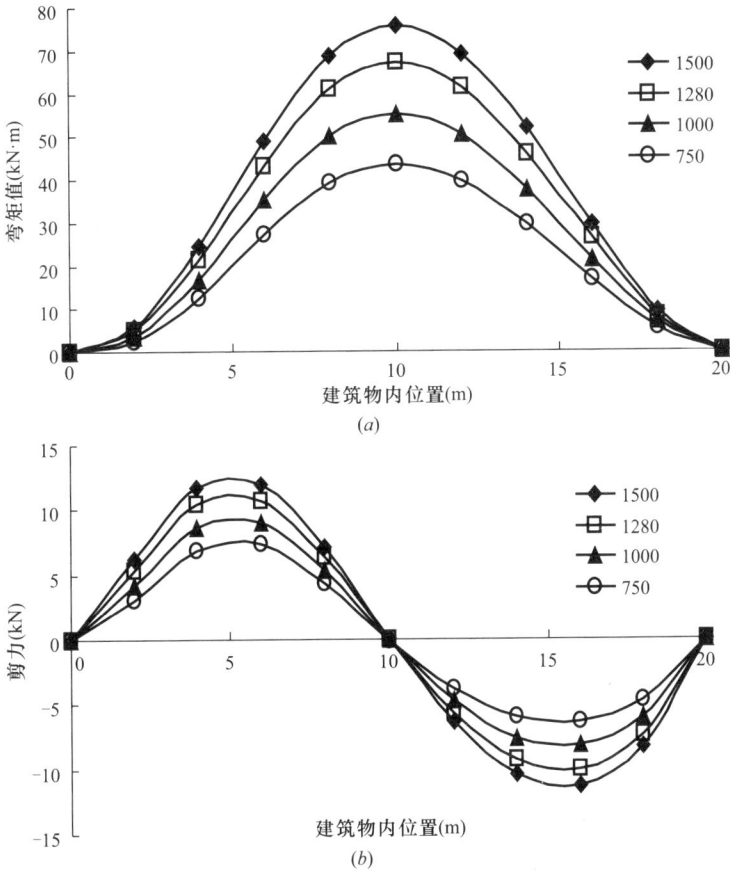

图 4-7 抗弯刚度不同时建筑物的内力分布

（a）不同弯曲刚度时基础梁的弯矩分布曲线；（b）不同弯曲刚度时基础梁的剪力分布曲线

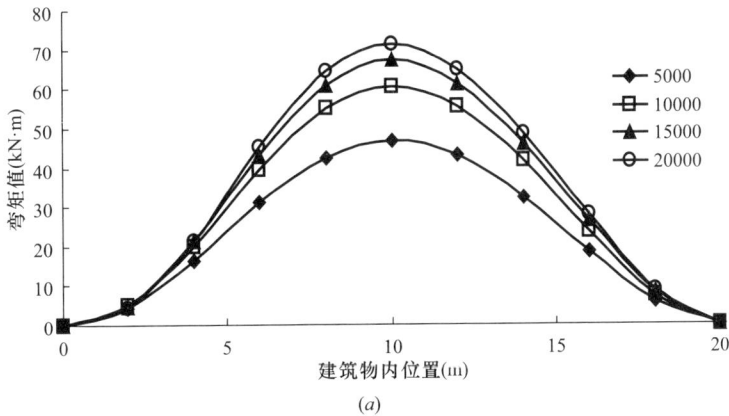

(a)

图 4-8 地基基床系数不同时建筑物的内力分布（一）

（a）不同基床系数时的基础梁的弯矩分布曲线

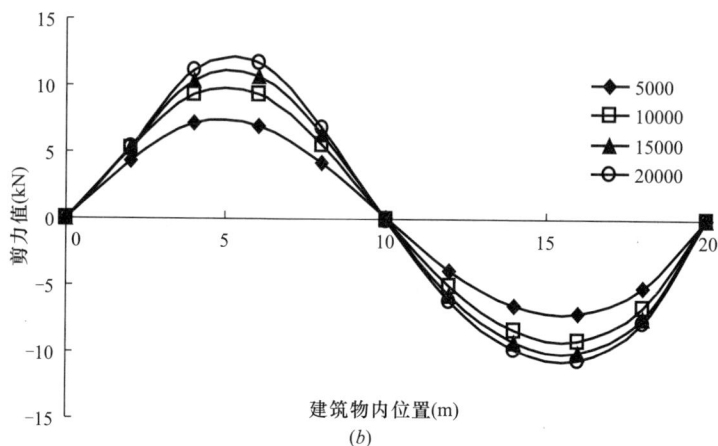

图 4-8　地基基床系数不同时建筑物的内力分布（二）

（b）不同基床系数时的基础梁的剪力分布曲线

筑物附加弯矩和剪力越小，但减小量变大。因为地基基床系数较小时，建筑物越容易切入地基，地基反力的分布更加均匀，使得建筑物体内的附加应力减小。这表明在相同地表沉降工况下，砂性土中建筑物受损的可能性要大于软黏土中的建筑物。同时对软土地基进行注浆以减少建筑物附加应力变化，需要均匀注浆加固，否则其效果可能还不如未加固的效果。

（3）注浆率和注浆损耗

本书对施工工艺环节中注浆率和注浆损耗进行了分析，发现施工工艺对建筑物内力变形影响较大。由图 4-9（a）、（b）和图 4-10（a）、（b）可见，注浆率越大，建筑物最大弯矩和剪力越小，这是因为随着注浆率的增大，土体损失减小，

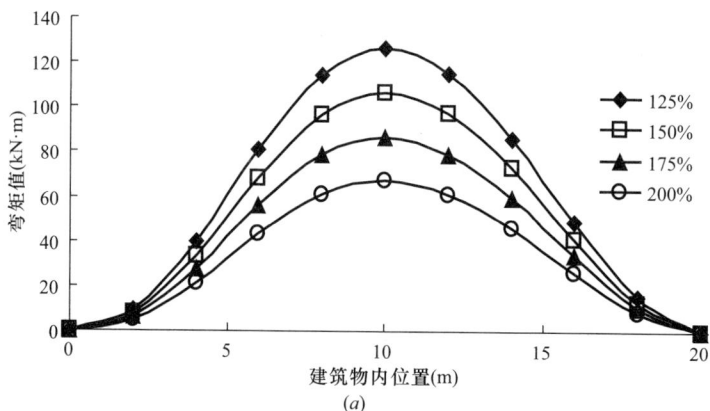

图 4-9　注浆率不同时建筑物的内力分布（一）

（a）弯矩分布曲线

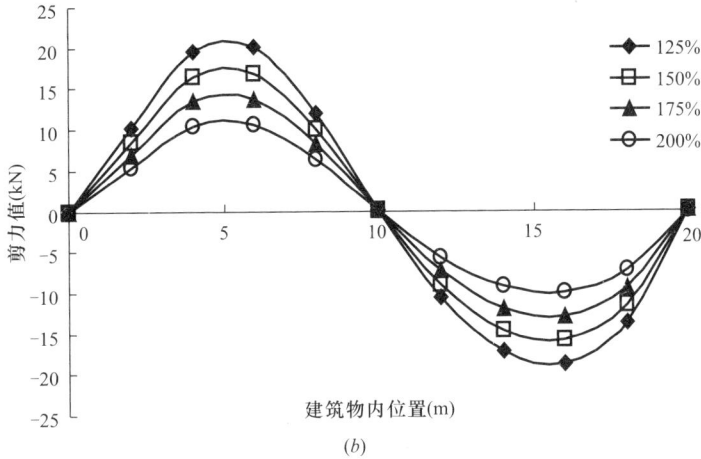

(b)

图 4-9　注浆率不同时建筑物的内力分布（二）

(b) 剪力分布曲线

从而地面沉降量减少，建筑物附加内力也随之减小。注浆损耗越大，建筑物最大弯矩和剪力越大，这表明在盾构掘进过程中，须控制好注浆率和注浆损耗。

通过对图 4-7（a）、图 4-8（a）、图 4-9（a）、图 4-10（a）对比分析发现，施工工艺影响比建筑物、地基加固对建筑物内力变化影响更大，这对保护建筑物提出了较为有意义的思路：首先从施工工艺上减少地面沉降，再对建筑物地基进行均匀加固，条件允许的情况下再对建筑物本体进行加固。在掘进过程中，需加强对建筑物沉降及倾斜的观测，尤其是当开挖面处于建筑物 1/2 位置处。

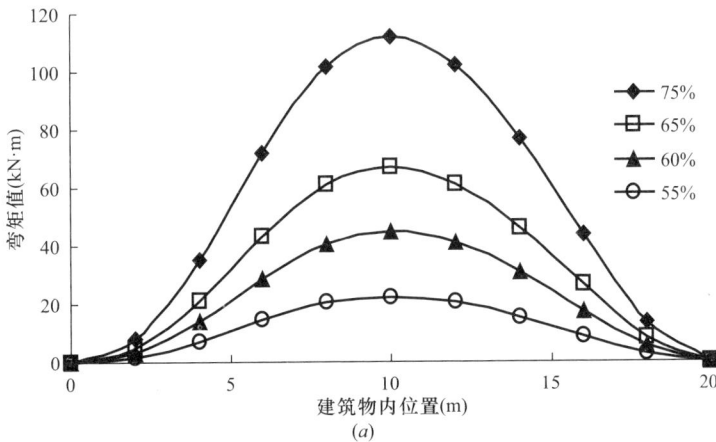

(a)

图 4-10　注浆损耗率不同时建筑物的内力分布（一）

(a) 弯矩分布曲线

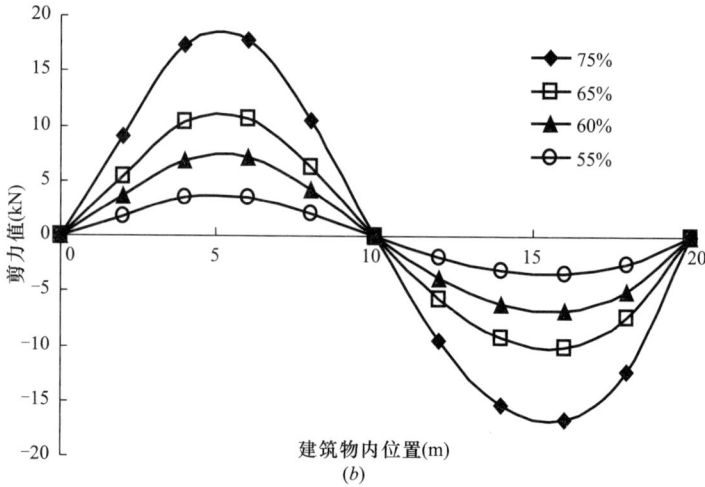

图 4-10　注浆损耗率不同时建筑物的内力分布（二）

（*b*）剪力分布曲线

4.3　基于弹性地基剪弯梁协同作用模型理论研究

4.3.1　计算模型的建立

仍采用上一节中的双坐标系，建筑物则考虑为条形基础的框架结构，地表变形坐标系统为 $w_1(j)-O_1-j$，原点 O_1 点建在开挖面的正上方地表处，横坐标 j 轴的指向与盾构前进方向一致，纵坐标 $w_1(j)$ 为第 j 点的地表位移量；建筑物的变形坐标系统为 $w(x)-O-x$，原点建在建筑物左端地表处，距 O_1 的距离为 j，横坐标的 x 轴方向与 j 轴的指向一致，建筑物内的任意一点 x 的变形为 $w(x)$、对应的地表点变形为 $w_1(j+x)$，如图 4-11 所示。

（1）基本假定

1）土体损失引起的地面变形仍采用上一章推导出的地面竖向位移公式来计算：

$$w_1(x) = \frac{V_{\mathrm{loss2}} - V_{\mathrm{loss3}}}{2\pi h} \times \left[1 - \frac{x+L}{\sqrt{(x+L)^2 + h^2}} \right] \tag{4-9}$$

式中，V_{loss2}、V_{loss3} 分别盾尾间隙导致的单位长度土体损失以及注浆产生的单位长度土体损失。

2）仍将建筑物视为弹性地基上的梁，对盾构隧道轴线上方地基-条形基础-框架结构进行简化，见图 4-12。

建筑物地基反力 σ_{d} 与切入地基值成正比：

$$\sigma_{\mathrm{d}}(x) = k[w(x) - w_1(j+x)] \tag{4-10}$$

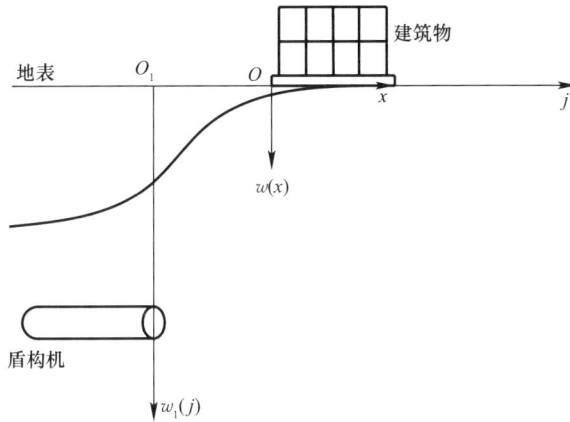

图 4-11　建筑物与地表沉降坐标系

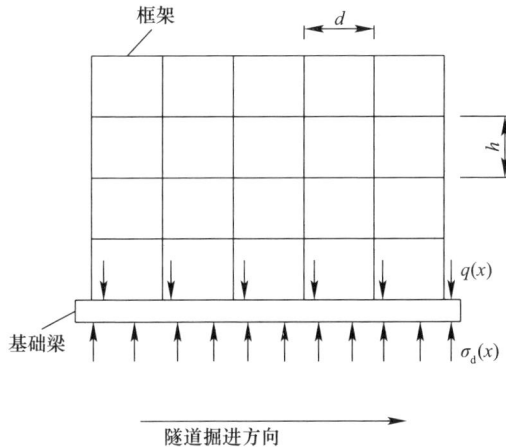

图 4-12　隧道掘进区框架结构物简化图

式中，k 为地基基床系数 kN/m^3，$\sigma_d(x)$ 为建筑物底部任意点受到的地基反力 kN/m^2。

（2）基本微分方程

参考文献 [87]，将条形基础建筑物简化为受上部结构约束下的弹性地基剪弯梁，剪弯梁的挠曲微分方程为

$$EJ \frac{d^4 w(x)}{dx^4} - (GF + g) \frac{d^2 w(x)}{dx^2} = q(x) - \sigma_d(x) \tag{4-11}$$

式中，EJ 为基础梁弯曲刚度（$kN \cdot m^2$），GF 为框架结构竖向剪切刚度 kN，g 为底层柱端约束线刚度 kN，$q(x)$ 为建筑物作用在地基上的竖向荷载 kN/m^2。

另外，$GF = \dfrac{12}{d\left(\dfrac{1}{K_b} + \dfrac{1}{K_c}\right)}$，$K_b = \dfrac{\Sigma EI_b}{d}$，$K_c = \dfrac{\Sigma EI_c}{h}$，$g = \dfrac{6K_{cl}}{d}$。

式中，ΣEI_b 为同一开间的各层梁抗弯刚度大小之和 kN·m^2；ΣEI_c 为同一根柱的各层柱抗弯刚度大小之和 kN·m^2；K_{cl} 为框架结构底层柱线刚度 kN·m；d 为柱间距 m，h 为楼层高 m。

将式（4-9）、（4-10）代入式（4-11）中得到弹性地基上剪弯梁的挠曲微分方程式

$$EJ\,\frac{\mathrm{d}^4 w(x)}{\mathrm{d}x^4} - (GF + g)\,\frac{\mathrm{d}^2 w(x)}{\mathrm{d}x^2} + kw(x) =$$

$$q + \frac{k(V_{loss2} - V_{loss3})}{2\pi h}\left[1 - \frac{j + x + L}{\sqrt{(j + x + L)^2 + h^2}}\right] \tag{4-12}$$

式（4-12）即为盾构隧道轴线上方建筑物地基、条形基础和框架结构三者共同作用的理论微分方程。

（3）边界条件

1）建筑物两端可认为是自由端，则剪应力大小为零，即

当 $x=0$ 或 $x=l$ 时，$EJ\,\dfrac{\mathrm{d}^3 w(x)}{\mathrm{d}x^3} = 0$，式中 l 为建筑物的长度（m）。

2）建筑物两端可认为是自由端，则弯矩大小为零，即

当 $x=0$ 或 $x=l$ 时，$EJ\,\dfrac{\mathrm{d}^2 w(x)}{\mathrm{d}x^2} = 0$。

（4）微分方程的解

1）求齐次微分方程 $EJ\,\dfrac{\mathrm{d}^4 w(x)}{\mathrm{d}x^4} - (GF+g)\dfrac{\mathrm{d}^2 w(x)}{\mathrm{d}x^2} + kw(x) = 0$ 的通解。

根据欧拉方程的解法，令 $w = e^{\lambda x}$，$b = -\dfrac{GF + g}{EJ}$，$q = \dfrac{k}{EJ}$，其中 λ 是待定系数，得到 $\lambda^4 + b\lambda^2 + q = 0$，解为：$\lambda_{1,2} = \pm\dfrac{1}{2}\sqrt{-2b + 2\sqrt{(b^2 - 4q)}}$，$\lambda_{3,4} = \pm\dfrac{1}{2}\sqrt{-2b - 2\sqrt{(b^2 - 4q)}}$，所以齐次解即为：

$$w(x) = c_1 e^{d1x} + c_2 e^{-d1x} + c_3 e^{d2x} + c_4 e^{-d2x}$$

式中：$d1 = \pm\dfrac{1}{2}\sqrt{-2b + 2\sqrt{(b^2 - 4q)}}$，$d2 = \pm\dfrac{1}{2}\sqrt{-2b - 2\sqrt{(b^2 - 4q)}}$；$c_1$、$c_2$、$c_3$、$c_4$ 是待定系数。

2）再求非齐次微分方程（4-12）的一个特解 w^*，则微分方程（4-12）的解为通解加特解。由于方程（4-12）无法推导出理论解析解，可采用 1stOpt 软件进行数值求解。

4.3.2 建筑物的附加应力

（1）条形基础的附加弯矩为

$$M(x) = EJ \frac{\mathrm{d}^2 w(x)}{\mathrm{d}x^2} \tag{4-13}$$

（2）条形基础的附加剪力为

$$Q(x) = EJ \frac{\mathrm{d}^3 w(x)}{\mathrm{d}x^3} \tag{4-14}$$

（3）框架底层柱端对条形基础约束而产生的附加约束线弯矩

$$m_i = g_i \frac{\mathrm{d}w(x)}{\mathrm{d}x} \tag{4-15}$$

式中，m_i 为框架第 i 根柱的底层柱端约束线弯矩（kN），g_i 为第 i 根柱的底层柱端约束线刚度（kN）。

（4）框架结构梁的附加剪力

相邻两柱之间框架梁所受的附加总剪力可表示为

$$v_j = (GF_j + g_j) \frac{\mathrm{d}w(x)}{\mathrm{d}x} \tag{4-16}$$

式中，v_j 为第 j 个开间里梁的附加总剪力（kN），GF_j 为第 j 个开间里梁的总剪切刚度（kN）。

（5）框架结构的梁柱内力

地表移动引起的基础梁与柱结点处竖向位移 S_i 以及角位移 θ_i，可采用近似方法来求解框架结构梁柱的内力[87]，即

1）梁柱剪力

通过式（4-16）求出框架附加总剪力，再根据两柱之间的各层梁剪切刚度的大小分配到各层梁上，得到框架梁跨中的剪力为

$$v_{jk} = v_j \times \frac{GF_{jk}}{GF_j} \tag{4-17}$$

式中，v_{jk} 为第 j 个开间里第 k 层框架梁跨中的剪力，GF_{jk} 为第 j 个开间里第 k 层框架梁的剪切刚度（kN）。

其中

$$GF_j = \frac{12}{d_j \left(\dfrac{1}{K_{bj}} + \dfrac{1}{K_{ci}} \right)}, K_{bj} = \frac{\Sigma EI_{bj}}{d_j}, K_{ci} = \frac{\Sigma EI_{ci}}{h_i},$$

$$GF_{jk} = \frac{12}{d_j \left(\dfrac{1}{K_{bjk}} + \dfrac{1}{K_{cik}} \right)}, K_{bjk} = \frac{\Sigma EI_{bjk}}{d_j}, K_{cik} = \frac{\Sigma EI_{cik}}{h_i},$$

式中，ΣEI_{bj} 为第 j 个开间里各层框架梁的抗弯刚度大小之和（kN·m²），ΣEI_{ci} 为第 i

根柱各层框架柱的抗弯刚度大小之和（kN·m²），EI_{bjk} 为第 j 个开间里的第 k 层框架梁抗弯刚度（kN·m²），EI_{cik} 为第 i 根柱的第 k 层框架柱抗弯刚度（kN·m²）。

框架底层的柱 i 端部会对条形基础产生约束，其约束产生的等效剪力表达式为 $v_{1i} = g_i \theta_i$。

2）按反弯点方法求解出各层框架梁柱弯矩

梁端的弯矩表达式为：

$$M_{jk} = v_{jk} \times d_j / 2 \tag{4-18}$$

底层柱的端部对条形基础会产生约束，其约束产生的柱脚约束弯矩表达式为：

$$M_{1i} = g_1 \theta_1 \times d_i / 2 \tag{4-19}$$

4.3.3　算例计算及分析

计算的基本条件：建筑物为钢筋混凝土框架结构，采用 C30 混凝土浇筑。地上 4 层，每层高 3.6m（包括板厚），在沿盾构隧道掘进方向上为 5 开间，间距为 4m。柱子尺寸 300mm×300mm，梁尺寸为 300mm×550mm，楼板厚度 100mm。基础为条形基础，截面尺寸为 1000mm×800mm。钢筋混凝土的弹性模量取 30000MPa，建筑物作用于地基的竖向荷载取 200kN/m²，软土地基基床系数 k 取 15000kN/m³，盾构机直径为 6.34m，机长 6m，衬砌内、外径分别为 5.50m 和 6.20m，宽度为 1.0m，注浆率为 200%，注浆损耗为 65%，隧道轴线埋深 h 为 9.1m。

将框架结构物横向各开间命名为 1、2、3、4、5，各柱子命名为 Ⅰ、Ⅱ、Ⅲ、Ⅳ、Ⅴ、Ⅵ，竖向楼层命名为 A、B、C、D，见图 4-13。

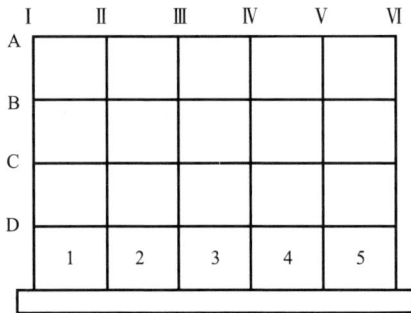

图 4-13　框架建筑物简图

（1）计算相关参数

柱子：

$$I_c = \frac{bh^3}{12} = \frac{0.3^4}{12} = 0.000675 \text{m}^4$$

$$EI_c = 20.25 \times 10^3 \text{kN} \cdot \text{m}^2$$

$$K_c = \frac{\Sigma EI_c}{h} = \frac{4 \times 20.25 \times 10^3}{3.6} = 22.5 \times 10^3 \text{kN} \cdot \text{m}$$

梁：

$$I_b = \frac{bh^3}{12} = \frac{0.3 \times 0.55^3}{12} = 0.00416 \text{m}^4$$

$$EI_b = 124.781 \times 10^3 \text{kN} \cdot \text{m}^2$$

$$K_b = \frac{\Sigma EI_b}{d} = \frac{4 \times 124.78125 \times 10^3}{4} = 124.781 \times 10^3 \text{kN} \cdot \text{m}$$

$$GF = \frac{12}{d\left(\dfrac{1}{K_{\text{b}}} + \dfrac{1}{K_{\text{c}}}\right)} = 57188.096\text{kN}$$

$$g = \frac{6K_{\text{cl}}}{d} = \frac{6 \times 22.5 \times 10^3}{4} = 33.75 \times 10^3 \text{kN}$$

$$GF + g = 90938.096\text{kN}$$

地基梁：

$$J = \frac{bh^3}{12} = \frac{1 \times 0.8^3}{12} = 0.0427\text{m}^4$$

$$EJ = 1.28 \times 10^6 \text{kN} \cdot \text{m}^2$$

（2）采用 1stOpt 软件对式（4-12）进行数值求解，计算得到建筑物的下沉曲线、条形基础的附加应力分布曲线、梁柱的内力变化曲线，见图 4.14（a）～（e）。由沉降曲线可以看出，框架结构建筑物是整体向一侧倾斜，各点的沉降较为均匀，即此工况下浅基础建筑物不会受地面的急剧下沉的影响，使结构局部变形较大而产生破坏。在盾构掘进的影响下，建筑物的变形与其对应位置处的地表变形保持一致，随着开挖面向建筑物方向移动，建筑物下沉量增大，当盾构机完全穿过建筑物时，建筑物下沉量达到最大。盾构机继续掘进时，对框架结构物沉降的影响趋势逐渐减弱。由图 4-14（a）可知，当盾构开挖面在建筑物下方 10m 处时，建筑物首尾沉降差最大。

由弯矩、剪力分布图可以得出，当开挖面到达建筑物下方大约 1/2、右端的位置时，条形基础中部受到的弯矩达到最大，而在条形基础约 1/4、3/4 的位置处剪力达到最大，且分别存在正负剪力。当盾构离建筑物左端 10m 处掘进时，建筑物内力变化较小，而远离右端 10m 处时，建筑物内力变化较大。可见，当盾构穿越浅基础框架结构物时，应更关注穿越后的建筑物内力变化，此时建筑物更易受到损坏。

图 4-14（d）、（e）是梁的跨中剪力和梁端弯矩随盾构掘进的变化曲线，当开挖面处于建筑物下方时，建筑物框架结构的内力变化较大。可以看出剪力和弯矩随着开挖面的靠近逐渐增大，开挖面到达该梁正下方附近时，剪力和弯矩达到最大值，之后弯矩和剪力又逐渐减小，整个曲线呈近似对称。C 层梁的最大剪力要大于基础梁的最大剪力，这表明在掘进区框架梁的受力变化要大于浅基础梁的受力，这在施工和设计中要引起重视。图 4-14（f）反映的底层柱对基础的约束弯矩规律与框架梁的内力变化图较为一致，但最大弯矩值更大，这表明在掘进时柱与基础连接处也更易遭受破坏。另外由式（4-15）、（4-16）可知，建筑物上部框架结构的梁柱内力主要由建筑物的倾斜决定，倾斜率越大，梁的跨中剪力、梁端弯矩和底层柱对基础的约束弯矩也自然越大。因此在施工过程中，需加强对建筑物首尾沉降差及倾斜率的监测，从而更好地控制盾构掘进对邻近浅基础框架结构物内力的影响。

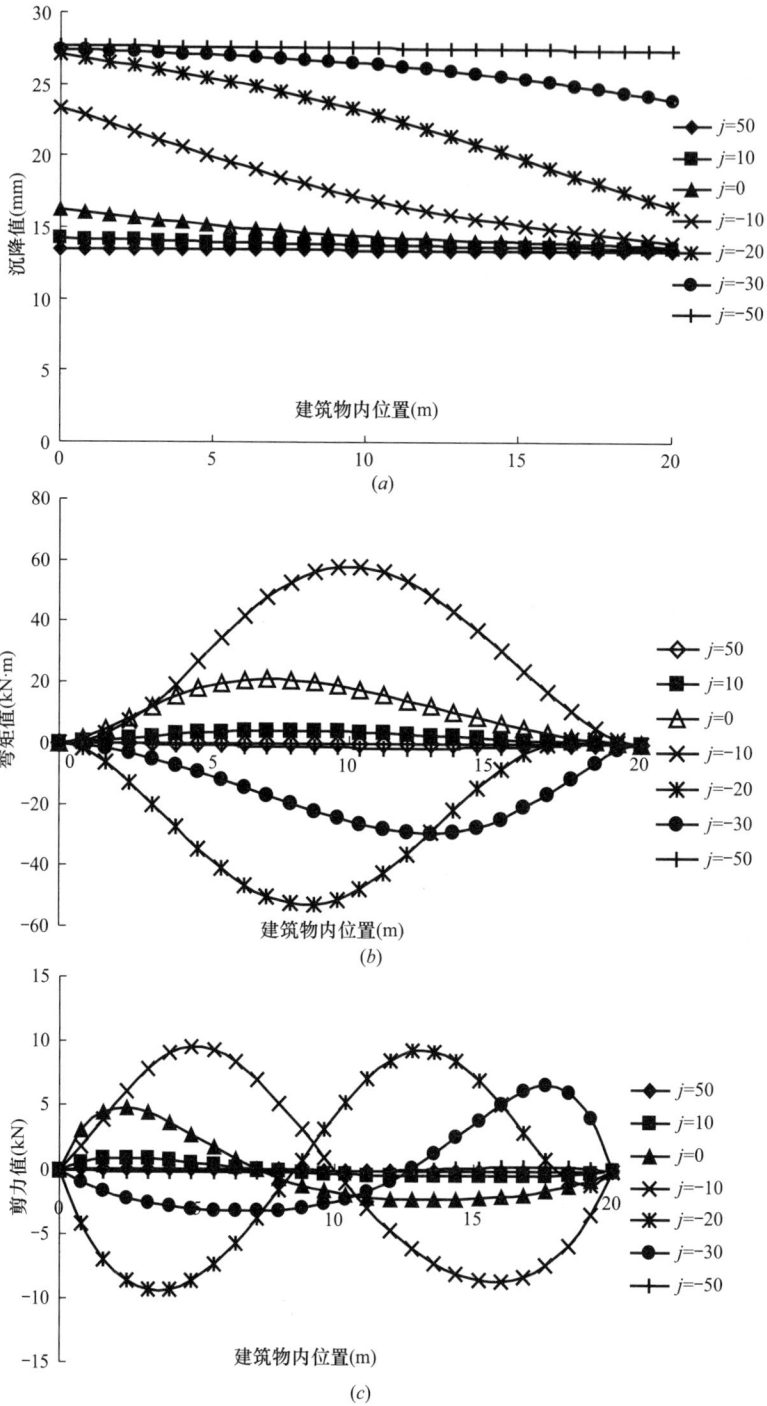

图 4-14　框架建筑物附加变形和内力变化图（一）

（a）建筑物沉降曲线；（b）条形基础的附加弯矩；（c）条形基础的附加剪力

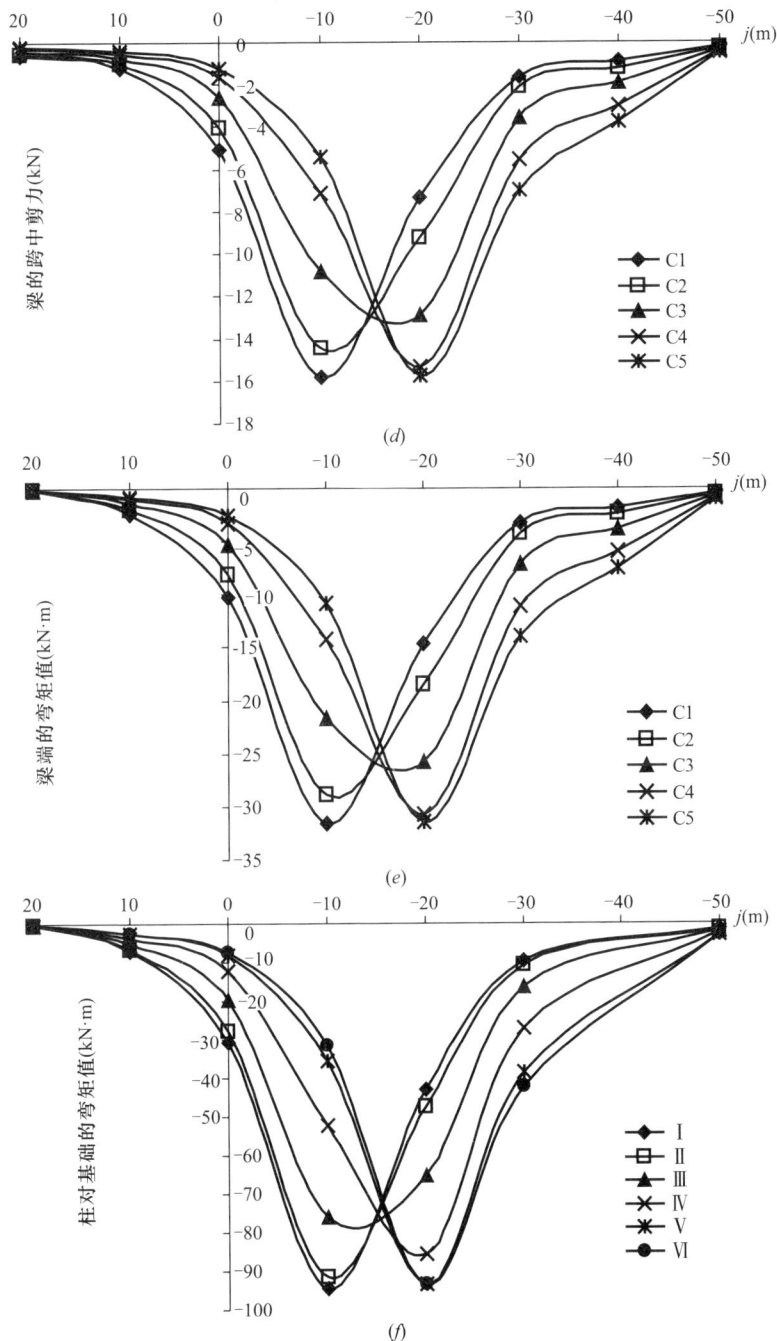

图 4-14　框架建筑物附加变形和内力变化图（二）

（*d*）C 层梁的跨中剪力；（*e*）C 层梁端弯矩；

（*f*）底层柱底部与条形基础的约束而产生的柱脚约束弯矩

4.4　本章小结

软土地区的盾构隧道施工过程中,会造成邻近建筑物产生较大变形及附加应力,其产生的变形和内力变化大小一般与建筑物的类型、材料、尺寸、地基性质及盾构施工工艺等因素相关。本书将建筑物简化成为弹性地基上的梁,含纯弯梁和剪弯梁,在土体损失计算理论基础上,建立了盾构隧道施工影响区域内建筑物地基、浅基础与结构协同作用力学理论模型。采用 1stopt 软件对微分方程进行数值求解,从理论上分析了盾构机掘进过程中邻近建筑物沉降变化、倾斜变化及附加应力分布规律。

(1)盾构隧道掘进区内,建筑物的沉降变形规律与地表沉降规律基本一致。建筑物整体出现倾斜,左端到右端的下沉变化趋势较为一致,建筑物不易出现局部破坏,加固建筑物中部可达到保护效果。建筑物的最大弯矩值和剪力值与建筑物抗弯刚度、地基基床系数及注浆率密切相关。适当软化地基、给建筑物本体加固以及提高盾构隧道施工工艺等措施可以降低建筑物的附加应力,减少建筑物的损坏。

(2)对于浅基础框架结构物,剪力和弯矩随着开挖面的靠近逐渐增大,开挖面到达该建筑物正下方附近时,剪力和弯矩达到最大值,之后弯矩和剪力又逐渐减小,整个曲线呈近似对称。楼板梁的最大弯矩与剪力要大于基础梁的最大弯矩与剪力,这表明在掘进区框架梁的受力要大于浅基础梁的受力。底层柱对基础的约束弯矩规律与框架梁的内力变化图较为一致,但最大弯矩值更大,这表明在掘进时柱与基础连接处也更易遭受破坏。

(3)建筑物上部框架结构的梁柱内力主要由建筑物的倾斜决定,倾斜率越大,梁的跨中剪力、梁端弯矩和底层柱对基础的约束弯矩也自然越大。因此在施工过程中,须加强对建筑物首尾沉降差及倾斜率的监测,更好的控制盾构掘进对邻近浅基础框架结构物内力的影响。

建筑物地基、基础与结构协同作用机理比较复杂,本书提出的建筑物地基、基础、结构协同作用模型是平面模型,且仅仅考虑了弹性地基模型和条形基础框架结构的工况,模型需要完善的地方还有很多,只有真正揭示邻近建筑物受盾构掘进扰动影响产生的变形和内力变化的规律,才能有针对性的设计和施工掘进区域内结构物,以及对已建结构物采取合理的加固措施,尽量减少施工对邻近结构物的扰动破坏,安全可靠地保护已有建筑物。

第 5 章 盾构纵向掘进对邻近短桩基础建筑物影响研究

5.1 引言

随着城市用地的紧张，地下空间得到了进一步的开发与利用，对盾构施工也提出了更高的要求。目前，城市中心区域有大量的建于 20 世纪 80、90 年代的建筑物，此类建筑物多为浅基础砖混、框架建筑物及短桩砖混、框架建筑物，例如杭州市地铁 1 号线武林广场站—文化广场站—艮山门站区间隧道工程相继要穿越多个小区住宅群，从 20 余栋建筑物正下方或侧方下穿越[88]，武汉地铁 2 号中山公园站—循礼门站—江汉路站区间隧道线工程也是相继从 10 余栋建筑物正下方穿越[89]，孙钧院士将地铁盾构隧道从建筑物下方穿越掘进问题归为软土区地下工程活动中最为困难和突出的一项环境岩土难题[90]。

目前对于盾构掘进引起的土体位移研究较多，而关于盾构隧道对邻近桩基础建筑物的理论研究则不多见，且主要集中在数值仿真分析方面，同时没有考虑上部建筑物及其刚度的影响。理论研究方面，魏纲[91]利用 Mindlin 解研究了顶管隧道正面附加推力、掘进机和后续管道与土体之间的摩擦力在邻近桩基上引起的附加荷载的分布规律，认为附加荷载的变化规律与桩基和掘进机的相对位置密切相关。魏新江[92]应用"源汇法"理论，推导了双圆盾构隧道土体损失产生的三维附加应力计算公式，研究了双圆盾构机正面附加推力、盾壳与土体之间的摩擦力以及土体损失在邻近桩基上引起的附加荷载的分布规律。关于盾构隧道施工对邻近桩基础建筑物影响的理论研究仍主要集中在桩基础上，考虑上部结构刚度影响的研究还未见报道。由于盾构下穿掘进一般是在浅基础或短桩建筑物下，因此需要作进一步的理论分析与研究。

本章仍以协同作用模型为基础，将短桩和土体视为不同刚度的弹簧，将砖混、框架建筑物简化为纯弯梁和剪弯梁，推导出短桩基础建筑物地基、基础和结构协同作用的力学模型及理论解。研究盾构隧道纵向掘进对邻近短桩基础建筑物的影响，并利用数值分析软件 1stOpt 软件进行求解，分析得到建筑物纵向变形规律以及内力变化规律。

5.2　基于弹性地基梁协同作用模型理论研究

仍采用上一章建立的两个坐标系统，地面沉降坐标系统为 $w_1(j)-O_1-j$，建筑物的沉降坐标系统为 $w(x)-O-x$，横坐标的 x 轴方向与 j 轴指向保持一致，建筑物内任意一点 x 的沉降值大小为 $w(x)$，相对应的地表点的沉降值大小为 $w_1(j+x)$，如图 5-1 所示。

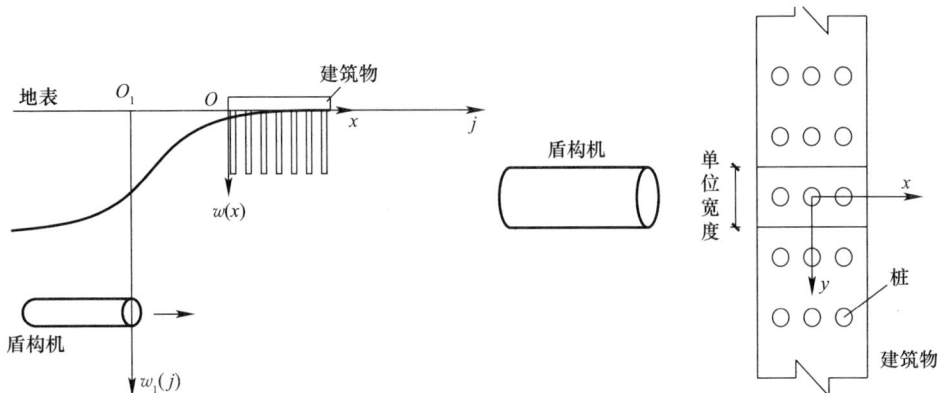

图 5-1　建筑物及地面沉降坐标系

5.2.1　计算模型的建立

（1）基本假定

1）假定盾构施工过程中出土率保持平衡，地面竖向位移公式同 4.2 节：

$$w_1(x) = \frac{V_{loss2}-V_{loss3}}{2\pi h} \times \left[1 - \frac{x+L}{\sqrt{(x+L)^2+h^2}}\right] \tag{5-1}$$

2）仍将建筑物简化为弹性地基梁，根据文克尔弹性地基的理论，建筑物的地基反力 σ_d 与切入的地基值大小成正比，表达式为

$$\sigma_d(x) = k[w(x)-w_1(j+x)] \tag{5-2}$$

（2）基本微分方程

参考文献 [93]，对于短桩基础建筑物，仍以平面应变问题考虑，如图 5-2 所示，将单位长度宽为 B 的建筑物及桩基础简化为弹性地基上的梁，桩间土和短桩可视为不同大小刚度的线性弹簧。桩间土的弹簧刚度系数为 $k_s(\mathrm{kN/m^3})$，短桩的弹簧刚度系数为 $K_p(\mathrm{kN/m})$，其值的大小可取现场桩基静载试验 Q-s 曲线上切割线的斜率，也可按照经验查相关的规范计算得到；则短桩基础的弹簧分布所在单元段平均刚度系数为 $k_p = k_s + \dfrac{K_p}{dB}$ $(\mathrm{kN/m^3})$，其中 d 为短桩基础的直径。

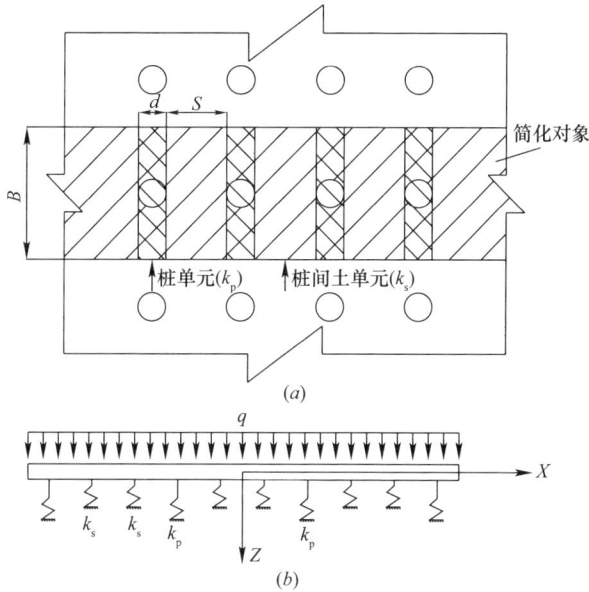

图 5-2　桩基础建筑物模型示意图

弹性地基上建筑物弯曲的微分方程式

$$EJ \frac{\mathrm{d}^4 w(x)}{\mathrm{d}x^4} = q - \sigma_\mathrm{d}(x) \tag{5-3}$$

由式（5-1）、（5-2）和（5-3）可得

$$EJ \frac{\mathrm{d}^4 w(x)}{\mathrm{d}x^4} + k'w(x) = q + \frac{k'(V_{\mathrm{loss2}} - V_{\mathrm{loss3}})}{2\pi h}\left[1 - \frac{j+x+L}{\sqrt{(j+x+L)^2 + h^2}}\right] \tag{5-4}$$

式（5-4）即为隧道上方建筑物、地基和基础协同作用微分方程，其中 k' 在土范围内其大小为 k_s，桩范围内其大小为 k_p。

（3）微分方程的解

参考文献［93］，根据齐次微分方程的求解方法，齐次微分方程

$$EJ \frac{\mathrm{d}^4 w(x)}{\mathrm{d}x^4} + kw(x) = 0 \tag{5-5}$$

可转化为

$$\frac{\mathrm{d}^4 w(x)}{\mathrm{d}x^4} + \alpha^4 w(x) = 0 \tag{5-6}$$

式中：$\alpha = \sqrt[4]{\dfrac{k}{EJ}}$。

对式（5-6）可采用幂级数法进行求解，设：

$$w_1 = \sum_{n=0}^{\infty} a_n x^n = a_0 + a_1 x + a_2 x^2 + \cdots\cdots a_n x^n + \cdots\cdots \tag{5-7}$$

式中：$a_i(i=0\sim n)$ 为待定系数。将式（5-7）求 $1\sim4$ 次导后，代入式（5-6），经比较系数可得：

$$a_{n+4} = a_1^{n+4}\left(\sum_{j=0}^{3}\frac{a_j}{a_1^j}c_{j,n+4}\right)(n\geqslant0) \tag{5-8}$$

$$式中：c_{j,n+4} = \frac{-c_{j,n}}{(n+4)(n+3)(n+2)(n+1)} \tag{5-9}$$

其中 $n\geqslant0$；$c_j=\begin{cases}1, & j=i \\ 0, & j\neq i\end{cases}(j, i=0, 1, 2, 3)$。

将式（5-8）代入式（5-6），则有：

$$w_1 = a_0W_0(\bar{x}) + \frac{a_1}{\alpha_1}W_1(\bar{x}) + \frac{a_2}{\alpha_1^2}W_2(\bar{x}) + \frac{a_3}{\alpha_1^3}W_3(\bar{x}) \tag{5-10}$$

式中：$\bar{x}=\alpha_1 x$；$W_j(\bar{x})=\sum_{n=0}^{\infty}c_{j,n}(\bar{x})^n$。再分别对 w_1 求 1 次、2 次、3 次导可得：

$$\begin{bmatrix}\dfrac{\theta_1}{\alpha_1}\\[2mm] -\dfrac{M_1}{EI\alpha_1^3}\\[2mm] -\dfrac{Q_1}{EI\alpha_1^3}\end{bmatrix} = \begin{bmatrix}W_0'(\bar{x}) & W_1'(\bar{x}) & W_2'(\bar{x}) & W_3'(\bar{x})\\ W_0''(\bar{x}) & W_1''(\bar{x}) & W_2''(\bar{x}) & W_3''(\bar{x})\\ W_0^{*''}(\bar{x}) & W_1^{*''}(\bar{x}) & W_2^{*''}(\bar{x}) & W_3^{*''}(\bar{x})\end{bmatrix}\begin{bmatrix}a_0\\[2mm] \dfrac{a_1}{\alpha_1}\\[2mm] \dfrac{a_2}{\alpha_1^2}\\[2mm] \dfrac{a_3}{\alpha_1^3}\end{bmatrix} \tag{5-11}$$

式中：$W_j'(\bar{x})=\sum_{n=1}^{\infty}nc_{j,n}(\bar{x})^{n-1}$；$W_j''(\bar{x})=\sum_{n=2}^{\infty}(n-1)c_{j,n}(\bar{x})^{n-2}$；$W_j'''(\bar{x})=\sum_{n=3}^{\infty}n(n-1)(n-2)c_{j,n}(\bar{x})^{n-3}$；$W_j^{*''}(\bar{x})=W_j''(\bar{x})$；$j=0,1,2,3$

记梁层中点的竖向位移、倾角、弯矩及剪力为 w_0，θ_0，M_0，Q_0 由式（5-7）、（5-11）可知，当 $x=0$ 时，有：$\begin{cases}a_0=w_0\\ a_1=\theta_0\\ a_2=-\dfrac{M_0}{2EI}\\ a_3=-\dfrac{Q_0}{6EI}\end{cases}$ \tag{5-12}

因此，建筑物的任意点位移和内力可由 w_0，θ_0，M_0，Q_0 表述：

$$\begin{bmatrix}w_1\\[2mm] \dfrac{\theta_1}{\alpha_1}\\[2mm] -\dfrac{M_1}{EI\alpha_1^2}\\[2mm] -\dfrac{Q_1}{EI\alpha_1^3}\end{bmatrix} = A_1\begin{bmatrix}w_0\\[2mm] \dfrac{\theta_0}{\alpha_0}\\[2mm] -\dfrac{M_0}{EI\alpha_1^2}\\[2mm] -\dfrac{Q_0}{EI\alpha_1^3}\end{bmatrix} \tag{5-13}$$

其中：$A_1 = \begin{bmatrix} W_0(\bar{x}) & W_1(\bar{x}) & \dfrac{W_2(\bar{x})}{2} & \dfrac{W_3(\bar{x})}{6} \\[2mm] W_0'(\bar{x}) & W_1'(\bar{x}) & \dfrac{W_2'(\bar{x})}{2} & \dfrac{W_2'(\bar{x})}{6} \\[2mm] W_0''(\bar{x}) & W_1''(\bar{x}) & \dfrac{W_2''(\bar{x})}{2} & \dfrac{W_3''(\bar{x})}{6} \\[2mm] W_0^{*''}(\bar{x}) & W_1^{*''}(\bar{x}) & \dfrac{W_2^{*''}(\bar{x})}{2} & \dfrac{W_3^{*''}(\bar{x})}{6} \end{bmatrix}$

　　如图 5-3，在对相应第 2 段，即 $S/2 \leqslant x \leqslant (S/2+d)$ 段进行分析时，可建立相应的局部坐标系 t_2-z [$t_2 = x - l_1$，（$l_1 = S/2$）]，同样在该范围内任取一段微元进行计算分析，同理则可以得建筑物的内力和位移计算公式：

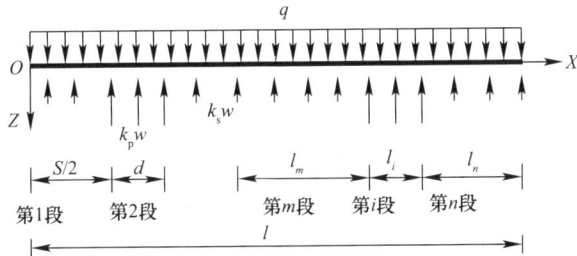

图 5-3　建筑物分析单元的划分

$$\begin{bmatrix} w_2 \\ \theta_2 \\ \alpha_2 \\ -\dfrac{M_2}{EI\alpha_2^2} \\ -\dfrac{Q_2}{EI\alpha_2^3} \end{bmatrix} = A_2 \begin{bmatrix} w_{2,0} \\ \theta_{2,0} \\ \alpha_2 \\ -\dfrac{M_{2,0}}{EI\alpha_2^2} \\ -\dfrac{Q_{2,0}}{EI\alpha_2^3} \end{bmatrix} \tag{5-14}$$

式中：A_2 的计算式分别同 A_1 只是计算时将 $t_2 = x - l_1$ 取代式中的 x，$\alpha_2 = \sqrt[4]{\dfrac{Bk_p}{EI}}$ 取代 α_1，在 $c_{j,n}$ 的计算中用 $L_2 = \sum\limits_{j=2}^{n} l_j$ 取代 L_1 即可。下标（2，0）表示对应于点 $t_2 = 0$。

　　根据 $x = l_1 = S/2$ 的连续条件 $\begin{cases} w_{2,0} = w_{1,l_1} \\ \theta_{2,0} = \theta_{1,l_1} \\ M_{2,0} = M_{1,l_1} \\ Q_{2,0} = Q_{1,l_1} \end{cases}$ ，下标（1，l_1）表示对应于点 $x =$

l_1，而 w_{1,l_1}、θ_{1,l_1}、M_{1,l_1}、Q_{1,l_1} 可由式（5-13）确定。故有：

$$\begin{bmatrix} w_2 \\ \dfrac{\theta_2}{\alpha_2} \\ -\dfrac{M_2}{EI\alpha_2^2} \\ -\dfrac{Q_2}{EI\alpha_2^3} \end{bmatrix} = \bar{A}_2 \left| A_1^* \begin{bmatrix} w_{2,0} \\ \dfrac{\theta_{2,0}}{\alpha_2} \\ -\dfrac{M_{2,0}}{EI\alpha_2^2} \\ -\dfrac{Q_{2,0}}{EI\alpha_2^3} \end{bmatrix} \right. \tag{5-15}$$

式中：$\bar{A}_2 = A_2 \begin{bmatrix} 1 & 0 & 0 & 0 \\ 0 & \dfrac{\alpha_1}{\alpha_2} & 0 & 0 \\ 0 & 0 & \dfrac{\alpha_1^{\,2}}{\alpha_2^2} & 0 \\ 0 & 0 & 0 & \dfrac{\alpha_1^3}{\alpha_2^3} \end{bmatrix}$；$A_1^*$ 是 $x = l_1$ 时的 A_1 值。

若第 m 段的左侧，即 $x = x_{m-1} = \displaystyle\sum_{i=1}^{m-1} l_i$ 作用均布荷载 q_j，同理对于第 m 单元段满足：

$$\begin{bmatrix} w_m \\ \dfrac{\theta_m}{\alpha_m} \\ -\dfrac{M_m}{EI\alpha_m^2} \\ -\dfrac{Q_m}{EI\alpha_m^3} \end{bmatrix} = A_m \begin{bmatrix} w_{m,0} \\ \dfrac{\theta_{m,0}}{\alpha_2} \\ -\dfrac{M_{m,0}}{EI\alpha_m^2} \\ -\dfrac{Q_{m,0}}{EI\alpha_m^3} \end{bmatrix} \tag{5-16}$$

根据 $x = \displaystyle\sum_{i=1}^{m-1} l_i$ 处的连续条件 $\begin{cases} w_{m,0} = w_{m-1,l_{m-1}} \\ \theta_{m,0} = \theta_{m-1,l_{m-1}} \\ M_{m,0} = M_{m-1,l_{m-1}} \\ Q_{m,0} = Q_{m-1,l_{m-1}} - ql_j \end{cases}$，有：

$$\begin{bmatrix} w_m \\ \dfrac{\theta_m}{\alpha_m} \\ -\dfrac{M_m}{EI\alpha_m^2} \\ -\dfrac{Q_m}{EI\alpha_m^3} \end{bmatrix} = A_m \begin{bmatrix} 0 \\ 0 \\ 0 \\ \dfrac{P_j}{EI\alpha_m^3} \end{bmatrix} + \bar{A}_m \begin{bmatrix} w_{m-1,l_{m-1}} \\ \dfrac{\theta_{m-1,l_{m-1}}}{\alpha_{m-1}} \\ -\dfrac{M_{m-1,l_{m-1}}}{EI\alpha_{m-1}^2} \\ -\dfrac{Q_{m-1,l_{m-1}}}{EI\alpha_{m-1}^3} \end{bmatrix} = A_m \begin{bmatrix} 0 \\ 0 \\ 0 \\ \dfrac{P_j}{EI\alpha_m^3} \end{bmatrix} + \bar{A}_m \left| \bar{A}_m^* \begin{bmatrix} w_{m-1,0} \\ \dfrac{\theta_{m-1,0}}{\alpha_{m-1}} \\ -\dfrac{M_{m-1,0}}{EI\alpha_{m-1}^2} \\ -\dfrac{Q_{m-1,0}}{EI\alpha_{m-1}^3} \end{bmatrix} \right.$$

$$\tag{5-17}$$

式中：$\bar{A}_m = A_m \begin{bmatrix} 1 & 0 & 0 & 0 \\ 0 & \dfrac{\alpha_{m-1}}{\alpha_m} & 0 & 0 \\ 0 & 0 & \dfrac{\alpha_{m-1}^2}{\alpha_m^2} & 0 \\ 0 & 0 & 0 & \dfrac{\alpha_{m-1}^3}{\alpha_m^3} \end{bmatrix}$；$A_m$ 的计算式同 A_1，计算时只需将 $t_m = x - \sum\limits_{j=1}^{m-1} l_j$ 取代式中的 x；将 $\alpha_m = \sqrt[4]{\dfrac{Bk_p}{EI}}$（若是桩间土单元，则 $\alpha_m = \sqrt[4]{\dfrac{Bk_s}{EI}}$）取代 α_1，在 $c_{j,n}$ 的计算中用 $L_m = \sum\limits_{j=m}^{n} l_j$ 取代 L_1 即可。将 $t_{m-1} = l_{m-1}$ 代入 A_{m-1} 的计算式即可得式中的 A_{m-1}^*。依次类推，可得任 $0 \leqslant x \leqslant l$ 范围内建筑物的变形、倾斜、弯矩、剪力的表达式：

$$\begin{bmatrix} w_i \\ \dfrac{\theta_i}{\alpha_i} \\ -\dfrac{M_i}{EI\alpha_i^2} \\ -\dfrac{Q_i}{EI\alpha_i^3} \end{bmatrix} = \bar{A}_i \bar{A}_{i-1}^* \cdots\cdots \bar{A}_2^* \bar{A}_1^* \begin{bmatrix} w_0 \\ \dfrac{\theta_0}{\alpha_1} \\ -\dfrac{M_0}{EI\alpha_1^2} \\ -\dfrac{Q_0}{EI\alpha_1^3} \end{bmatrix} \tag{5-18}$$

由此可见，任意范围内的建筑物的内力与位移均可由 w_0、θ_0、M_0 及 Q_0 表示。而 w_0、θ_0、M_0、Q_0 则需根据下述边界情况确定：若建筑物两端自由，就有

$$\begin{cases} M|_{x=0} = 0 \\ Q|_{x=0} = 0 \end{cases} \quad \begin{cases} M|_{x=l} = 0 \\ Q|_{x=l} = 0 \end{cases}。$$

再求非齐次微分方程（5-4）的一个特解 w^*，则微分方程（5-4）的解为通解加特解。由于方程（5-4）无法推导出理论解析解，可采用 1stOpt 软件进行数值求解。

5.2.2 理论分析

计算分析基本条件：建立如图 5-4 所示模型，基础梁弯曲刚度 EJ 为 1280MN·m^2，建筑物墙体长 l 为 20m，建筑物作用于地基的竖向荷载 q 为 200kN/m^2，软土地基基床系数 k_s 取 15000kN/m^3，短桩的刚度系数 K_p 取 200×10^3kN/m，则桩所在区段的平均刚度系数 $k_p = k_s + \dfrac{K_p}{dB} = 415000$kN/m^3，短桩长为 5m，直径为 0.5m。盾构机直径为 6.34m，机长 6m，衬砌内、外径分别为 5.50m 和 6.20m，宽度为 1.0m，隧道轴线埋深 h 为 9.1m，注浆率为 200%，注

85

浆损耗为 65%。

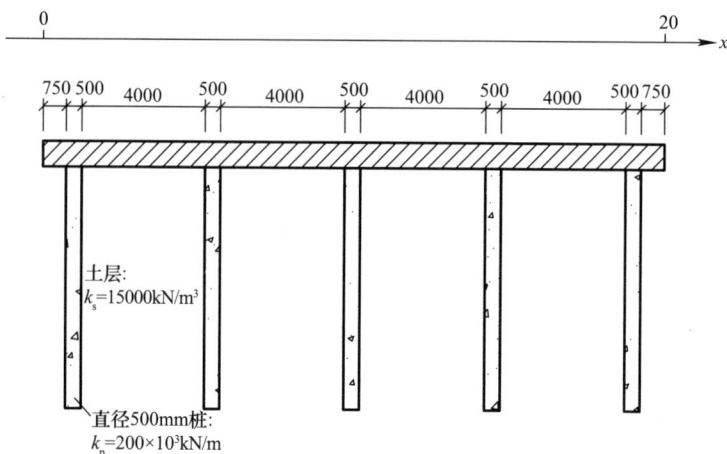

图 5-4　建筑物模型

将参数代入协同作用微分方程，通过 1stOpt 非线性软件进行数值计算，得到建筑物沉降、倾斜曲线、建筑物弯矩和剪力分布曲线及附加应力变化曲线，本书筛选了规律较为明显的 6 种情况作为比较（开挖面距建筑物左端 50m、10m、0m、-10m、-20m、-30m、-50m），见图 5-5。

由图 5-5（a）可知当盾构未到建筑物且距离还较远时，由于桩基础的存在，建筑物的中部初始沉降约有 3.5mm，而两端的沉降稍小。当盾构接近建筑物，建筑物的左端（距开挖面最近）开始下沉，随着盾构靠近、到达、穿越和脱离建筑物，建筑物的沉降从左端向右端发展。在盾构开挖面位于建筑物左半段下时，建筑物的左端的沉降速度很快，而在盾构开挖面脱离建筑物至离开右端 10m 的过程中，建筑物的右端沉降发展十分迅速。盾构远离建筑物后，建筑物的左右两端的沉降差异几乎为零，中部的沉降达到 17.8mm。由图 5-5（b）可知建筑物未受盾构影响时，左右两端已存在微小的倾斜，从 $j=-10$m 和 $j=-20$m 两条曲线可以看出盾构位于建筑物右半段下时，建筑物整体的倾斜较大，在开挖面刚脱离建筑物时最大。建筑物中部沉降的发展在盾构掘进的过程中一直较为均匀。

由图 5-5（c）可以看出建筑物未受盾构掘进影响时，地基梁上已经存在波浪状分布的弯矩，正弯矩的峰值位于桩中心位置，而负弯矩位于建筑物相邻两桩中间段的中心位置，这与浅基础明显不同。在盾构接近、穿越和离开建筑物的整个过程中，建筑物两端附近的附加弯矩变化不大，而中部的变化较大。由图 5-5（e）可以看出建筑物未受盾构掘进影响时，地基梁上已经存在锯齿状分布的剪力，正剪力的峰值位于桩中心位置，而负剪力位于建筑物相邻两桩中间段的中心位置。受盾构掘进影响时，地基梁上的附加剪力变化不大。

图 5-5（d）、图 5-5（f）分别为弯矩和剪力与 $j＝－50$m 相比的变化量。由图 5-5（d）可以看出受盾构掘进影响，短桩建筑物上的附加弯矩变化量的分布规律与浅基础建筑物上的附加弯矩分布规律一致。由图 5-5（f）可以看出地基梁上附加剪力的变化并不是连续的，而是被桩分成四个较明显的小段，小段上的附加剪力值差别不大，但是不同段上的附加剪力值随着盾构位置的变化而不同。但弯矩、剪力变化量与初始值（$j＝－50$m）相比最大也不超过 1/3，远小于浅基础的弯矩、剪力变化值的比值，这说明浅基础建筑物相同工况下更易受到损坏，这在施工和设计中易引起重视。

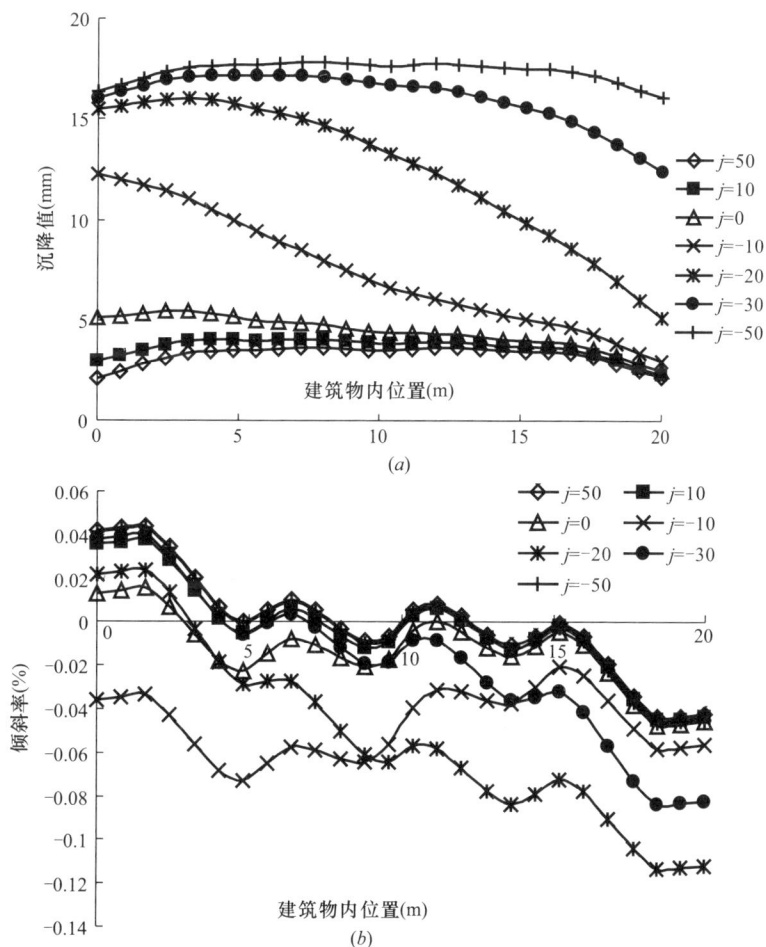

图 5-5 建筑物变形和内力变化曲线（一）

（a）建筑物沉降曲线；（b）建筑物倾斜曲线

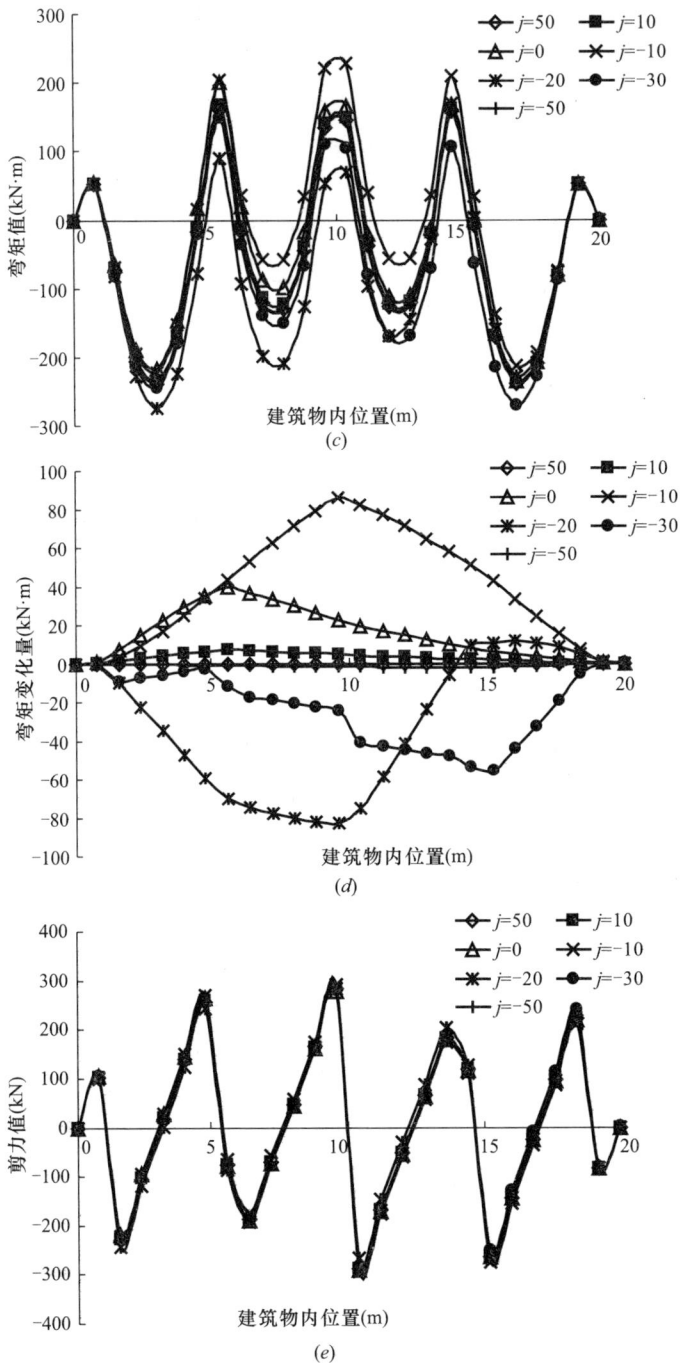

图 5-5　建筑物变形和内力变化曲线（二）

（c）建筑物弯矩分布曲线；（d）建筑物附加弯矩变化曲线；（e）建筑物剪力分布曲线

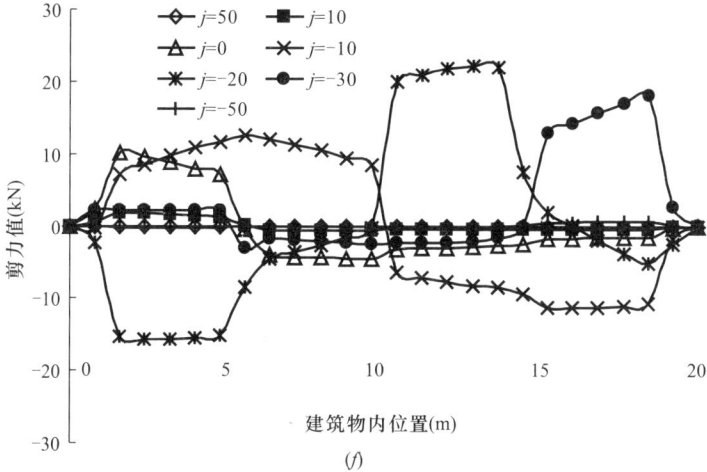

图 5-5 建筑物变形和内力变化曲线（三）

（f）建筑物附加剪力变化曲线

5.2.3 不同因素对建筑物附加应力的影响

当盾构机下穿建筑物时，建筑物的附加应力是处于动态变化的，其他工况不变，主要研究建筑物附加弯矩和剪力最大时的情况，即 $j = -10\text{m}$。

（1）建筑物的抗弯刚度的影响

建筑物的抗弯刚度取 $1500\text{MN} \cdot \text{m}^2$、$1280\text{MN} \cdot \text{m}^2$、$1000\text{MN} \cdot \text{m}^2$、$750\text{MN} \cdot \text{m}^2$，其他计算条件不变，计算结果见图 5-6。可知建筑物抗弯刚度越大，附加应力越大。由图 5-6（a）可见建筑物抗弯刚度越大，附加弯矩变化量越大，这是因为抗弯刚度越大，建筑物就越不易随着地表的变形而变形，建筑物内聚集的能量就越大，所以附加弯矩也就越大。另外，随着建筑物抗弯刚度的增大，附加弯矩的增大变为缓慢。由图 5-6（b）可看出剪力的变化规律与弯矩类似，但在桩基础存在的位置出现突变，在盾构掘进过程中桩基础与地梁连接处更容易应力集中而受损，这在施工时须加以注意。

（2）短桩刚度系数的影响

短桩刚度系数分别取 250kN/m、200kN/m、150kN/m、100kN/m，其他的计算条件都不变，计算结果见图 5-7。由图可知建筑物附加应力大小受短桩刚度系数影响不大，也就意味着只是提高桩体本身刚度对抵抗盾构掘进带来的变形用处不是特别大，这在前期设计中值得注意，没有必要一味提高桩体的混凝土强度。

（3）注浆率的影响

其他计算条件都不变，注浆率分别取 125%、150%、175%、200%，计算结果见图 5-8。由图可知在注浆率不致地面产生隆起的情况下，注浆率越大，建

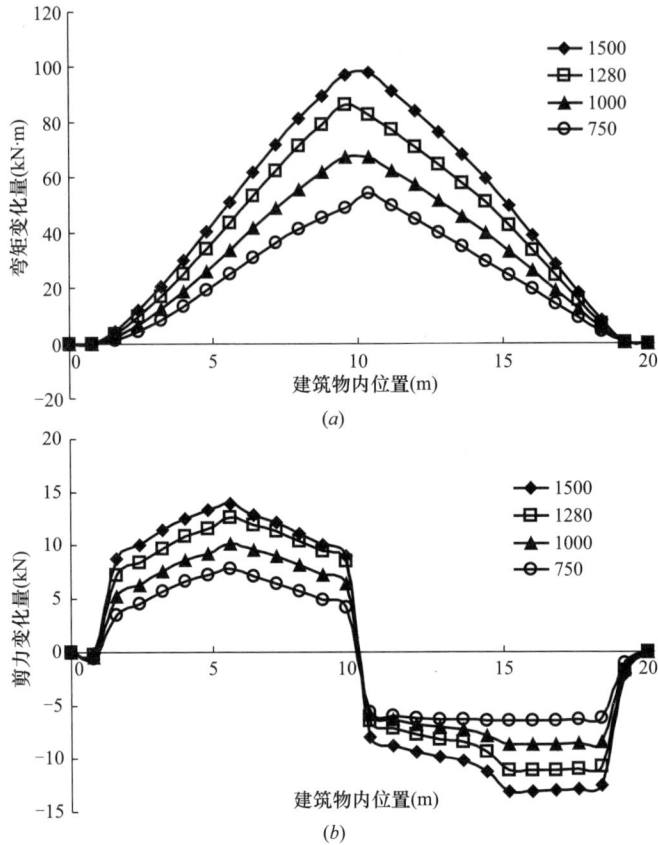

图 5-6　附加应力分布曲线

（a）建筑物抗弯刚度不同时附加弯矩分布曲线；（b）建筑物抗弯刚度不同时附加剪力分布曲线

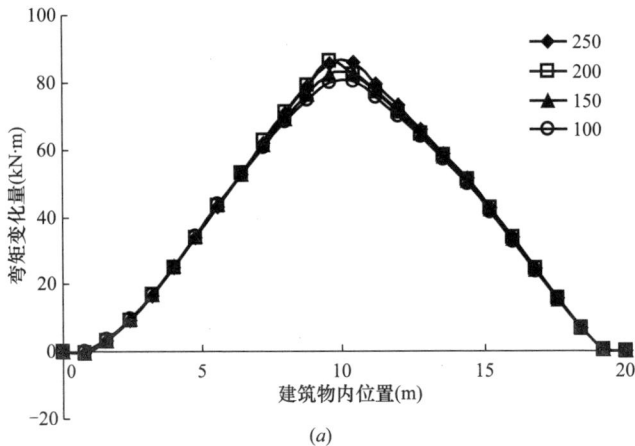

图 5-7　附加应力分布曲线（一）

（a）短桩刚度系数不同时附加弯矩分布曲线

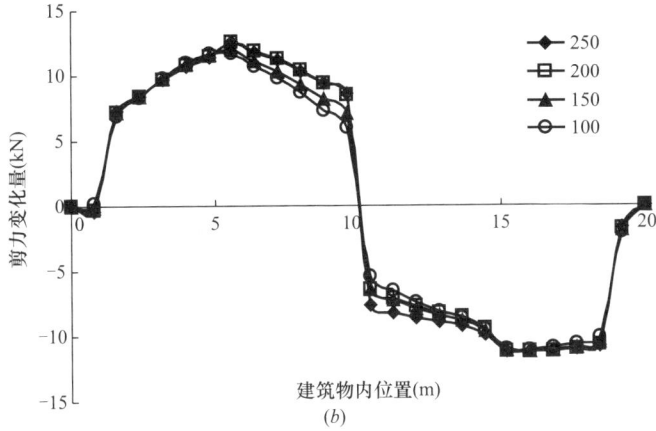

(b)

图 5-7 附加应力分布曲线（二）

（b）短桩刚度系数不同时附加剪力分布曲线

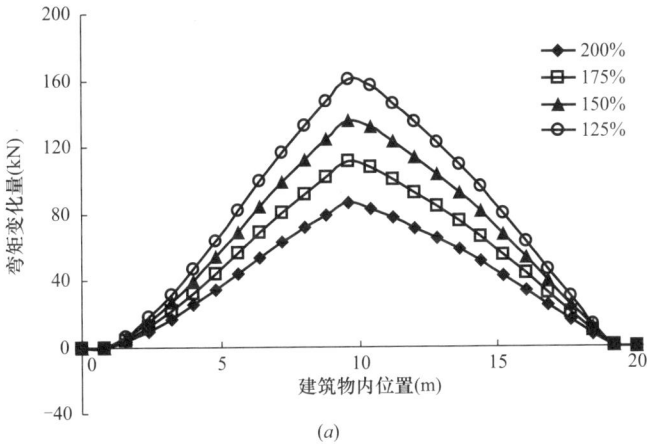

(a)

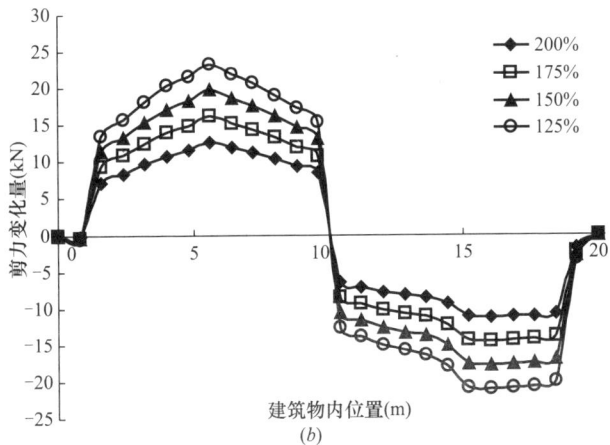

(b)

图 5-8 附加应力分布曲线

（a）注浆率不同时附加弯矩分布曲线；（b）注浆率不同时附加剪力分布曲线

筑物的附加应力越小，这是因为增大注浆率可以更好地填补盾尾空隙，使地表和建筑物的变形减小，从而避免对隧道上方建筑物造成较大影响。

（4）注浆损耗的影响

其他计算条件都不变，注浆损耗分别取 75％、60％、60％、55％，计算结果见图 5-9。由图可知注浆损耗越小，建筑物的附加应力越小，这和注浆率的影响机理一样，降低注浆损耗可以使壁后注浆的效果更好，从而有效控制地表和建筑物的沉降，减小建筑物倾斜、弯曲变形。

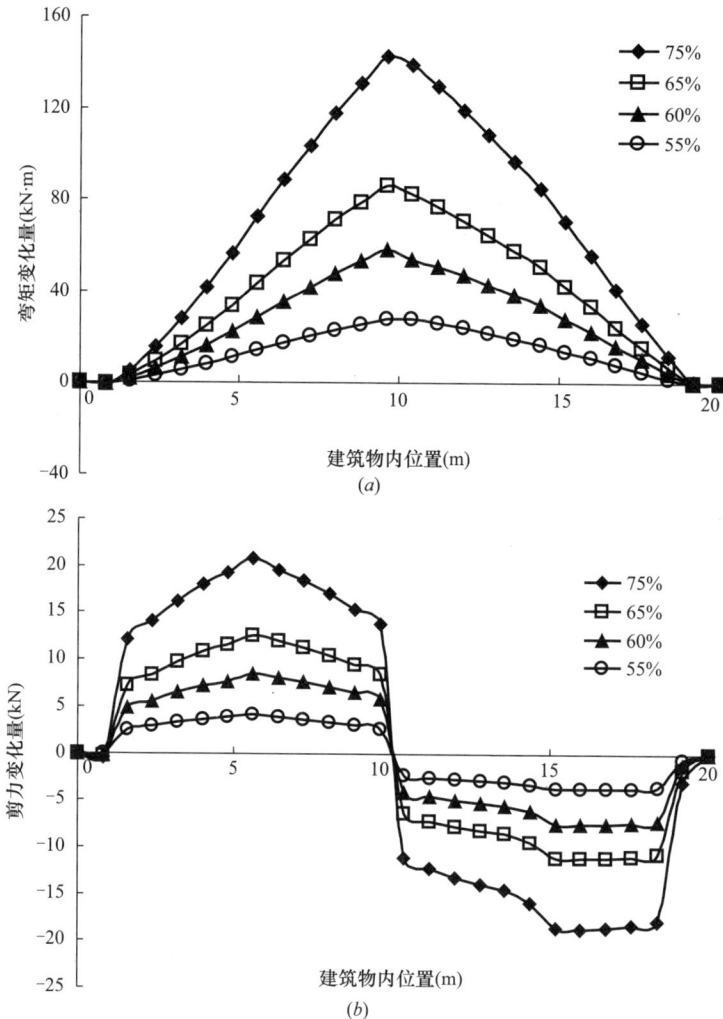

图 5-9　附加应力分布曲线

（a）注浆损耗率不同时附加弯矩分布曲线；（b）注浆损耗率不同时附加剪力分布曲线

5.3 基于弹性地基剪弯梁协同作用模型理论研究

5.3.1 计算模型的建立

仍然采用上一小节双坐标系统，建筑物为框架结构，如图 5-10 所示。

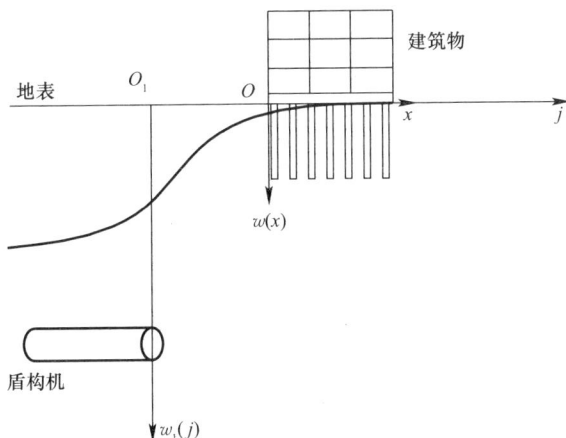

图 5-10 建筑物与地表沉降坐标系

将短桩建筑物上部结构简化为弹性地基上的剪弯梁，同 4.3 节推导类似得到盾构隧道上方建筑物地基、桩基础和结构协同作用的理论微分方程：

$$EJ \frac{\mathrm{d}^4 w(x)}{\mathrm{d}x^4} - (GF+g) \frac{\mathrm{d}^2 w(x)}{\mathrm{d}x^2} + k'w(x)$$
$$= q + \frac{k'(V_{\mathrm{loss2}} - V_{\mathrm{loss3}})}{2\pi h} \left[1 - \frac{j+x+L}{\sqrt{(j+x+L)^2 + h^2}} \right] \tag{5-19}$$

式中，EJ 为建筑物基础梁弯曲刚度（kN·m²），GF 为框架竖向的剪切刚度（kN），g 为底层柱端所约束线刚度（kN），$q(x)$ 为建筑物作用于地基的竖向荷载（kN/m²）。

5.3.2 算例计算及分析

算例同 4.3 节。

采用 1stOpt 软件进行数值计算，得到建筑物的沉降曲线、底梁的附加应力分布曲线、梁柱内力变化曲线，见图 5-11。由图 5-11（a）可以得出，建筑物未受到盾构掘进影响时其整体已经切入地基一定深度，这与桩体刚度、基床系数、竖向荷载等参数的选择有关，因为建筑物需要地基反力来平衡整个建筑物的荷载。建筑物的沉降为整体向一侧倾斜，从左端到右端下沉值变化是均匀的，且盾构隧道掘进对桩基础建筑物沉降的影响程度要小于浅基础建筑物工况。

建筑物任意截面的附加弯矩和剪力在受盾构机掘进影响过程中的变化较大，如图 5-11（b）、（d）所示。由于桩基础的存在，建筑物在盾构未掘进时就已产生弯矩及剪力。当建筑物发生变形时，建筑物体内附加弯矩和剪力开始变大，当开挖面到达建筑物大概 1/2 位置正下方（建筑物位于地表下沉曲线最大负、正曲率处）时，建筑物中部弯矩值最大；最后当建筑物沉降稳定时，建筑物的附加弯矩变化值变小。无论开挖面在哪个位置，建筑物始终存在正负弯矩及剪力，这和浅基础建筑物明显不同。图 5-11（c）、（e）分别为弯矩和剪力与 $j=-50\text{m}$ 相比的变化量，最大正负弯矩变化量及剪力变化量仍是处在 $j=-10\text{m}$、$j=-20\text{m}$ 的位置，这在施工和设计中需加以重视。

如图 5-11（f）～（h）所示，框架各层梁、柱的内力随着盾构的靠近逐渐增大，穿越建筑物过程中变化趋势较浅基础更为平缓，这表明桩基础的约束起了较大的平衡作用。当开挖面位于建筑物正下方或即将完全穿越建筑物时，各位置的梁柱内力都接近最大值，梁的跨中最大剪力约为 -25kN，梁端最大弯矩约为 $-50\text{kN}\cdot\text{m}$，底层柱的柱脚最大约束弯矩约为 $-150\text{kN}\cdot\text{m}$。同时由于桩基础的约束，最大值的位置与浅基础框架结构物不完全一样，建筑物右边梁、柱内力最大值小于左边梁、柱最大值，这与盾构掘进引起的土体变形及位置密切相关。

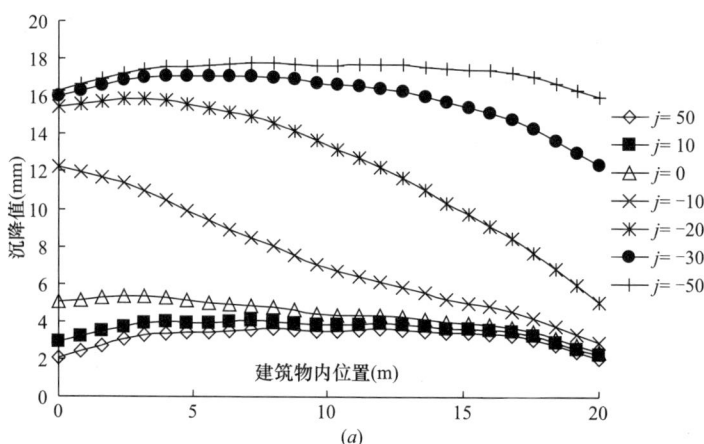

图 5-11　建筑物变形及内力变化曲线（一）

（a）建筑物下沉曲线

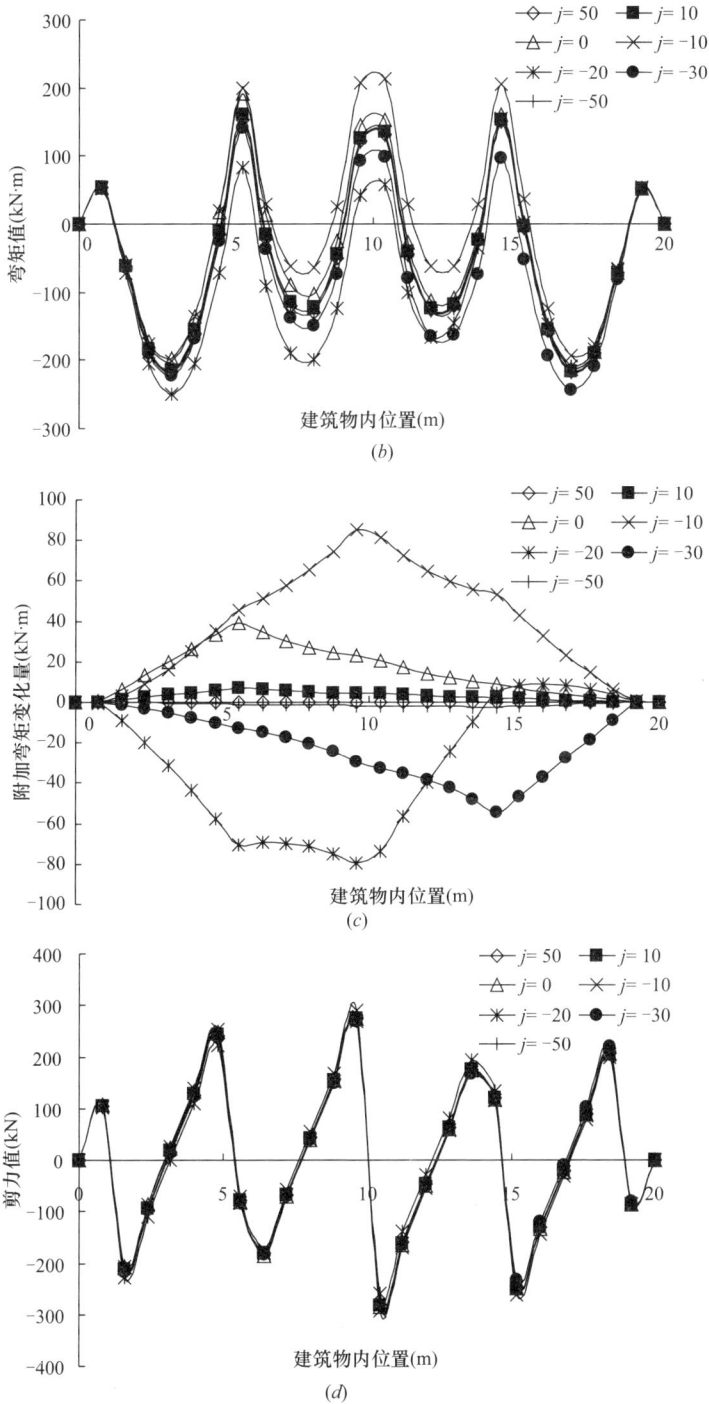

图 5-11 建筑物变形及内力变化曲线（二）

（b）地基梁附加弯矩分布曲线；（c）地基梁附加弯矩变化曲线；（d）地基梁剪力分布曲线

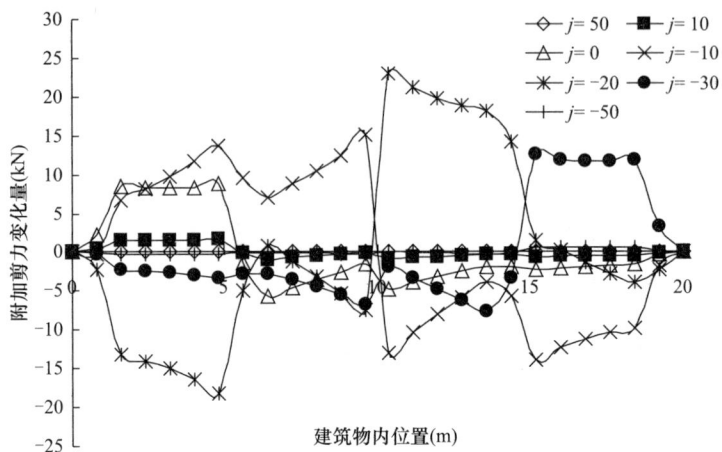

(e)

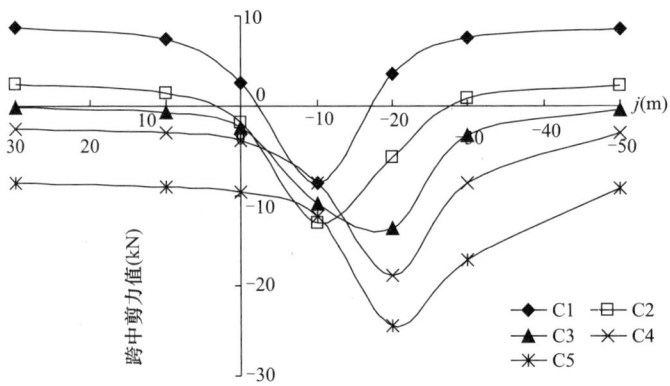

(f)

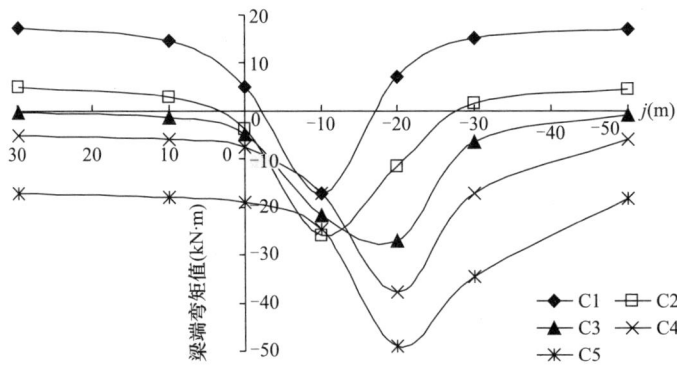

(g)

图 5-11　建筑物变形及内力变化曲线（三）

（e）地基梁附加剪力变化曲线；（f）C 层梁的跨中剪力；（g）C 层梁端弯矩

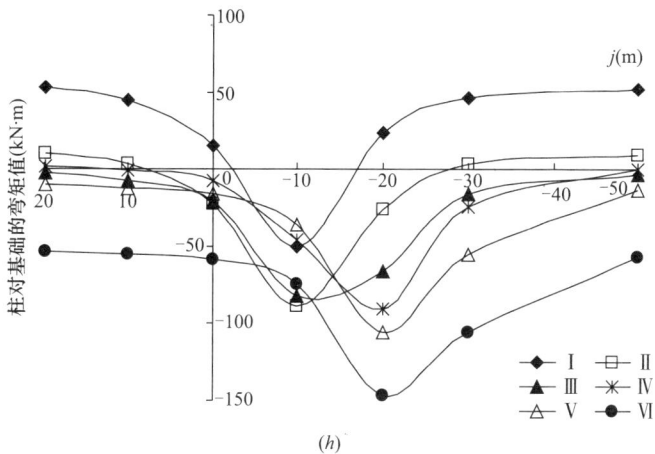

图 5-11 建筑物变形及内力变化曲线（三）

（h）柱脚约束弯矩

5.4 本章小结

目前，盾构隧道下穿短桩基础建筑物仍会产生一定程度的变形及附加应力。本章将建筑物简化成为弹性地基上的梁，建立了盾构隧道上方地基、桩基础及结构协同作用的理论力学模型，从理论上分析了盾构机掘进过程中邻近短桩基础建筑物变形及内力变化规律。

（1）由于桩基础的存在，当盾构距离建筑物还较远时，建筑物的初始沉降远小于浅基础建筑物。随着盾构靠近、到达、穿越和脱离建筑物，建筑物的沉降从左端向右端发展。盾构位于建筑物右半段下时，建筑物整体的倾斜较大，在开挖面刚脱离建筑物时达到最大。

（2）短桩建筑物的最大弯矩值和剪力值与建筑物抗弯刚度、地基基床系数、桩体刚度及注浆率密切相关。提高盾构隧道施工工艺可有效降低建筑物的附加应力，减少建筑物的损坏，同时对建筑物本体进行加固也是抵抗变形的有效手段之一，但提高桩体刚度则对减小建筑物变形影响不大。

（3）由于桩基础的存在，盾构还未到达建筑物时，地基梁上已经存在波浪状分布的弯矩和锯齿状分布的剪力，正弯矩、剪力的峰值位于桩中心位置，而负弯矩、剪力位于建筑物相邻两桩中间段的中心位置，这与浅基础明显不同。在盾构接近、穿越和离开建筑物的整个过程中，建筑物两端附近的附加弯矩、剪力相对应初始值变化不大，说明桩基础抵抗变形的效果远好于浅基础。

（4）穿越短桩建筑物过程中框架各层梁、柱的内力变化趋势较浅基础更为平缓，这表明桩基础的约束起了较大的平衡作用。同时由于桩基础的约束，最大值的位置与浅基础框架结构物不完全一样，建筑物右边梁、柱内力最大值小于左边梁、柱最大值，这与盾构掘进引起的土体变形及位置密切相关。因此在施工过程中，仍需加强对短桩建筑物首尾沉降差及倾斜率的监测，更好的控制盾构掘进对邻近桩基础框架结构物内力的影响。

本书提出的建筑物地基、桩基础、结构协同作用模型是平面模型，且仅仅考虑了短桩基础的工况，并未考虑深长桩及托换桩基础的工况，模型还可以进一步完善，从不同工况三维接近施工状态下进行深入的分析。

第6章　双线盾构掘进对邻近建筑物影响及控制标准研究

6.1　引言

近年来，随着我国地铁建设的不断发展，双线平行盾构施工已经成为城市地铁隧道建设中的主流形式。但是，盾构施工仍不可避免地会引起周围土体的扰动变形，并对邻近建筑物产生较大的危害，尤其是当双线平行隧道同时施工时，这种影响将相互叠加，地层变形更为复杂。

目前，国内外学者主要针对双线平行盾构引起土体变形和扰动方面研究做了相关研究，研究方法主要有：Peck 公式经验法[9]、随机介质理论[94]、有限元法[95、96]、模型试验法[97]和解析解法[98、99]。但关于双线平行盾构施工对邻近建筑物结构，特别是浅基础框架建筑物影响的研究较少[100-102]，且对建筑物结构弯矩、剪力变化的研究则更少。特别的，双圆盾构以其施工效率较高、掘削土量较少、一次掘进能完成地铁隧道上下行两条线等优点而逐渐成为一种重要的隧道施工方法[103]。关于双圆盾构施工对周边环境的影响研究集中在土体变形方面，土体变形计算模型主要有等效大圆模型、双圆叠加模型以及随机介质不均匀收敛模型[104-106]，而双圆盾构施工对邻近结构物尤其是邻近浅基础框架建筑物影响研究更是少之又少。

由于双线盾构掘进是一个动态过程，了解盾构在穿越建筑物的整个过程中建筑物的变形及弯矩变化就显得尤为重要。因此，本章参考采动区协同作用模型方法[87]，考虑到双线盾构施工的复杂性，将盾构施工产生的地层损失作为引起地表沉降的主要原因，推导出双线平行隧道、双圆隧道上方浅基础建筑物地基、基础和结构协同作用的力学模型，并利用数值分析软件 1stOpt 进行求解，分析得到了盾构掘进区建筑物变形以及内力变化的规律，并基于此给出了可供实际施工参考的建议和相关建筑物变形控制标准研究。

6.2　双线盾构掘进对邻近浅基础建筑物影响研究

考虑到双线盾构施工的复杂性，本节以盾构法施工产生的地层损失作为引起地表沉降的主要原因，将上方建筑物拟化为在弹性地基上的受弯梁模型，通过建立地表沉降和地面建筑物两个相互独立又相互联系的坐标系，研究建筑物地基、基础共同作用问题。

6.2.1　共同作用力学模型的建立

（1）基本假设

建立如图 6-1 所示的两个坐标系统，地表下沉坐标系统为 $w_1(j)-O_1-j$，原点 O_1 建立在开挖面上方的地表处，横坐标 j 轴指向与盾构机前进方向相同，纵坐标 $w_1(j)$ 为 j 点的地表下沉；建筑物下沉坐标系统为 $w(x)-O-x$，原点建立在建筑物的左端地表处，距 O_1 的距离为 j（开挖面未到达建筑物时 j 为正，开挖面穿越建筑物及离开后 j 为负值），横坐标 x 轴与 j 轴指向一致，建筑物内任意点 x 的下沉为 $w(x)$、对应的地表点下沉为 $w_1(j+x)$。

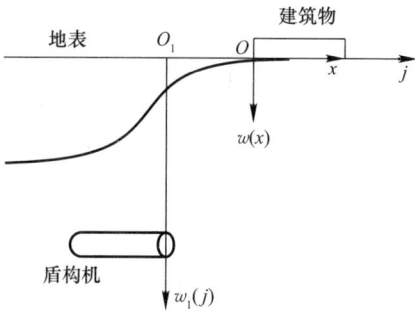

图 6-1　建筑物与地表下沉坐标系

1）地基模型

将建筑物视为弹性地基上的梁，根据 Winkler 弹性地基理论，建筑物地基反力 σ_d 与地基沉降值成正比，得到：

$$\sigma_d(x) = k[w(x)-w_1(j+x)] \tag{6-1}$$

式中，$\sigma_d(x)$ 为建筑物底部任意一点受到的地基反力（kN/m²），k 为地基基床系数（kN/m³）。

2）建筑物模型

弹性地基上建筑物弯曲的微分方程式：

$$EJ\frac{d^4w(x)}{dx^4} = q - k[w(x)-w_1(j+x)] \tag{6-2}$$

3）地面变形模型

如图 6-2 所示，盾构隧道施工过程中，土体损失是引起地面变形的主要因素，地表纵向沉降曲线仍采用 Sagaseta[19] 提出的地面竖向位移公式：

$$w_1(x) = \frac{a^2}{2}\frac{h}{y^2+h^2}\left[1-\frac{x}{\sqrt{x^2+y^2+h^2}}\right] \tag{6-3}$$

式中：x 为盾构掘进方向上离开挖面的水平距离；y 为离隧道轴线的横向水平距离；a 为土体点损失半径；h 为隧道轴线埋深，以下同。

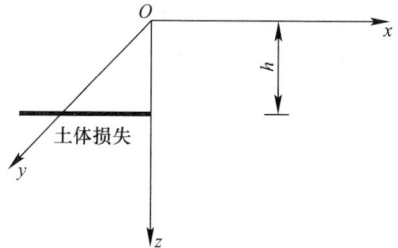

图 6-2　土体损失示意图

a 的取值与土体损失有关，即单位长度的土体损失面积等于 $2\pi a$。通过选择一个合适的挖掘面土体损失百分率来计算土体损失的大小，对于黏土通常是挖掘面的 $0.5\%\sim 2.5\%$。令 η 为土体损失百分率，则 $\pi a^2 = \pi R^2 \eta$，即 $a^2 = R^2 \eta$，式中 R 为盾构外半径[84]。

考虑到双线盾构施工的复杂性，双线盾构隧道掘进引起的地面沉降可运用叠加原理来描述，即对地面纵向沉降曲线叠加[107]，见图 6-3 和图 6-4，可得双线盾构隧道掘进引起的建筑物下对应地面的沉降为

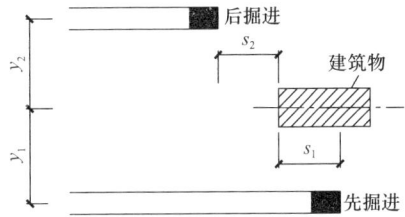

图 6-3 双线隧道与建筑物的位置关系

$$w_1(i) = \frac{a_1^2}{2} \frac{h_1}{y_1^2 + h_1^2} \left[1 - \frac{i + s_1}{\sqrt{(i+s_1)^2 + y_1^2 + h_1^2}} \right]$$
$$+ \frac{a_2^2}{2} \frac{h_2}{y_2^2 + h_2^2} \left[1 - \frac{i + s_2}{\sqrt{(i+s_2)^2 + y_2^2 + h_2^2}} \right] \tag{6-4}$$

式中，s_1 为先掘进隧道开挖面与建筑物左端的纵向水平距离，y_1 为先掘隧道轴线与建筑物的横向水平距离（不考虑建筑物的宽度）；同理 s_2 为后掘隧道开挖面与建筑物左端的纵向水平距离，y_2 为后掘隧道轴线与建筑物的横向水平距离。

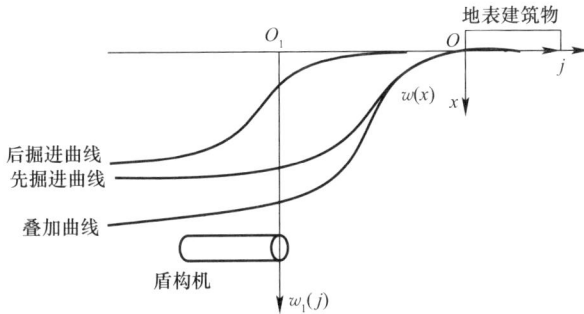

图 6-4 地面沉降叠加曲线示意图

(2) 协同作用模型

将式（6-4）代入式（6-2）中得到弹性地基上受弯梁的挠曲微分方程：

$$EJ \frac{d^4 w(i)}{di^4} + kw(i) = q +$$

$$\frac{kh_1 a_1^2}{2(y_1^2 + h_1^2)} \left[1 - \frac{i+s_1}{\sqrt{(i+s_1)^2 + y_1^2 + h_1^2}} \right] + \frac{kh_2 a_2^2}{2(y_2^2 + h_2^2)} \left[1 - \frac{i+s_2}{\sqrt{(i+s_2)^2 + y_2^2 + h_2^2}} \right]$$
$$\tag{6-5}$$

式（6-5）即为双线盾构隧道上方建筑物地基、条形基础协同作用微分方程。在研究沉降问题上，将梁简化为二维平面上的受弯梁，则 $y=0$，得到隧道

轴线上方的纵向地面变形计算公式为：

$$EJ\frac{d^4w(i)}{di^4}+kw(i)=q$$

$$+\frac{ka_1^2}{2h_1}\left[1-\frac{i+s_1}{\sqrt{(i+s_1)^2+h_1^2}}\right]+\frac{ka_2^2}{2h_2}\left[1-\frac{i+s_2}{\sqrt{(i+s_2)^2+y_2^2+h_2^2}}\right] \quad (6\text{-}6)$$

(3) 其他

边界条件、微分方程的求解过程和建筑物弯矩的计算可参见 4.2.1 节。

6.2.2　计算条件

假定双线平行隧道的掘进方向与建筑物的纵向一致，建筑物位于左右隧道的正中间（即 $y_1=y_2=6m$），基础梁弯曲刚度 EJ 为 1000MN・m^2，软土地基基床系数 k 取 5000kN/m^3，建筑物作用于地基的竖向荷载 q 为 200kN/m^2，建筑物墙体长 l 为 20m，土体损失百分率 η 取 2%（软土），盾构直径 D 为 6.2m，隧道轴线埋深 h 为 9.1m。衬砌外径 6.2m，内径 5.5m，每环宽 1.2m，厚 0.35m，采用 C50 混凝土浇筑。

在本模型的计算中，S_1 为先掘进的盾构机的开挖面与建筑物左端的距离。同样，S_2 为后掘进的盾构机的开挖面与建筑物左端的距离，ΔS 为两台盾构机的开挖面的相距距离。令 $\varphi=\Delta S/D$，其中 $\Delta S/D$ 为盾构机间距与盾构直径之比，在计算中 S_1 分别取 30、10、0、−10、−20、−30、−50、−80 等数据模拟第一台盾构机接近、到达、穿越及离开建筑物的过程；$\Delta S/D$ 分别取 0、1、2、3、4、5 来表示盾构间距为同时掘进、相距 1D 先后掘进、相距 2D 先后掘进、相距 3D 先后掘进、相距 4D 先后掘进及相距 5D 先后掘进。

通过对建筑物内部的点：平面坐标轴 x 取两端点 0、20，建筑物 1/4、3/4 位置 $S_1=5$、15，建筑物 1/2 位置 $S_1=10$ 来作为建筑物模型的特性研究点，分别将其沉降、弯矩、剪力作为研究对象。

6.2.3　实例计算分析

实际施工过程中，双线盾构隧道左右线并非同时掘进，且为了减小后掘进盾构对先掘进盾构的影响，规范要求两台盾构前后间距需相差 100m 以上。但仍有一些工程存在两者相距较小的情况，如上海市轨道交通 7 号线某区间后掘盾构超越先掘盾构的工程案例。因此，本节主要针对左右两线开挖面相距较小的情况进行探究，分析上方建筑物在不同工况下的沉降及内力变化规律。

(1) 沉降分析

1）当先掘进盾构机到达建筑物时（即 $S_1=0m$）

见图 6-5 所示，两台盾构机同时掘进时，$\varphi=0$、$S_1=S_2=0m$，可见，在建筑物左端（内部为 0m 位置开始）发生沉降，且比较 $\varphi=1\sim5$ 的情况下，建筑物左端的沉降越来越小，直至逐渐趋向于于 49.6mm。建筑物自左向右的沉降类似二次曲线，且右端沉降微小，所以当左端沉降较大时，曲线的斜率也就越大，建筑物越倾斜。此外，两台盾构同时掘进与相距 1D 距离掘进产生的影响相比，两台盾构间相距 1D 的情况下的沉降曲线更为缓和，且这种效应会随着两台盾构间距增大（φ 值增长），而表现得越来越不明显。这说明了在相同施工条件下，当两台盾构机的施工间距越大，建筑物沉降在盾构刚通过时发生的越为平缓，对建筑的损害也就可以大大减少。

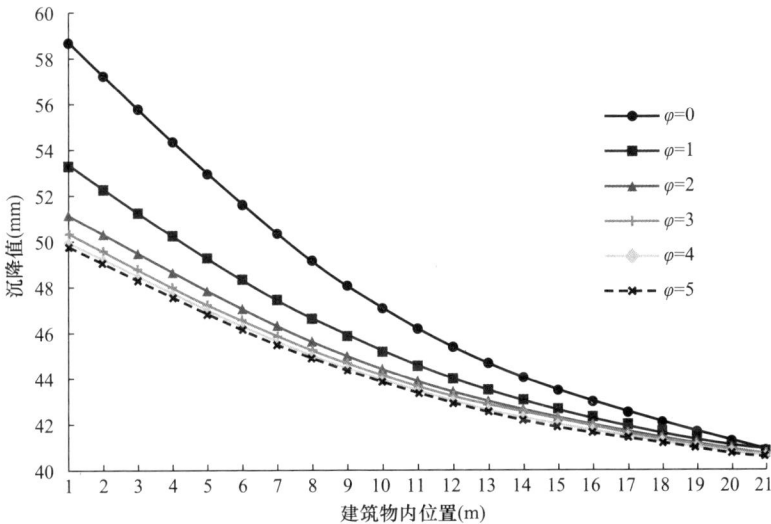

图 6-5 建筑物沉降分布曲线（$S_1=0$m）

2）当先掘进盾构机处于建筑物 1/4 位置时（即 $S_1=-5$m）

见图 6-6 所示，当先掘进盾构机已通过建筑物时，建筑物沉降继续发生。建筑物的左端沉降加剧，且在同时掘进的情况下沉降最厉害的，建筑物的斜率最大。相距 1D 掘进的沉降曲线也发生了沉降加剧的情况，相比于相距 2D 掘进的沉降曲线，曲线的斜率变化也比较大。说明后掘进的盾构机也对建筑物的沉降造成了影响。

3）当先掘进盾构机处于建筑物 1/2 位置时（即 $S_1=-10$m）

见图 6-7，建筑物的沉降依然在发生，且同时掘进的沉降曲线右端开始发生沉降，此时整条沉降曲线类似于一次函数曲线，建筑物倾斜趋于一致，出现整体左倾的情况。而相距 3D 以上掘进的沉降曲线沉降变化较为缓和，建筑物同样整体左倾，但倾斜度一致，远小于其他情况。

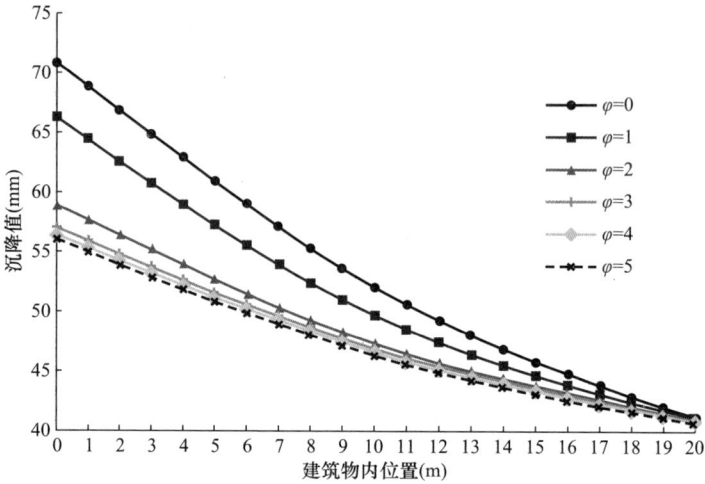

图 6-6　建筑物沉降分布曲线（$S_1 = -5$m）

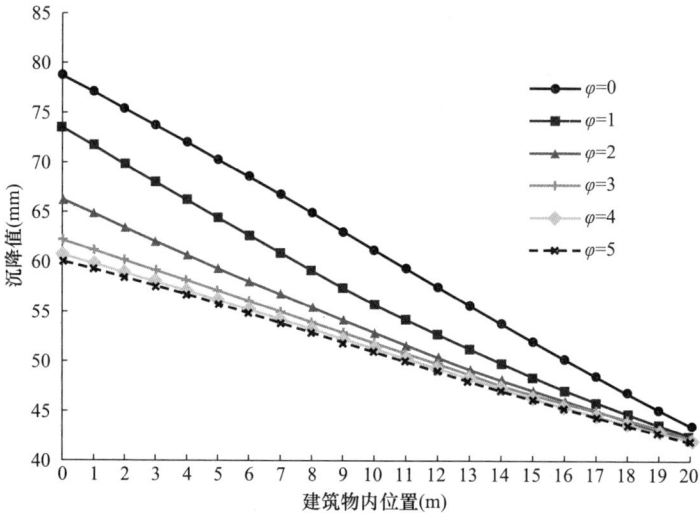

图 6-7　建筑物沉降分布曲线（$S_1 = -10$m）

4）当先掘进盾构机处于建筑物 3/4 位置时（即 $S_1 = -15$m）

见图 6-8，建筑物的沉降依然发生，在同步掘进的情况下，建筑物左端沉降曲线斜率已经开始减小，并逐渐趋于一个稳定值。可知，在挖掘面离开监测点 15m 左右时，此检测点的沉降已开始趋于一个固定值，曲线自左向右逐渐稳定。相距 1D、2D 掘进的沉降曲线斜率变化不大，建筑物出现整体左倾；相距 3D 以上掘进的沉降曲线变化不大。

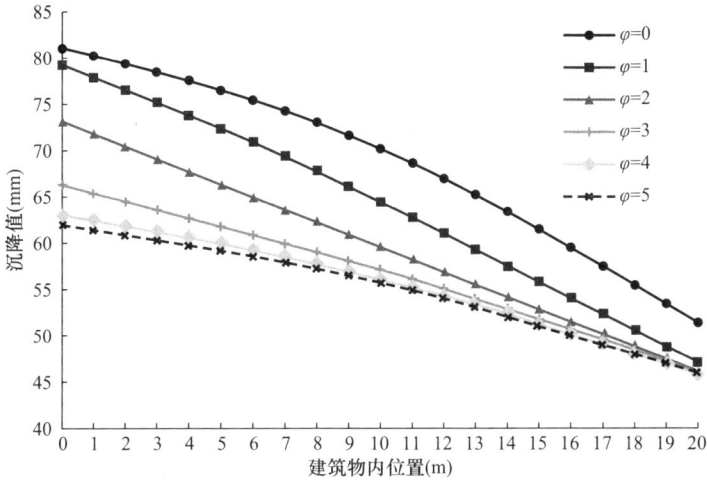

图 6-8 建筑物沉降分布曲线（$S_1 = -15\text{m}$）

5）当先掘进盾构机离开建筑物时（即 $S_1 = -20\text{m}$）

见图 6-9，同步掘进的情况下，建筑物沉降曲线左端已经趋于一个平稳的数值，左端斜率减小为最低值，建筑物的倾斜将趋向平整，曲线自左向右趋于稳定。相距 1D 掘进的沉降曲线开始向同步掘进的沉降曲线靠拢；相距 2D、3D 掘进的沉降曲线斜率变化不大，建筑物出现整体左倾；相距 4D 以上掘进的沉降曲线开变化不大。

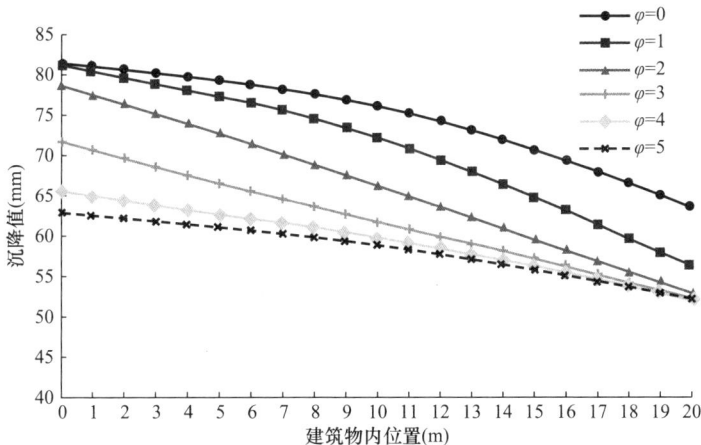

图 6-9 建筑物沉降分布曲线（$S_1 = -20\text{m}$）

可见，同步掘进下，建筑物沉降发生的最快，斜率变化最大，建筑物倾斜发生最快，同时沉降数值稳定的最快，建筑物恢复正立的速度也最快。而当两台盾构机掘进的相距距离越长，建筑物沉降发生的则越慢，斜率变化越小，建筑物倾斜发生越慢，同时沉降数值稳定的越慢，建筑物恢复正立的速度越慢。这一结果与工程实际非常吻合，但从建筑物保护的角度出发，两台盾构机相距越远，对于地表建筑的安全越有保障。

此外，建筑物内的沉降变形与相应位置处地表变形情况基本一致：随着开挖面向建筑物靠近，建筑物左端的下沉量会逐渐增大，且下沉速度加快，右端的下沉量变化较小；当盾构机开挖面位于建筑物下方时，整个建筑物的下沉量及下沉速度都差不多，相当于建筑物向地底下平移，且由图 6-7 可得出建筑物的倾斜在开挖面处于其正下方时最大，此时建筑物左右两端的差异沉降最大，达35.12mm；当盾构机开挖面离开建筑物后，建筑物左端沉降基本到达最大，右端沉降继续发展。

（2）弯矩分析

1）当先掘进盾构机到达建筑物时（$S_1=0$m）

如图 6-10 所示，当开挖面到达建筑物左右两端下方位置时，条形基础中部受到的较大的弯矩，为 99.70kN·m，且盾构相距距离越大，各处的弯矩值越小。

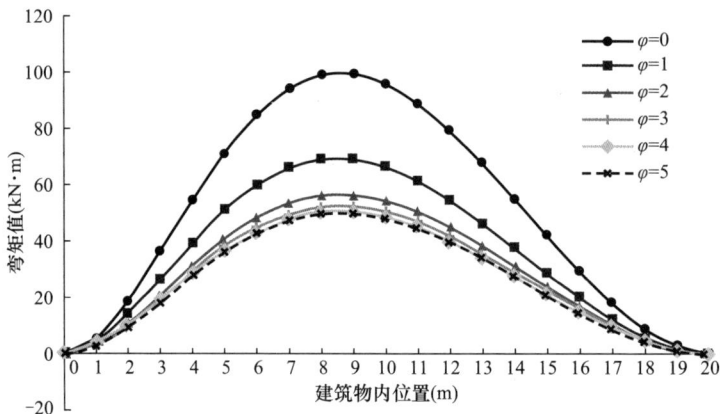

图 6-10　建筑物弯矩分布曲线（$S_1=0$m）

2）当先掘进盾构机处于建筑物 1/4 位置时（$S_1=-5$m）

如图 6-11 所示，条形基础中部弯矩达到最大值，为 112.99kN·m，且与 1）相同，盾构的相距距离越大，建筑物各处的弯矩值越小。

3）当先掘进盾构机处于建筑物 1/2 位置时（$S_1=-10$m）

如图 6-12 所示，当开挖面位于建筑物 1/2 处下方位置处时，基础左右两侧出现了相近对称的正负弯矩，且中部的弯矩为零。相距距离为 1D、2D 的弯矩曲线未出现和其他弯矩曲线一样的特性，而为类似叠加现象。根据数据计算得出，这两条曲线中，先挖掘盾构机造成的弯矩曲线符合基础左右两侧相近对称的正负弯矩，中部弯矩为零的特征，这是由于后挖掘盾构机过于接近，而造成整条曲线的变化。

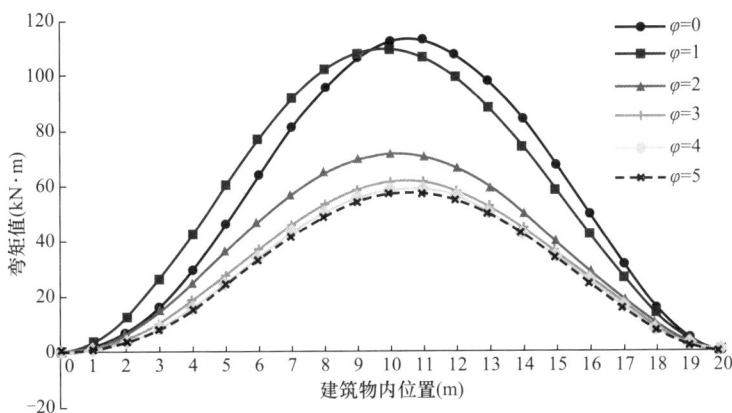

图 6-11 建筑物弯矩分布曲线（$S_1 = -5\text{m}$）

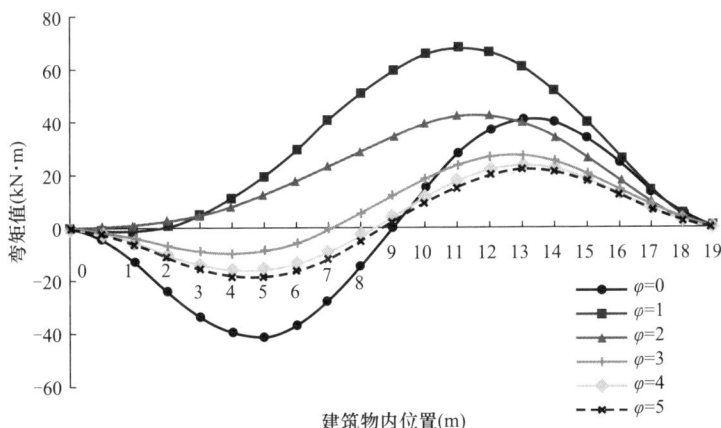

图 6-12 梁的弯矩分布曲线（$S_1 = -10\text{m}$）

4）当先掘进盾构机处于建筑物 3/4 位置时（$S_1 = -15\text{m}$）

如图 6-13 所示，同时掘进的弯矩曲线与处于建筑物 1/4 位置时的弯矩曲线相反，其他的曲线也是受后掘进盾构机的影响而变化不一。

5）当先掘进盾构机离开建筑物时（$S_1 = -20\text{m}$）

如图 6-14 所示，同时掘进的弯矩曲线与盾构机到达建筑物时的弯矩曲线相反，条形基础中部受到较大的反向弯矩，为 $-99.70\text{kN} \cdot \text{m}$，且盾构相距越大，各处的弯矩值变化越平缓。

可见，当盾构到达和离开时，跨中的弯矩接近最大。盾构机的通过和离开是两个相反的过程，在整个盾构掘进过程中，地基梁经受"正向弯矩增长到最大—正向弯矩减少—出现正负对称弯矩—反向弯矩增加—反向弯矩达到最大"的过程。竖向比较可以明显发现盾构间距与弯矩值呈相反方向发展，盾构间距越大，

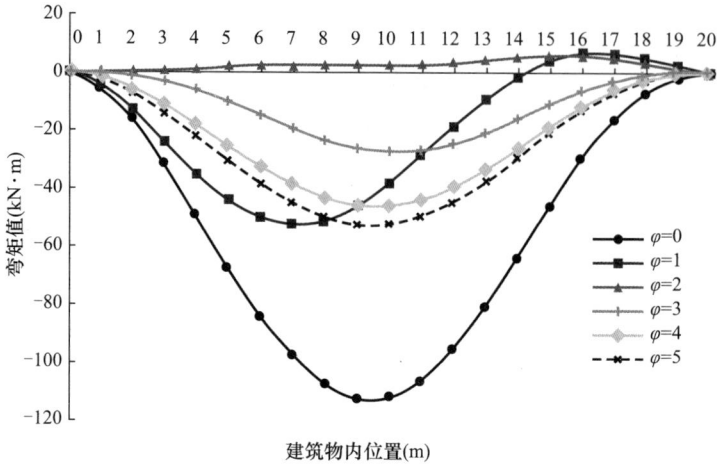

图 6-13　梁的弯矩分布曲线（$S_1 = -15\mathrm{m}$）

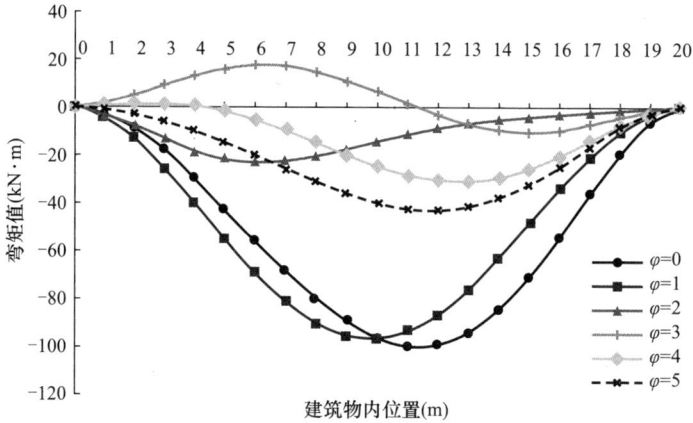

图 6-14　梁的弯矩分布曲线（$S_1 = -20\mathrm{m}$）

建筑物受到的弯矩越小，受到弯矩的过程类似于"正向弯矩增长到最大—正向弯矩减少—出现正负对称弯矩—反向弯矩增加—反向弯矩达到最大—反向弯矩减小—出现正负对称弯矩—正向弯矩增大—正向弯矩达到最大"的一种多次受到弯矩的过程。

（3）剪力分析

1）当先掘进盾构机到达建筑物时（即 $S_1 = 0\mathrm{m}$）

如图 6-15 所示，可以看出而在条形基础约 1/5、4/5 的位置处剪力达到最大，同步掘进时约为 17.93kN，盾构相距越大，剪力越小。

2）当先掘进盾构机处于建筑物 1/4 位置时（即 $S_1 = -5\mathrm{m}$）

如图 6-16 所示，曲线较类似于 $S_1 = 0\mathrm{m}$ 时，但曲线整体有右移趋势。

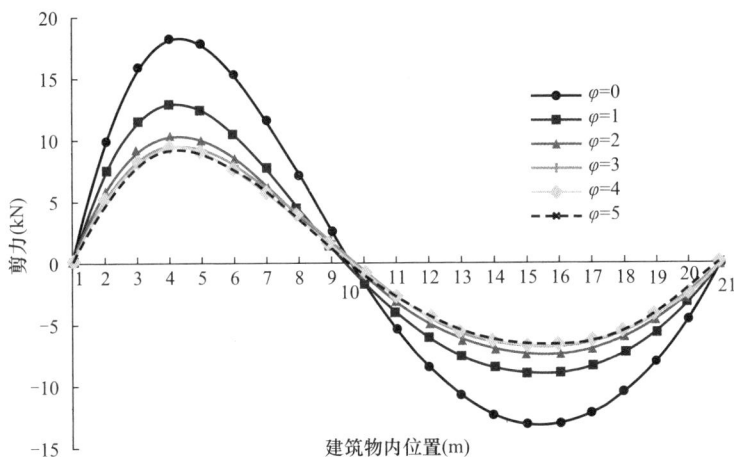

图 6-15 梁的剪力分布曲线 ($S_1 = 0$m)

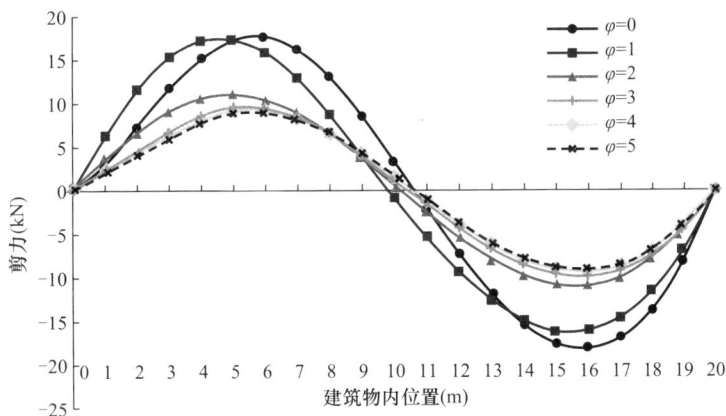

图 6-16 梁的剪力分布曲线 ($S_1 = -5$m)

3) 当先掘进盾构机处于建筑物 1/2 位置时（即 $S_1 = -10$m）

如上所分析，相距距离为 $1D$、$2D$ 的弯矩曲线未出现和其他剪力曲线一样的特性，出现类似叠加现象。通过数据验算，同样的，该剪力曲线中先挖掘的单曲线由于类似其他曲线特性，这是由于后挖掘盾构机过于接近，造成了整条曲线的变化。

如图 6-17 所示，当开挖面位于建筑物 1/2 处正下方位置处时，基础左右两侧出现了正负弯矩，而中部的弯矩为零，但此时中部剪力是最大的。由此可知，当盾构穿越浅基础框架结构物时，采取措施加强建筑物中部的刚度可以达到保护建筑物的效果。

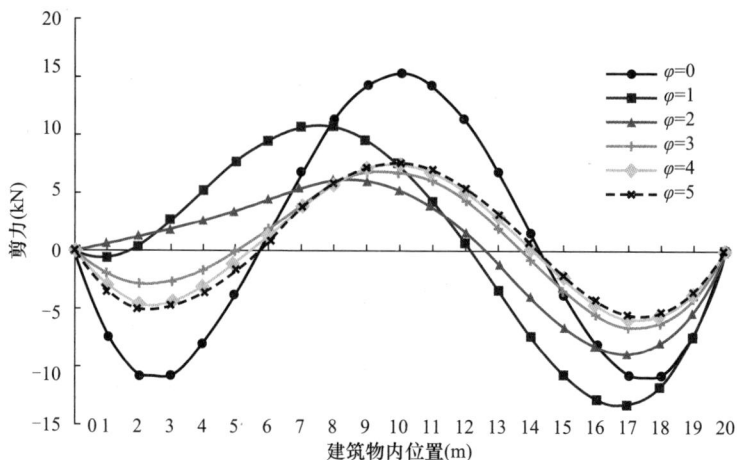

图 6-17　梁的剪力分布曲线（$S_1 = -10$m）

4）当先掘进盾构机处于建筑物 3/4 位置时（即 $S_1 = -15$m）

如图 6-18 所示，此处的剪力曲线与处于建筑物 1/4 位置时的剪力曲线相反，出现不一的曲线也是受后掘进盾构机的影响而变化不一。

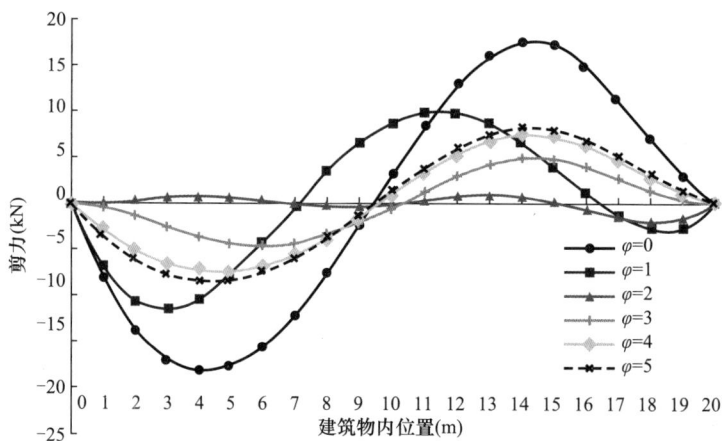

图 6-18　梁的剪力分布曲线（$S_1 = -15$m）

5）当先掘进盾构机离开建筑物时（即 $S_1 = -20$m）

如图 6-19 所示，同时掘进的剪力曲线与盾构机到达建筑物时的剪力曲线相反，为 -17.92kN，且盾构相距距离越大，各处的弯矩值变化越平缓。

由此可知，盾构机的两次穿越，间隔距离越小，建筑物内承受两次最大剪力、弯矩的时间间隔越短，对建筑越为不利。因此，规定要求将双线盾构穿越的间距设置大，是有利于建筑物安全稳定的。

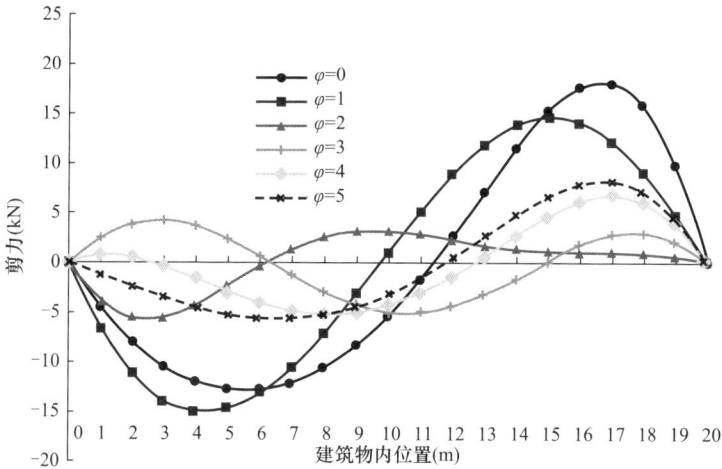

图 6-19　梁的剪力分布曲线（$S_1 = -20\text{m}$）

6.3　双线盾构掘进对邻近浅基础框架建筑物影响研究

本节以盾构施工产生的地层损失作为引起地表沉降的主要原因，推导双线平行隧道上方浅基础建筑物地基、基础和框架结构物协同作用的力学模型，并利用数值分析软件 1stOpt 进行求解，分析得到了盾构掘进区建筑物变形以及弯矩变化的规律，以及双线平行盾构先后掘进的不同对邻近建筑物变形的影响。

6.3.1　共同作用力学模型的建立

（1）基本假设

假设建筑物与隧道轴线平行（即建筑物纵向与隧道掘进方向一致），且建筑物距隧道轴线的横向水平距离为 y，见图 6-20。建立如图 6-21 所示的坐标系统：原点 O 建立在建筑物的左端地表处，x 轴指向与盾构掘进方向相同，z 轴指向为地面和建筑物竖向沉降方向。$w_1(x)$ 为地表沉降曲线，$w(x)$ 为建筑物沉降曲线。盾构隧道开挖面距 z 轴的距离为 s，当开挖面在 z 轴左边时 s 为正值，表示盾构未到达建筑物；当开挖面在 z 轴右边时 s 为负值，表示盾构正在穿越或已离开建筑物。

另外，本节对地基-条形基础-框架结构进行简化，得到计算简图如图 6-22 所示。令建筑物的长度为 l，其上某点到 z 轴的距离为 i，则该点位置处的建筑物沉降量为 $w(i)$，该点下方地表沉降量为 $w_1(i)$。

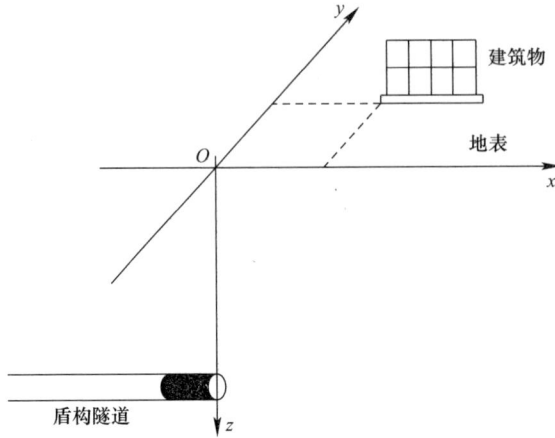

图 6-20　建筑物与隧道的位置关系

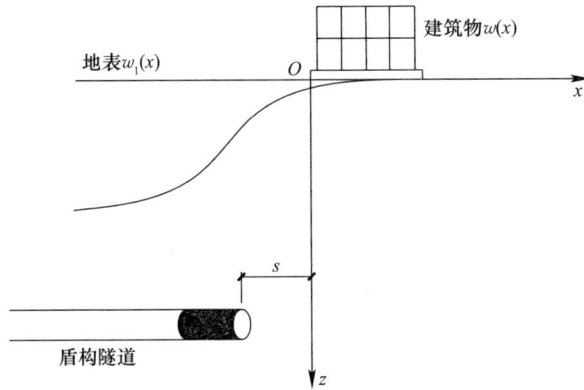

图 6-21　建筑物与地表下沉坐标系

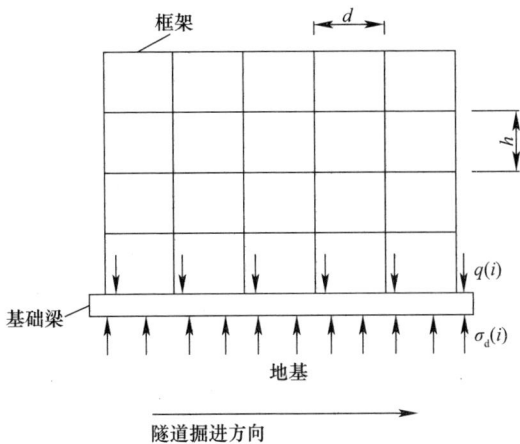

图 6-22　模型计算简图

1）地基模型

由 Winkler 弹性地基理论可知，建筑物地基反力 σ_d 与切入地基值成正比，得到：

$$\sigma_\mathrm{d}(i) = k[w(i) - w_1(i)] \quad (6\text{-}7)$$

式中：$\sigma_\mathrm{d}(i)$ 为建筑物底部地基上任意一点受到的地基反力（kN/m²），k 为地基基床系数（kN/m³）。

2）条形基础与框架结构共同作用模型

将条形基础建筑物简化成受上部结构约束的弹性地基上的剪

弯梁，剪弯梁挠曲微分方程为：

$$EJ \frac{d^4 w(i)}{di^4} - (GF + g) \frac{d^2 w(i)}{di^2} = q - \sigma_d(i) \tag{6-8}$$

式中：EJ 为基础梁的弯曲刚度，GF 为框架的竖向剪切刚度，g 为底层柱端的约束线刚度，q 为建筑物作用于地基的竖向荷载（kN/m^2）。

3）地面变形模型

参见 6.2.1 节中的 3）。

（2）协同作用模型

将式（6-7）、（6-4）代入式（6-8）中得到弹性地基上剪弯梁的挠曲微分方程：

$$EJ \frac{d^4 w(i)}{di^4} - (GF + g) \frac{d^2 w(i)}{di^2} + kw(i) =$$

$$q + \frac{kh_1 a_1^2}{2(y_1^2 + h_1^2)} \left[1 - \frac{i + s_1}{\sqrt{(i + s_1)^2 + y_1^2 + h_1^2}} \right] + \frac{kh_2 a_2^2}{2(y_2^2 + h_2^2)} \left[1 - \frac{i + s_2}{\sqrt{(i + s_2)^2 + y_2^2 + h_2^2}} \right]$$

$$\tag{6-9}$$

式（6-9）即为双线平行盾构隧道上方建筑物地基、条形基础和框架结构协同作用微分方程。

（3）其他

边界条件、微分方程的求解过程和建筑物弯矩的计算可参见 4.2.1 节。

6.3.2 计算条件

假定双线平行隧道的掘进方向与建筑物的纵向一致，双线平行隧道的轴线埋深为12m，圆心距为12m。盾构长 7.2m，直径为 6.34m。衬砌外径 6.2m，内径 5.5m，每环宽 1.2m，厚 0.35m，采用 C50 混凝土浇筑。建筑物位于左右隧道的正中间（即 $y_1 = y_2 = 6m$），为钢筋混凝土框架结构，采用 C30 混凝土浇筑。地上 4 层，每层高 3.6m（包括板厚），在沿盾构隧道掘进方向上为 5 开间，间距为 4m。柱尺寸 400mm×400mm，梁尺寸为 300mm×550mm，楼板厚度 100mm。基础为条形基础，截面宽800mm，高 1000mm。钢筋混凝土的弹性模量取 30000MPa，地基基床系数取10000kN/m³，建筑物作用于地基的竖向荷载取 100kN/m²，施工时土体损失率为 1%。

将框架结构物横向各开间命名为 1、2、3、4、5，各柱子命名为 Ⅰ、Ⅱ、Ⅲ、Ⅳ、Ⅴ、Ⅵ，竖向楼层命名为 A、B、C、D，见图 6-23。

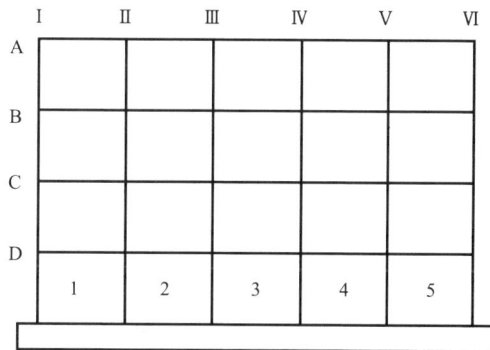

图 6-23　框架建筑物简图

6.3.3　实例计算分析

（1）左右两隧道同时掘进（$s_1 = s_2$）

取 s_1 分别为 40、25、10、0、-10、-20、-30、-40、-50 来模拟盾构到达、穿越及离开建筑物的过程。将各参数值代入式（6-9），由数值计算软件 1stOpt 计算、整理后得到建筑物沉降曲线、倾斜曲线、条形基础弯矩分布曲线和框架梁弯矩分布曲线。

图 6-24 中沉降曲线纵轴正值为沉降，可以看出在盾构开挖面距建筑物 40m 直至开挖面到达建筑物左端的过程中，框架结构建筑物是整体向一侧倾斜；在开挖面穿越建筑物的过程中，建筑物上各点的沉降随着开挖面的掘进保持变化；在开挖面离开及远离建筑物的过程中，建筑物右半部分的沉降量较大，使得建筑物又重新"正立"起来，且最大沉降值明显变大，这在施工中应引起重视。

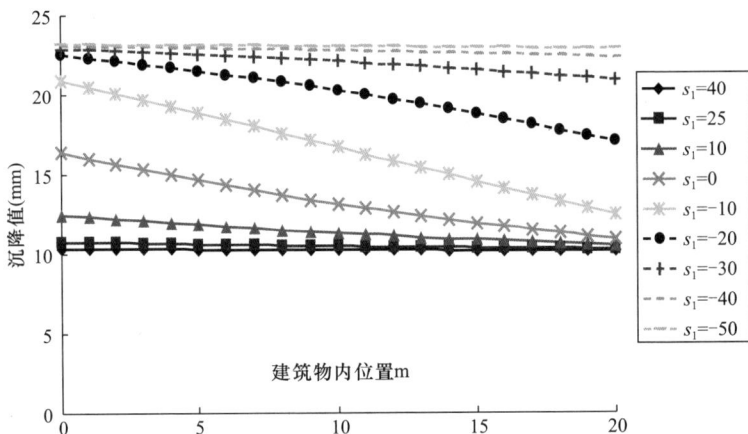

图 6-24　建筑物沉降分布曲线（$s_1 = s_2$）

此外，建筑物内的沉降变形与相应位置处地表变形情况基本一致：随着开挖面向建筑物靠近，建筑物左端的下沉量会逐渐增大，且下沉速度加快，右端的下沉量变化较小。且由图 6-25 可看出，建筑物的倾斜在开挖面处于其正下方时最大，此时建筑物左右两端的差异沉降最大，达 8.5mm；当盾构开挖面离开建筑物后，建筑物左端沉降基本达到最大，右端沉降继续发展。此后盾构继续掘进对框架结构物沉降的影响逐渐减弱。

由图 6-26 可以看出，当开挖面到达建筑物左右两端下方位置时，条形基础中部受到的弯矩达到最大，为 27.3kN·m。当开挖面位于建筑物 1/2 处下方位置处时，基础左右两侧出现了正负弯矩，而中部弯矩为零。由此可知，当盾构穿越浅基础框架结构物时，采取措施加强建筑物中部的刚度可以达到保护建筑物的效果。

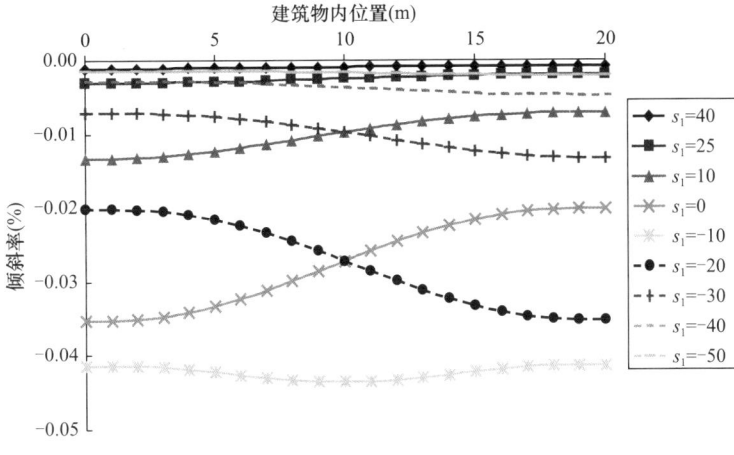

图 6-25 建筑物倾斜分布曲线（$s_1 = s_2$）

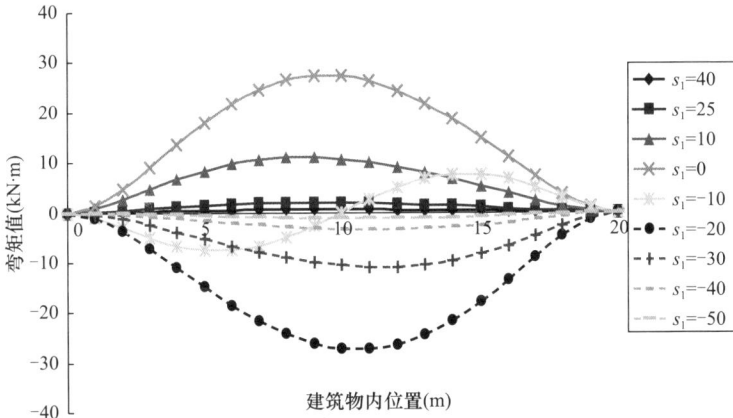

图 6-26 条形基础弯矩分布曲线（$s_1 = s_2$）

图 6-27 是梁端弯矩随盾构掘进的变化曲线，当开挖面处于建筑物下方时，建筑物框架结构的弯矩变化较大。可以看出弯矩随着开挖面的靠近逐渐增大，开挖面到达该梁正下方附近时，弯矩达到最大值，为 52.7kN·m，之后弯矩又逐渐减小，整个曲线呈近似对称的 V 形分布。B 层梁的最大弯矩要大于基础梁的最大弯矩，这表明在掘进区框架梁的受力要大于浅基础梁的受力，需施工和设计中引起重视。

图 6-28 反映的底层柱对基础的约束弯矩变化规律与框架梁的弯矩变化图较为一致，但最大弯矩值更大，这表明在掘进时柱与基础连接处也更易遭受破坏。另外文献［87］可知，建筑物上部框架结构的梁柱弯矩大小主要由建筑物的倾斜率决定，倾斜率越大，梁端弯矩和底层柱对基础的约束弯矩也自然越大。因此在施工过程中，须加强对建筑物首尾沉降差及倾斜率的监测，以便更好地控制盾构掘进对邻近浅基础框架建筑物弯矩的影响。

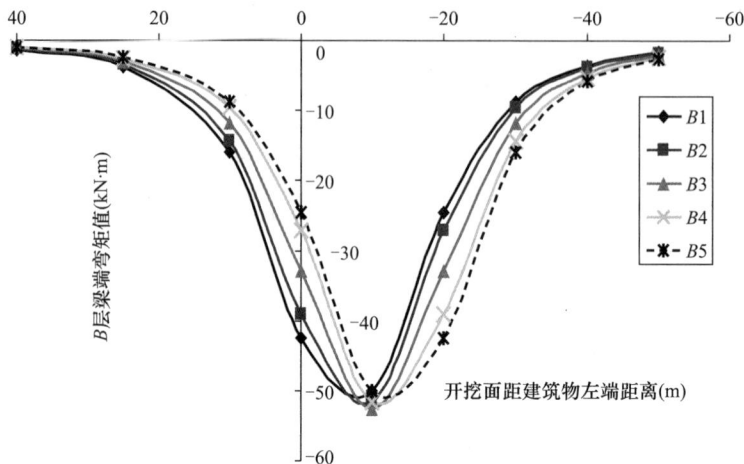

图 6-27　B 层各梁端弯矩变化曲线 ($s_1 = s_2$)

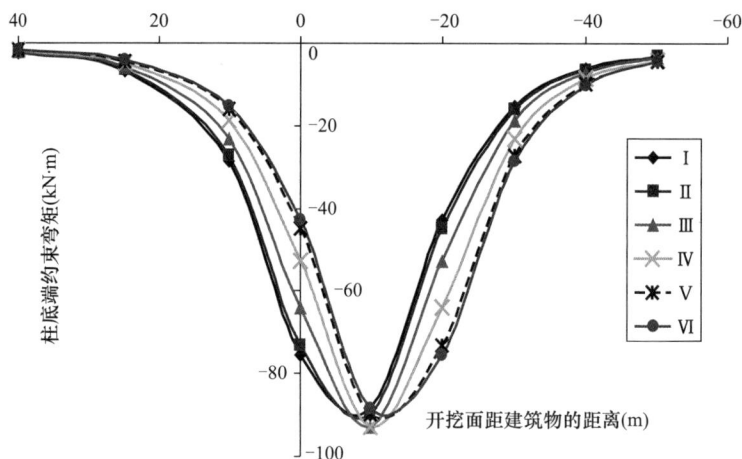

图 6-28　柱底端约束弯矩变化曲线 ($s_1 = s_2$)

（2）左右两隧道先后掘进 ($s_1 - s_2 = -30$)

实际工程施工中，双线平行隧道的左右线并非同时掘进，为了减小后掘进盾构对先掘进盾构的影响，规范要求两台盾构前后间距需要相差 100m 以上。但是有些情况下后掘进盾构与先掘进盾构相距甚小，正如上海市轨道交通 7 号线某区间出现的后掘进盾构超越先掘进盾构的特殊情况[108]。故这里对左右两线开挖面相距较小的情况进行研究，分析上方建筑物在此工况下的沉降及弯矩变化规律。这里取开挖面距离为 30m，即 $s_1 - s_2 = -30$（s_1 为先掘进隧道开挖面距 z 轴的距离），将各参数代入协同作用方程式，采用 1stOpt 求解，整理后得到建筑物沉降曲线、倾斜曲线、条形基础弯矩分布曲线和框架梁弯矩分布曲线。

由图 6-29、图 6-30 可以看出双线平行盾构掘进引起的建筑物最终沉降值约为 23mm，与前面左右线同时掘进的工况相比是一样的，但建筑物沉降的变化趋势变得缓和，而最大倾斜率却更小了，且最大倾斜率出现在先掘进盾构和后掘进盾构开挖面分别位于建筑物正下方时，这在施工中应引起重视。

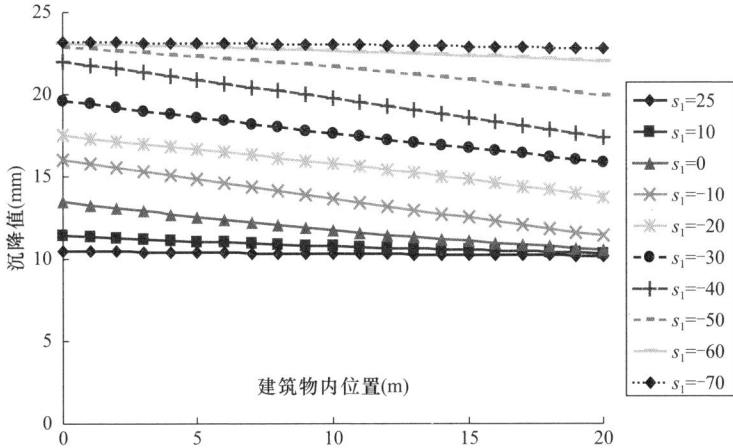

图 6-29 建筑物沉降分布曲线（$s_1 - s_2 = -30$）

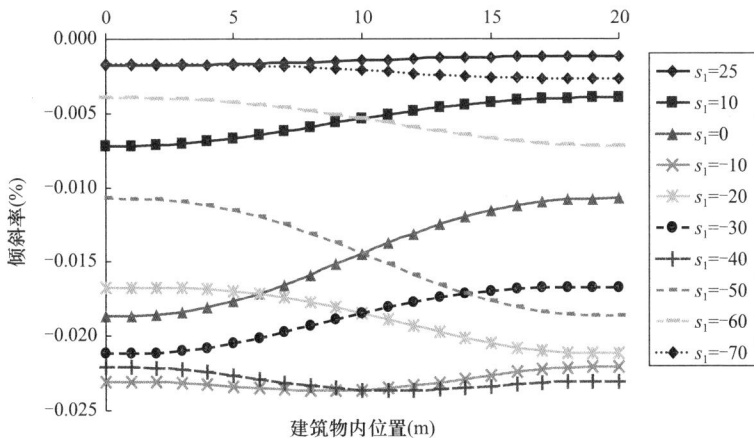

图 6-30 建筑物倾斜分布曲线（$s_1 - s_2 = -30$）

由图 6-31 可知基础梁的弯矩分布变得更加复杂，在先后掘进盾构穿越过程中经历了数次较大的变化，且影响范围更大，为先掘进盾构未到达建筑物 25m 到其离开建筑物 50m 的距离，整个过程中受盾构掘进影响，基础梁的最大弯矩出现的位置不变，大小为 14.2kN·m，但其值明显小于双线同时掘进工况。

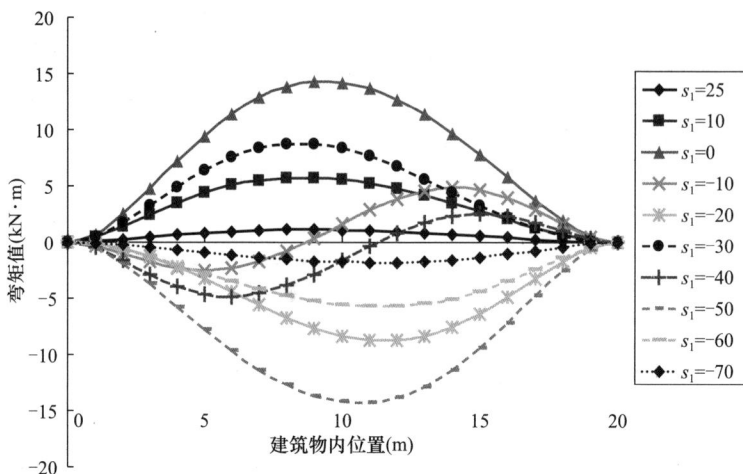

图 6-31　条形基础弯矩分布曲线 ($s_1 - s_2 = -30$)

由图 6-32、图 6-33 可知框架结构的弯矩随盾构掘进呈现近似对称 W 形分布，且从先掘进盾构开挖面到达建筑物至离开建筑物 30m 的过程中都处于较大值，最大值出现在建筑物倾斜最大时，B 层梁端弯矩和柱底端约束弯矩最大值分别是 28.6kN·m、25.3kN·m。而且建筑物框架结构及基础梁的弯矩会因两开挖面距离的不同而不同，该距离越远，弯矩的最大值越小，但是当开挖面距离超过一定值后，建筑物弯矩最大值基本不变。且先后掘进引起的建筑物梁、柱弯矩最大值明显小于同时掘进工况，但建筑物内弯矩最大值范围却大于同时掘进工况，这在施工和设计中值得注意。

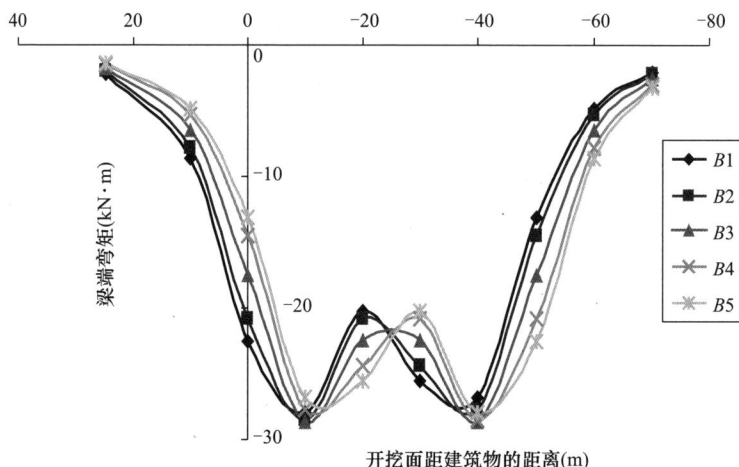

图 6-32　B 层梁端弯矩变化曲线 ($s_1 - s_2 = -30$)

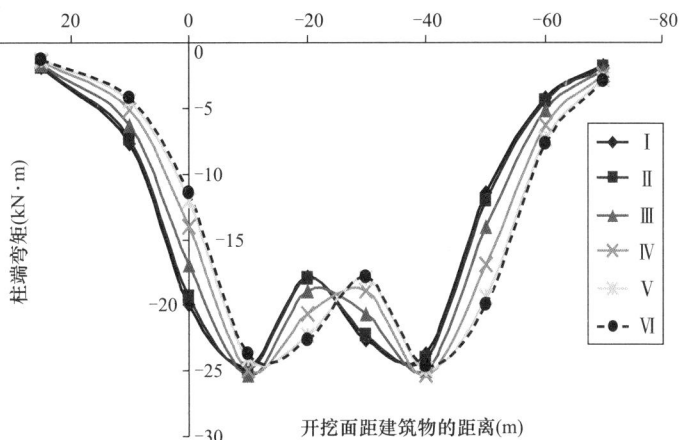

图 6-33 柱端弯矩变化曲线 $(s_1-s_2=-30)$

6.4 双圆盾构掘进对邻近浅基础框架建筑物影响研究

本节仍参考采动区协同作用模型方法研究双圆盾构隧道施工对邻近浅基础框架建筑物的影响，推导出条形基础建筑物地基、基础和框架结构物协同作用的力学模型及解析解，并研究隧道掘进区内建筑物纵向变形及内力变化规律。

6.4.1 共同作用力学模型的建立

（1）基本假设

建立如图 6-34 所示的两个坐标系统，地表下沉坐标系统为 $w_1(j)-O_1-j$，原点 O_1 建立在开挖面上方的地表处，横坐标 j 轴指向与双圆盾构机前进方向相同，纵坐标 $w_1(j)$ 为 j 点的地表下沉；建筑物下沉坐标系统为 $w(x)-O-x$，原点建立在建筑物的左端地表处，距 O_1 的距离为 j（开挖面未到达建筑物时 j 为正，开挖面穿越建筑物及离开后 j 为负值），横坐标 x 轴与 j 轴指向一致，建筑物内任意点 x 的下沉为 $w(x)$、对应的地表点下沉为 $w_1(j+x)$。

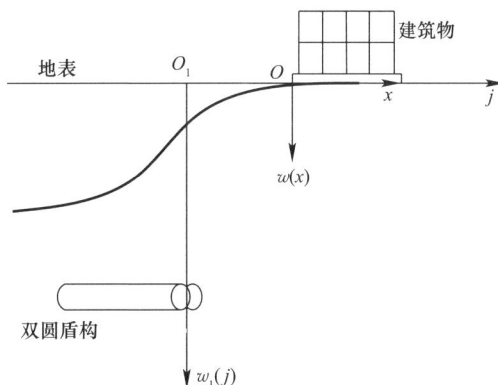

图 6-34 建筑物与地表下沉坐标系

对双圆盾构隧道轴线上方地基—条形基础—框架结构进行简化，将条形基础框架建筑物简化成为弹性地基上的剪弯梁，如图 6-22 所示。并假定隧道掘进过

119

程中上部建筑物的变形由地面沉降引起，且本节分析中暂不考虑浅基础与地基之间脱空的可能性。

1）地基模型

参见 6.2.1 中的 1）。

2）条形基础与框架结构共同作用模型

参见 6.3.1 中的 2）。

3）地面变形模型

双圆盾构施工引起的土体位移计算模型主要有等效大圆模型、双圆叠加模型以及随机介质不均匀收敛模型，应用最广泛的仍是双圆叠加模型。其计算结果比等效大圆模型更接近实测值，与随机介质不均匀收敛模型相比，误差也仅约为8.5%，且实际应用更为方便。且文献［105］的研究表明，土体损失在双圆盾构施工中引起的土体位移占主要影响因素。本节考虑到模型的复杂性，双圆盾构施工造成的地表沉降由土体损失造成，并可看成由两个相交的单圆盾构单独作用产生地面沉降的叠加得到[109]，如图 6-35所示。

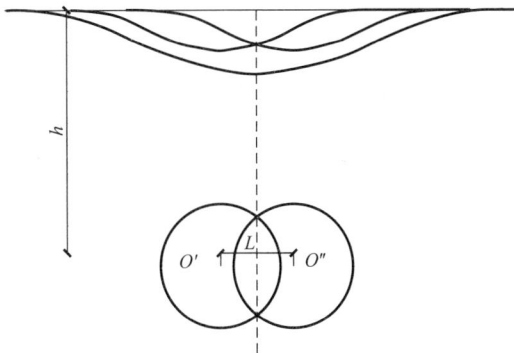

图 6-35 双圆叠加模型示意图

由 Sagaseta 计算理论可得双圆隧道轴线上方的纵向地面沉降计算公式为

$$w_1(x) = \frac{a^2 h}{(L/2)^2 + h^2}\left[1 - \frac{x}{\sqrt{x^2 + (L/2)^2 + h^2}}\right] \tag{6-10}$$

式中，x 为盾构掘进方向上离开挖面的水平距离；a 为土体点损失半径；h 为隧道埋深，以下同。

（2）协同作用模型

将式（6-1）、式（6-10）代入式（6-8）中得到弹性地基上剪弯梁的挠曲微分方程式

$$EJ\frac{d^4 w(x)}{dx^4} - (GF + g)\frac{d^2 w(x)}{dx^2} + kw(x)$$

$$= q + \frac{kha^2}{(L/2)^2 + h^2}\left[1 - \frac{j + x}{\sqrt{(j+x)^2 + (L/2)^2 + h^2}}\right] \tag{6-11}$$

式（6-11）即为双圆盾构隧道轴线上方建筑物地基—浅基础—框架结构共同作用的微分方程。

（3）其他

边界条件、微分方程的求解过程和建筑物弯矩的计算可参见 4.2.1 节。

6.4.2 计算条件

进一步对掘进区上方建筑物进行变形和受力分析。计算基本条件：建筑物为钢筋混凝土框架结构，采用 C30 混凝土浇筑。地上 4 层，每层高 3.6m（包括板厚），在沿盾构隧道掘进方向上为 5 开间，间距为 4m。柱子尺寸 300mm×300mm，梁尺寸为 300mm×550mm，楼板厚度 100mm。基础为条形基础，截面尺寸为 1000mm×800mm。钢筋混凝土的弹性模量取 30000MPa，地基基床系数取 5000kN/m³，建筑物竖向荷载取 200kN/m²。双圆盾构机切削面呈眼镜型，断面尺寸为 Φ6.52m×W11.12m（外径×宽度），双线中心间距 4600mm，隧道轴线埋深 9.1m，土体损失率为 2%。

为了表达清晰，把建筑物横向各开间命名为 1、2、3、4、5，各柱子命名为 Ⅰ、Ⅱ、Ⅲ、Ⅳ、Ⅴ、Ⅵ，纵向楼层命名为 A、B、C、D，见图 6-23。

6.4.3 实例计算分析

（1）建筑物变形及内力变化分析

采用 1stopt 软件进行编程计算，得到双圆盾构掘进区建筑物的下沉曲线、梁柱及基础内力变化等曲线。如图 6-36 所示，当双圆盾构机未到达建筑物处时，即 $j>20m$ 时，由于结构本身荷载作用建筑物已产生一定程度的沉降，其沉降大小与地基性质及建筑物荷载等参数有关，这在双圆盾构施工中应引起重视。当盾构机逐渐靠近建筑物时，建筑物的沉降为整体向一侧倾斜，这与文献［110］的有限元模拟结果较为相符。且建筑物从左端到右端下沉值变化是均匀的，距离盾构机较近处先开始产生沉降，当盾构开挖面在建筑物下方 10m 处时，建筑物首尾沉降差最大。本例中，建筑物的附加沉降和其本身沉降值相当，说明双圆盾构施工引起了建筑物较大的二次变形。

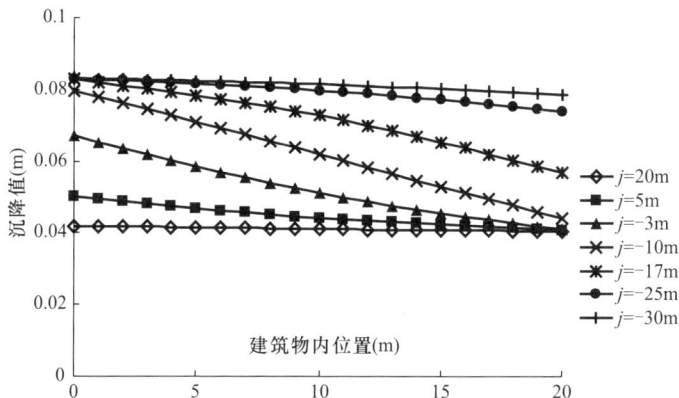

图 6-36 框架建筑物变形图

建筑物浅基础任意截面的附加弯矩和剪力在受盾构机掘进影响过程中变化值较大，如图 6-37（a）、（b）所示。当盾构掘进导致周边土体产生位移时，基础内附加弯矩和剪力也将开始产生，当开挖面到达建筑物大概 1/5、4/5 位置正下方（建筑物位于地表下沉曲线最大负、正曲率）时，基础中部弯矩值最大，为103.34kN·m，弯矩的分布呈近似对称的凹或凸形曲线；当开挖面位于两者之间位置时，建筑物基础同时出现正负弯矩；当开挖面在建筑物中部时，最大正负弯矩值相同，为±32.50kN·m，分别出现于建筑物 3/4、1/4 位置附近，弯矩分布呈反对称，而出现正负弯矩是因为建筑物长度大，加上盾构机掘进时的影响范围相对较小（约 50m），导致建筑物左右侧的倾斜情况不一样，出现了正负曲率；最后当建筑物沉降稳定时，基础的附加弯矩值也趋近于零。

无论开挖面在哪个位置，基础始终存在正负剪力，这也是由于建筑物本身存在初始沉降的缘故。当开挖面到达建筑物大概 1/5 处，基础的 1/4 位置附近产生最大正剪力，为 16.93kN，3/4 位置附近产生最大负剪力，为−14.95kN，中部剪力为零，剪力分布呈近似反对称；当开挖面到达建筑物大概 4/5 处，刚好相反；当开挖面到达建筑物中部时，基础中部的剪力最大，剪力分布呈近似对称。这表明采取措施加强建筑物中部的刚度可以达到保护建筑物的效果。

图 6-37（c）、（d）是梁的跨中剪力和梁端弯矩随双圆盾构掘进的变化曲线。可以看出框架建筑物各层梁剪力和弯矩随着开挖面的靠近逐渐增大，且 C 层梁每一开间最大内力值也并不相同。当盾构机开挖面到达该梁正下方附近时，剪力和弯矩达到最大值，之后弯矩和剪力又逐渐减小，整个曲线呈近似对称。C 层梁梁端的最大弯矩接近基础梁的最大弯矩，但跨中最大剪力则要大于基础梁的最大剪力，这表明在掘进区框架梁的受力要大于浅基础梁的受力，这在施工和设计中要引起重视。

图 6-37（e）表明底层柱对基础的约束弯矩规律与框架梁的内力变化图较为一致，但最大弯矩值更大，且每根柱对基础的约束弯矩都要大于 C 层梁的梁端弯矩，这表明在掘进时柱与基础连接处也更易遭受破坏。另外建筑物上部框架结构的梁柱内力主要由建筑物的倾斜决定，倾斜率越大，梁的跨中剪力、梁端弯矩和底层柱对基础的约束弯矩也自然越大。因此在双圆盾构施工过程中，需加强对建筑物首尾沉降差及倾斜率的监测，更好的控制盾构掘进对邻近浅基础框架结构物内力的影响。

（2）埋深及土体损失率对建筑物内力的影响

盾构掘进区内建筑物变形及内力变化受较多因素影响，如建筑物结构形式、隧道埋深以及盾构施工工艺等[71]。参考已有相关研究成果［111］，本节只对影响较大的因素如埋深和土体损失率进行比较分析。由图 6-37 可知，底层柱对浅基础约束而产生的等效剪力、柱脚约束弯矩与梁的跨中剪力的变化规律是一致的，因此将梁的跨中剪力作为研究对象，这里取第 2 开间 C 层梁研究，其他计算条件如上文框架建筑物案例。

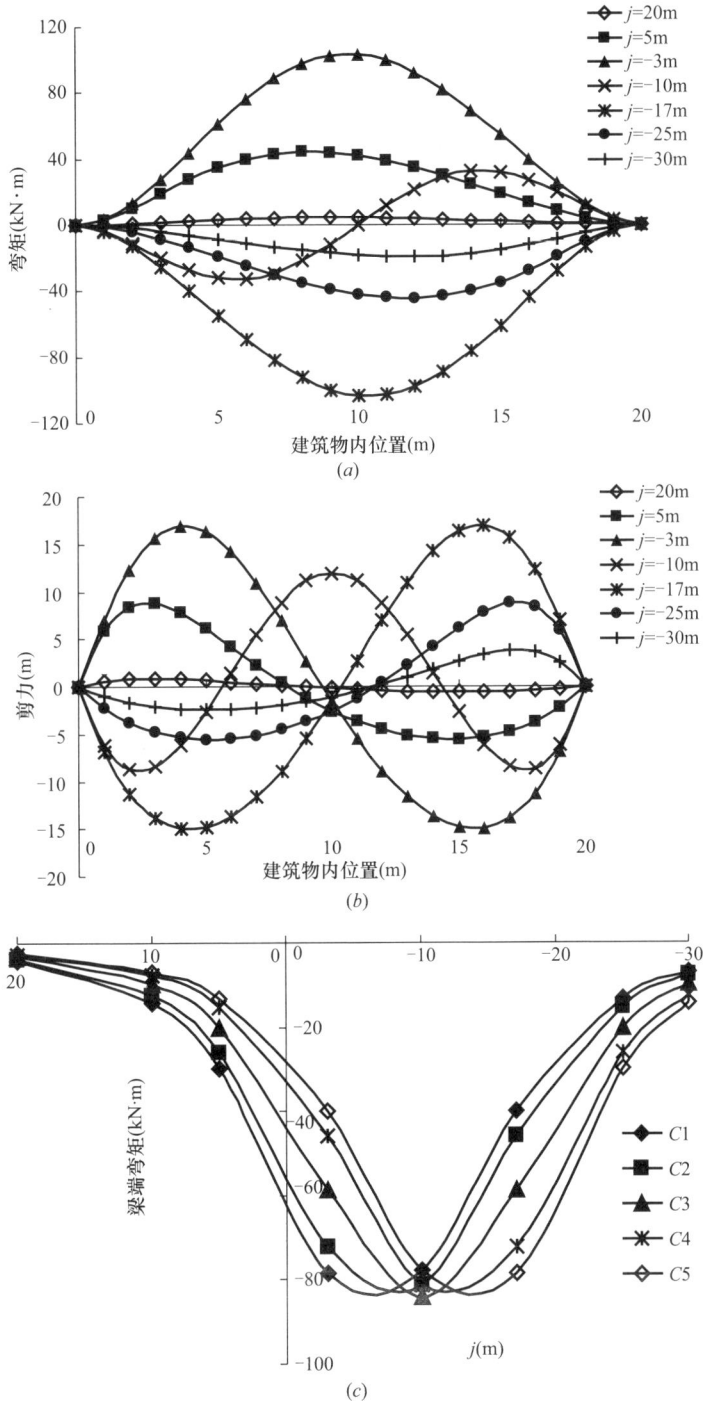

图 6-37 框架建筑物内力变化图（一）

(a) 条形基础的附加弯矩；(b) 条形基础的附加剪力；(c) C 层梁端弯矩

(d)

(e)

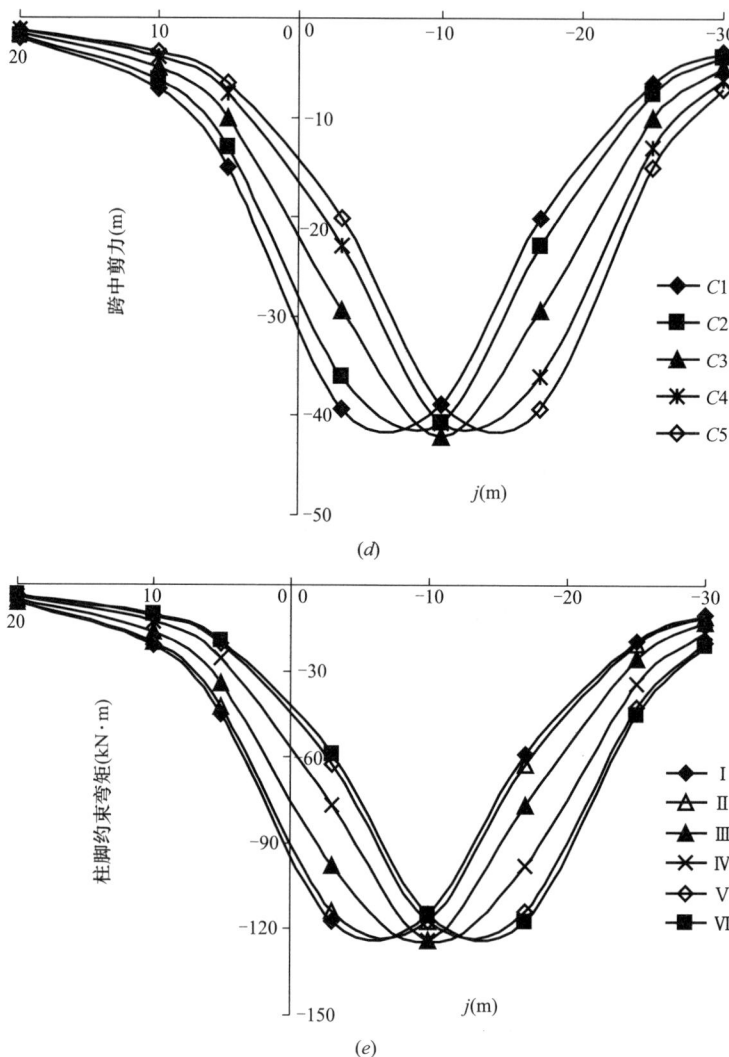

图 6-37　框架建筑物内力变化图（二）

(d) C 层梁的跨中剪力；(e) 底层柱底部与条形基础的约束而产生的柱脚约束弯矩

1）隧道轴线埋深的影响

隧道轴线埋深分别取 4m、8m、12m、16m，其他计算条件不变，计算结果如图 6-38 所示。当盾构机位于建筑物下方时，C 层梁的跨中剪力随着开挖面的靠近而增大，当开挖面到达梁的正下方附近时，剪力最大，之后剪力逐渐减小；隧道埋深越小，最大剪力值越大，且随着埋深的减小，其增大的量越大。但在双圆盾构机还未到达建筑物时，如距离大于 10m 时，反而是埋深越小情况下剪力也越小。可见，若是对建筑物下方地基进行加固时，应考虑隧道的掘进范围和埋深大小。若盾构隧道要穿越重要建筑物时，设计时合理增大隧道的埋深可以达到保护建筑物的效果。

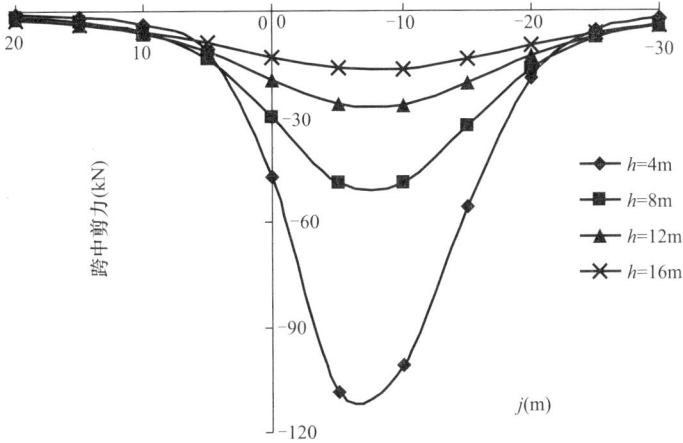

图 6-38　埋深不同时梁跨中剪力变化曲线

2）土体损失率的影响

文献［112］收集了国内多个盾构法隧道施工工程，并分析了土体损失率实测数据，得到软土地区盾构施工土体损失率均在 $0.20\%\sim3.01\%$。据此本节土体损失率取了 0.5%、1%、1.5%、2%、2.5%、3%，其他计算条件不变，结果见图 6-39。可见，土体损失率越大，建筑物 C 层梁最大剪力也越大，这是因为随着土体损失率的增大，地面沉降量增大，建筑物附加内力也随之增大。且由计算结果分析得 C 层梁跨中最大剪力与土体损失率成较好的线性关系。

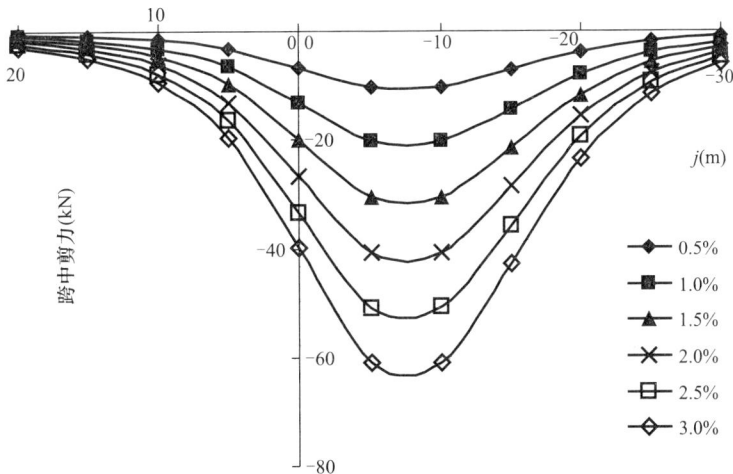

图 6-39　土体损失率不同时梁跨中剪力变化曲线

因此，本节认为在双圆盾构掘进区，需有效降低土体损失率进而控制建筑物的二次变形。且文献［113］研究表明，在软土地层中，盾尾注浆是控制双圆盾构施工引起的地层沉降的关键因素。因而合理控制双圆盾尾注浆对减少建筑物变形显得尤为重要。首先，须严格控制双圆盾尾壁后注浆，双液注浆的初凝时间可控制在 8～12s，注浆量保证在理论盾尾空隙的 150%～180%。同时加强二次注浆及跟踪注浆，确保衬砌管片与土体间隙的密实性[114]。

6.5　建筑物变形控制标准研究

盾构隧道施工引起周围土体变形，造成邻近建筑物移动变形而产生了附加应力，这些附加应力的出现是地表建筑物实时变形及破坏的一个重要因素。由于这些不利因素不可避免，工程上只能更好利用监测系统，配合抢修加固工作同步进行补救，特别是对于一些处于盾构隧道建设线路之上的重要建筑，更是重点保护对象。本节以 6.2 节的协同作用力学模型为研究对象，参考盾构掘进引起的实测变形值，结合邻近建筑物沉降变形安全评判标准，提出适合评判建筑物安全的评估理论，旨在为今后的类似双线平行盾构隧道邻近浅基础建筑物掘进工程项目提供参考。

6.5.1　建筑物损坏风险评估

（1）建筑损坏定义

根据 Skempton 等[115]及其他学者的研究，一般可将建筑物的损坏大致地分为如下三类：

1）建筑性损坏。建筑性损坏主要是构件外观上的损坏，例如墙板、楼地面及建筑饰面上的裂缝等。粉刷墙上宽度大于 0.5mm 的裂缝和砌体墙及毛面混凝土墙上宽度大于 1.0mm 的裂缝一般被认为是建筑物住户所能观察到的裂缝的极限大小。

2）功能性损坏。功能性损坏主要是结构或构件引起使用功能上的障碍，例如门窗不能开启、墙体或楼面倾斜、煤气管线或水管的弯曲与破裂、饰面的开裂与剥落等。功能性损坏一般不需结构性修复。

3）结构性损坏。结构性损坏往往会影响到结构的稳定性，这类损坏包括建筑物主要受力构件如梁、柱、楼板、承重墙等的开裂和严重变形。Burland[116]在前人有关研究的基础上，根据砌体墙体最大裂缝可修复的难易程度，给出了一个建筑物损坏级别的分类标准。

表 6-1 详细说明了各种损坏程度的分类等级及其描述[117]。

损坏程度等级及描述表 表 6-1

类别	损坏程度	损坏情形描述（下划线部分表示可修复的难易程度）
0	可忽略	毛细裂缝，裂缝宽度小于 0.1mm
1	极轻微	微细的裂缝通过一般的装修就可轻易地处理。损坏一般仅限于内墙的饰面。砌砖或砂浆上可近距离检出裂缝。典型的裂缝宽度可达 1mm
2	轻微	裂缝可轻易地填补，可能需要重新装修。经常发生之裂缝可用合适的衬料掩饰。建筑物外表面有明显的裂缝并需勾缝以防透风漏水。门窗开启稍受影响。典型裂缝宽度可达 5mm
3	中度	裂缝需修补。外砖墙须重勾缝，可能有小部分砖墙需拆换。门窗卡住。管线有可能断裂。防透风漏水性能减弱。典型裂缝宽度可达 5～15mm，或有数条宽度大于 3mm 的裂缝
4	严重	需大规模修补建筑物，包括拆除或替换部分墙壁（尤其是门窗上方的墙）。门窗框扭曲，楼板明显倾斜。墙体倾斜或明显鼓出，梁的承载力受损。管线断裂。典型裂缝宽度可达 15～25mm（亦与裂缝数量有关）
5	极严重	建筑物需部分或全部重建。梁丧失承载力，墙体严重倾斜并需支撑。窗户因扭曲而破坏。结构体有不稳定的危险。典型裂缝宽度大于 25mm（亦与裂缝数量有关）

其中：

1）表 6-1 主要依据裂缝修补的难易程度来评估建筑物损坏的等级。

2）裂缝宽度并非评估的唯一标准，应一并考虑裂缝的位置及数量等。

3）局部水平或竖直方向偏离的斜率超过 1/100 将可以很清楚地观察到，整体偏离斜率超过 1/150 将引起视觉上的不安。

（2）建筑损坏风险评估

同样使用上述模型进行计算分析，参考文献［57］、［117］及［118］，给出如下 3 个标准进行建筑物安全风险等级判定，并根据各个不同的标准进行验算，可得到不同的建筑物损坏等级。控制标准的控制量设定均有所不同，如有的考虑建筑物本身既有沉降问题，将控制标准设置为已有的沉降总量，有的则只考虑建筑物沉降增量。

同时采用两种标准进行沉降控制，应取其达到警戒值时判断建筑物的危险状态，是最为保守安全的。但最终还是得结合实际建筑物的情况，分析最为合理的标准。在之前模型中，为了得到可靠的各项分析数据，盾构的掘进动态过程被细分，数据较多，对于本节研究，为了简便计算和得到最明显的结论，将取前面各个计算中最大的沉降情况进行分析研究。

1）建筑物沉降增量计算

沉降增量：即为盾构驶过的先后某点发生的沉降的差值。

2）建筑物附加斜率计算

建筑物既有斜率：

$$k_{ab} = \tan\varphi = \frac{h_a - h_b}{l} \tag{6-12}$$

盾构推进时斜率：

$$k'_{ab} = \tan\varphi' = \frac{h'_a - h'_b}{l} \tag{6-13}$$

附加斜率：

$$k''_{ab} = \tan\varphi'' = \frac{(h'_a - h_a) - (h'_b - h_b)}{l} \tag{6-14}$$

根据附加斜率公式，建筑物在掘进纵线方向上有更大的长度，或是建筑物整体刚度越高，建筑物倾斜导致的破坏威胁则越来越小。

若是建筑物本身有一定的倾斜，且盾构穿过的方向正是对此倾斜有一定的加剧作用，以至于在盾构穿越过程中可能达到某个状态时间点时，建筑物达到0.2%或是更为大的倾斜率，将会对建筑物造成不同程度的破坏，此时有必要对地上建筑采取保护加固措施。相反，若盾构施工对地表建筑物造成的倾斜问题与该建筑物原有倾斜呈相互抵消的趋势，那么在一定范围之内，施工所带来的沉降问题将会弱化原来建筑物的危险状态，对建筑物的安全性是相对有利的。但是，若施工带来的倾斜问题过于严重则会造成反向倾斜，有可能依然会对建筑物造成较大的威胁。

6.5.2 建筑物沉降控制标准

（1）基于最大斜率和沉降典型值的建筑损坏风险评估

参考文献［117］标准对一般性建筑物的沉降典型值、建筑物最大斜率与损坏程度进行风险评估，见表6-2。

最大斜率与最大沉降的建筑损坏风险评估 表6-2

风险等级	建筑最大斜率	建筑最大沉降（mm）	风险描述
1	<1/500	<10	可忽略的风险：不太可能有表面损坏
2	1/500~1/200	10~50	轻微的风险：不影响重要结构的可能的表面损坏
3	1/200~1/50	50~75	中等的风险：预料到的表面损坏和可能的结构损坏，可能造成刚性管道损坏
4	>1/50	>75	高度的风险：预料到的建筑结构损坏。刚性管道破坏，可能的其他管道的破坏

在本模型中，双线盾构同时掘进沉降发生的最快且最剧烈，因此取同时掘进作为计算条件。该工况下，原建筑物倾斜接近0，所以不考虑原有倾斜，而各点原有沉降基本为−40.86mm，各点最终沉降基本为−82.8mm。通过计算可知最大沉降差值为41.24mm，整个掘进过程中，最大倾斜达到0.202%。

依据表 6-2 的数据，可以看出在施工前，建筑物本身就存在一定的沉降，建筑物没有倾斜，施工后造成的沉降差最大达 41.24mm，建筑物最大倾斜达 0.202%，为风险等级 2，有轻微风险。因此，出于对建筑物的安全及历史建筑物的保护考虑，本身建筑物在施工前就应做好加固和修缮保护工作。

（2）根据变形量与建筑物整体转动量对建筑物的控制标准

Burland 和 Wroth 给出了建筑物各种变形变量的定义，并得到了相关研究的广泛认可，见图 6-40[117]。

1）沉降、差异沉降与转角

图 6-40（a）中的 ρ_i 为第 i 点向下的位移，即沉降值；而 ρ_{hi} 为第 i 点向上的位移，即上抬值。δ_{ij} 为第 i 点和第 j 点之间的差异沉降。转角 θ_{ij} 为第 i 点和第 j 点之间的差异沉降 δ_{ij} 与这两点之间的距离 L_{ij} 的比值，用来描述沉降曲线的坡度。

2）凹陷变形、上拱变形、相对挠度、挠度比

如图 6-40（b）所示，建筑物的变形有凹陷和上拱两种模式，其中凹陷意味着建筑物沉降剖面曲线上凹，而上拱意味着建筑物沉降剖面曲线下凹，图中的 D 点为凹陷和上拱变形的分界点。相对挠度 Δ 为建筑物沉降剖面曲线与两参考点连线之间的最大距离。挠度比为相对挠度 Δ 与两参考点之间距离的比值，即为 Δ/L。挠度比可用来近似地衡量沉降曲线的曲率，它一般与弯曲引起的变形相关。

3）刚体转动量和角变量

如图 6-40（c）所示，整个结构的刚体转动量用 ω 表示。建筑物发生刚体转动时并不会引起建筑物构件的扭曲变形，因此建筑物的梁、柱、墙及基础等不会发生开裂破坏，计算上，刚体转动量用 ω 取值可简化为整个建筑物平均的角变量。角变量 β 为图 6-40（a）所示的转角 θ 与刚体转动量 ω 的差值，它用来衡量由剪切引起的变形。

4）水平位移与水平应变

如图 6-40（d）所示，ρ_{li} 为第 i 点的水平位移。水平应变 ε_l 为第 i 点和第 j 点之间的水平位移之差与这两点之间距离的比值，它是第 i 点和第 j 点之间的一个平均应变。

需要指出的是，上述有关变量的定义适用于平面内的情况，描述建筑物的三维变形行为时尚应考虑扭转，上述有关变量中与建筑物的扭曲变形或开裂直接相关的是差异沉降量、角变量、相对挠度（或挠度比）及水平应变。

对建筑物的损坏判定标准依据角变量 β，可得：

$$\beta_{ij} = \theta_{ij} - \omega = \frac{\delta_{ij}}{L_{ij}} - \omega \tag{6-15}$$

其中，ω 为建筑物刚体转动量，$\omega = \dfrac{\sum \theta_{ij}}{L}$。

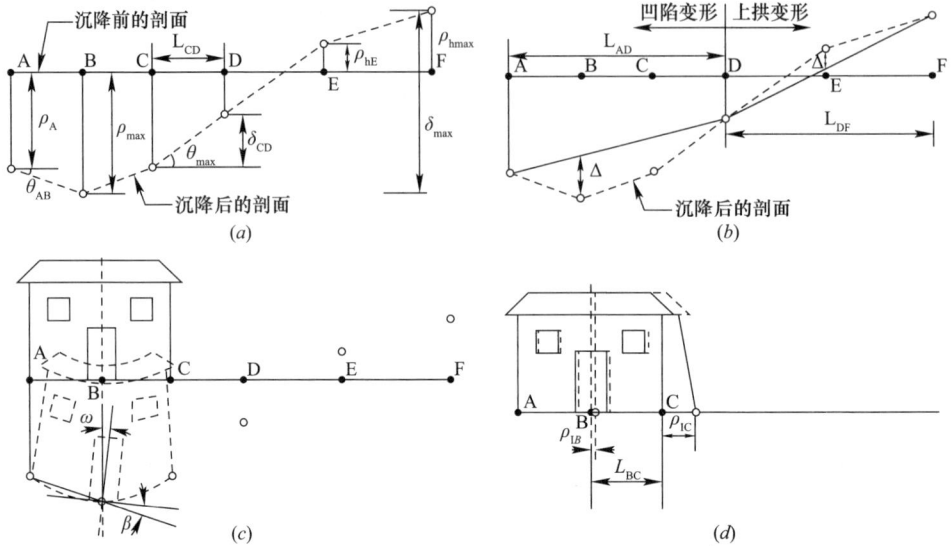

图 6-40　建筑物各参数示意图

(a) 某点的沉降 ρ，差异沉降 δ，倾角 θ；(b) 凹陷与上拱变形，相对挠度 Δ，挠度比 Δ/L；

(c) 刚体转动量 ω，角变量 β；(d) 水平位移 ρ_1，水平应变 ε_1

以 6.2 节模型为计算对象，S_1 为先挖掘盾构距离建筑物的距离，模型的沉降在建筑物内 0～20m 内，每 1m 为一个计算点，将建筑物 0～20m 按 1m 的间距划分为 19 个区间，相邻 2 点计算差异沉降、转角。

1）如区间 0 即建筑物内 0～1m 区间，试计算：如在同步掘进条件下，$S_1 = -10m$ 建筑物内 0～1m 区间的角变量计算：

$$\theta = 0.00136/1 = 0.00136, \omega = \frac{\sum \theta}{L} = \frac{0.019656}{20} = 0.0009828, \beta = \theta - \frac{\sum \theta}{L} 00.00136$$

可知，重复计算角变量工作量大，为了达到分析目的，可在完成角变量计算后，取各个情况下最大的值作为代表值分析建筑物的破坏特性。

最大角变量：

$$\beta_{\max} = \theta_{\max} - \omega \tag{6-16}$$

2）角变量计算、分析：

取盾构间距为 0、1D、3D、5D 为计算对象，取 S_1 距离为：0m、-5m、-10m、-15m、-20m，计算结果如图 6-41～图 6-46 所示。

在开挖面刚到达建筑物左端和离开建筑物右端两个时间段，盾构开挖面正上方的建筑物计算点角变量出现最大值，表明此处建筑物发生了明显的小区域倾斜，如盾构机到达时（$S_1 = 0$），在第 0 区间（建筑物内 0～1m）倾斜发生最厉害，角变量向右减少，表明向右的各个小区间的倾斜越来越小，在第 10 区间

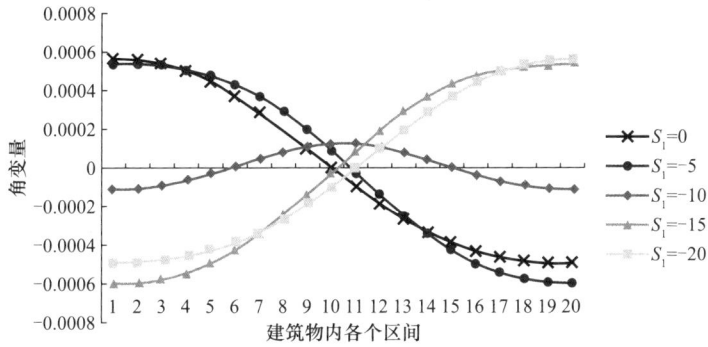

图 6-41　同步掘进下建筑物各区间角变量示意图

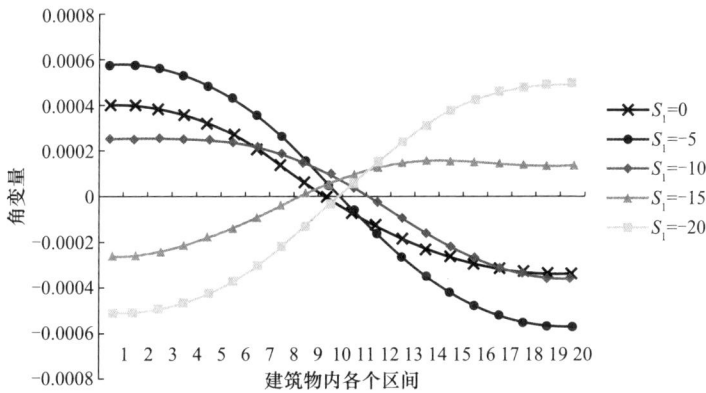

图 6-42　前后相距 1D 掘进的建筑物各区间角变量示意图

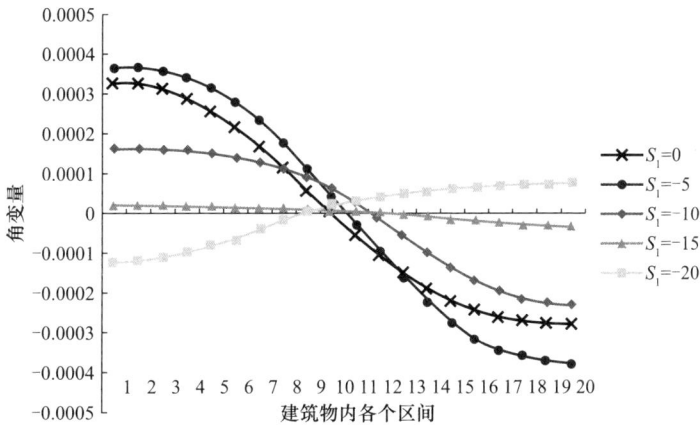

图 6-43　前后相距 2D 掘进的建筑物各区间角变量示意图

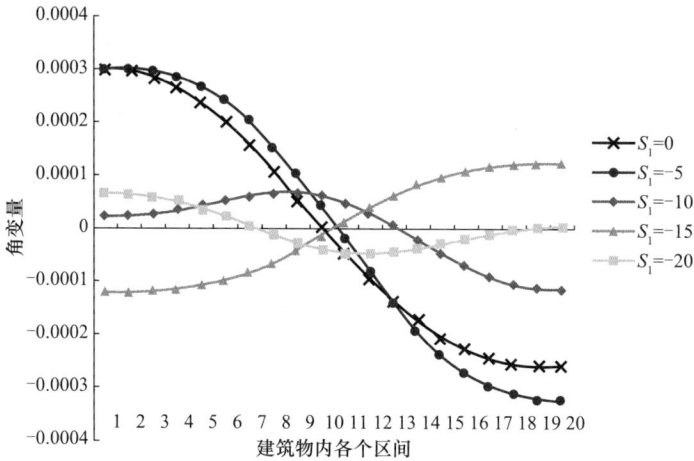

图 6-44　前后相距 $3D$ 掘进的建筑物各区间角变量示意图

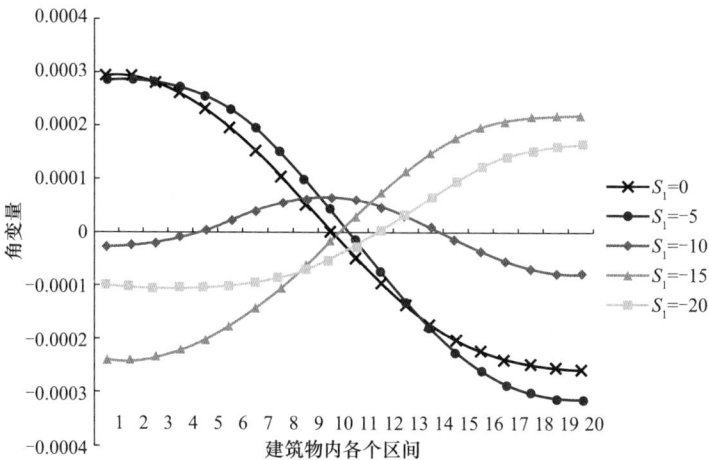

图 6-45　前后相距 $4D$ 掘进的建筑物各区间角变量示意图

（建筑物内 $10\sim11\mathrm{m}$）接近 0，说明此处建筑物平稳，右端呈现反向倾斜状态。盾构达到建筑物四分之一（$S_1=-5\mathrm{m}$），角变量仍接近刚到达时，建筑物的局部区域倾斜变化严重，整体倾斜不一。盾构达到建筑物二分之一处（$S_1=-10\mathrm{m}$），由于建筑物已整体倾斜，所以每个区域中的局部倾斜值与整体倾斜值基本相同，曲线附着在 x 轴附近。盾构挖掘的后半段中，角变量曲线呈对称。

　　比较图 6-41～图 6-46 中的纵轴，发现最大角变量值呈明显下降趋势，说明了双线盾构中两台盾构机的间距与建筑物局部的倾斜关系。因此，为了保证建筑物的安全，其倾斜控制要求更高，双线盾构间距离必须取更大值。

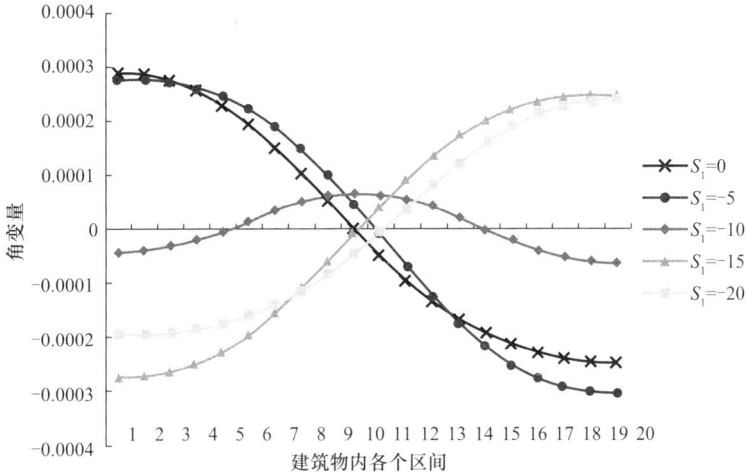

图 6-46 前后相距 5D 掘进的建筑物各区间角变量示意图

3）最终得到不同工况下最大角变量

同步推进时最大的角变量为 $\beta_{\max 0} = 0.0565\%$；前后掘进相距 1D 时，$\beta_{\max 1} = 0.0575\%$；前后掘进相距 2D 时，$\beta_{\max 2} = 0.0364\%$；前后掘进相距 3D 时，$\beta_{\max 3} = 0.0301\%$；前后掘进相距 4D 时，$\beta_{\max 4} = 0.0290\%$；前后掘进相距 5D 时，$\beta_{\max 5} = 0.0287\%$。

（3）利用安全控制标准分析建筑物

建筑物由于沉降引起的开裂与许多因素有关，包括地基土的力学性质、基础的形式、结构的材料、结构的类型与体量、结构所受荷载的分布与大小、沉降的均匀性与速率等。由于影响因素众多，建筑物因沉降而受损的机理变得非常复杂，也就难以采用理论分析法来求得建筑物的容许沉降量。因此，目前关于建筑物容许沉降量的有关标准都是建立在已有建筑物现场沉降及损坏现象观测的基础之上。

建筑物因自重作用主要产生沉降，其水平向位移很小而可以忽略，故这种情况下建筑物的破坏主要与角变量及挠度比相关联。早期的一些学者如 Terzaghi 等[119]、Polshin 等[120] 依据观测资料给出了建筑物损坏与角变量之间的一些关系。Bjerrum[121] 在前人研究的基础上，结合已有关观测资料，总结了建筑物损坏与角变量之间的关系如表 6-3 所示。

后来的一些学者如 Burland 等[122]、Grant 等[123]、Boscardin 等[124] 也陆续进行了建筑物容许沉降量的研究，但所得到的结果基本与表 6-3 的值相差不大。表 6-3 适用于坐落于任何土层的钢筋混凝土框架结构和砖混结构，也适合于独立基础或筏板基础的建筑物[125]。

角变量与建筑损坏程度的关系　　　　　　　　　表 6-3

角变量 β	建筑物损坏程度
1/750	对沉降敏感的机器的操作发生困难
1/600	对具有斜撑的框架结构发生危险
1/500	对不容许裂缝发生的建筑的安全限度
1/300	间隔墙开始发生裂缝
1/300	吊车的操作发生困难
1/250	刚性的高层建筑物开始有明显的倾斜
1/150	间隔墙及砖墙有相当多的裂缝
1/150	可挠性砖墙的安全限度（墙体高宽比 $L/H>4$）
1/150	建筑物产生结构性破坏

根据计算得的最大角变量 $\beta_{max}=0.0575\%<1/750$，可知在 6.2 节所述的双线盾构施工过程中，该实例所发生的沉降问题并没有给邻近建筑物造成较大的影响。可见，本方法相比考虑最大斜率（转角）的安全控制标准，控制角变量的标准因其将建筑物分成较小区间考虑倾斜，并结合建筑本身的刚体转动量，更符合实际情况，值得在以后盾构工程建设中推广使用。

6.6　本章小结

本书借助双线平行盾构、双圆盾构隧道上方建筑物地基、浅基础和建筑物协同作用模型，分析掘进区建筑物沉降及内力变化规律，得到以下结论：

（1）双线平行盾构隧道对浅基础框架建筑物影响表明，弯矩随着开挖面的靠近逐渐增大，开挖面到达该建筑物正下方附近时，弯矩达到最大值，之后又逐渐减小，整个曲线呈近似对称。建筑物上部框架结构的梁柱弯矩主要由建筑物的倾斜决定，倾斜率越大，梁端弯矩和底层柱对基础的约束弯矩也自然越大。因此在施工过程中，需加强对建筑物首尾沉降差及倾斜率的监测，以便更好地控制双线平行盾构掘进对邻近浅基础框架建筑物弯矩的影响。双线平行盾构先后掘进相比同时掘进，建筑物的倾斜更小，沉降变化更加缓和，框架结构及基础梁的弯矩更小，并随着先后掘进开挖面距离的变大，但最大值明显小于同时掘进的工况。

（2）双圆盾构隧道掘进对邻近浅基础框架建筑物影响较大，建筑物呈现整体倾斜。随着盾构机的掘进，左端到右端的下沉变化趋势较为一致。当盾构机开挖面到达建筑物梁正下方附近时，梁的弯矩和剪力达到最大值，之后弯矩和剪力又逐渐减小，整个曲线呈近似对称。而且在施工过程中，需加强对建筑物首尾沉降差及倾斜率的监测，可更好的控制盾构掘进对邻近浅基础框架结构物内力的影响。影响双圆盾构掘进区内框架建筑物变形的因素较多，其中隧道埋深及土体损失率对建筑物影响尤为明显，且隧道埋深越小，土体损失率越大，隧道正上方建筑物附加变形和内力越大。研究表明若无法改变隧道埋深，须合理控制盾构施工工艺，如严格控制双圆盾尾壁后注浆等。

（3）本章研究的建筑物变形控制标准采用控制沉降、控制斜率以及角变量等因素。相比考虑最大斜率（转角）的安全控制标准，控制角变量的标准因其将建筑物分成小区间考虑倾斜，并结合建筑本身的刚体转动量，在理论上更为细致，且符合实际情况。但在实际工程中，建筑物与本模型的理想化设置不尽相同，而且既有建筑内部的不均匀沉降已经发生，因而在盾构施工的动态化过程中，若施工扰动过大引起建筑物内部不均匀沉降加剧，则会威胁到建筑物的结构安全，甚至是进入危险状态。

第 7 章　邻近建筑物盾构掘进引起的地表横向沉降预测

7.1　引言

　　盾构掘进引起的土体位移和结构物变形问题在我国城市地铁建设中已是一个被普遍关注的问题，其中土体横向变形预测最广泛的仍然是 peck 公式。Peck[9] 通过对隧道施工之后的地表沉降槽的长期观察，并分析了大量的实测数据，提出了在隧道施工时间段地表横向沉降槽呈正态的分布规律，但该公式并没有考虑建筑物的存在。大部分学者在对隧道-建筑物-土体相互影响研究中，仍然在用 peck 计算公式进行对比分析[62、63]。Ding 认为忽略了建筑物本身的自重会导致盾构隧道掘进引起的沉降槽宽度发生明显改变[60]。且在实际工程中，由于建筑物的结构刚度的作用，使建筑物的变形曲线与天然地基情况完全不同，如图 7-1 所示。

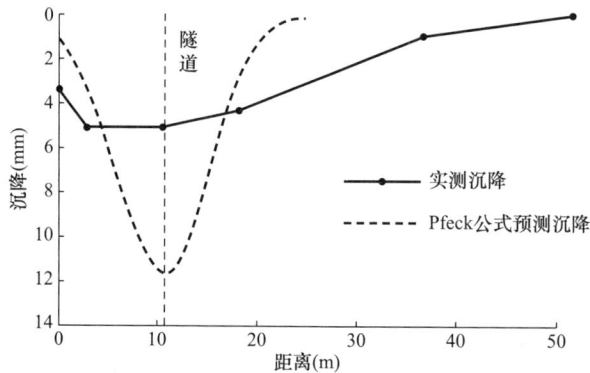

图 7-1　伦敦 Mansion 大厦的变形预测和实测沉降曲线[126]（Frischmann，1994）

　　由图 7-1 可见，建筑物的变形曲线与 peck 计算公式曲线有明显不同，且不呈正态分布。基于此，我国学者韩煊[127] 对 peck 公式进行了改进，提出采用基于沉降槽宽度的高斯曲线去拟合实测沉降曲线，但他在拟合过程中采用了较大的沉降槽宽度参数值，远大于伦敦黏土中沉降槽宽度参数建议值。本书认为其并没有发现邻近建筑物隧道施工引起的沉降曲线可呈偏态分布，因此这样取值便不能准确地反映出隧道施工引起地面沉降的规律。

同时，当隧道从建筑物正下方穿过时，沉降曲线与 peck 公式预测曲线也有很大的不同。沉降曲线不呈正态分布的漏斗形，而是对称分布的瓶塞型曲线。例如，Potts 等[128]采用平面有限元法进行数值分析提出了"相对刚度法"，在刚度为零的情况下，沉降曲线呈正态分布，而当刚度增加时，曲线则呈"塞形曲线"（图 7-2）。王涛[129]建立了三维有限元模型，所得到的地表沉降图如图 7-3 所示，当隧道在建筑物正下方通过时，其地表沉降并不成正态分布，同样是呈"塞形曲线"分布。不仅建筑物的刚度约束土体位移的大小，隧道与建筑物的距离对沉降曲线分布也有影响。隧道开挖对土体位移具有一定的影响范围，如图 7-4 所示，超过一定范围，土体位移较小。

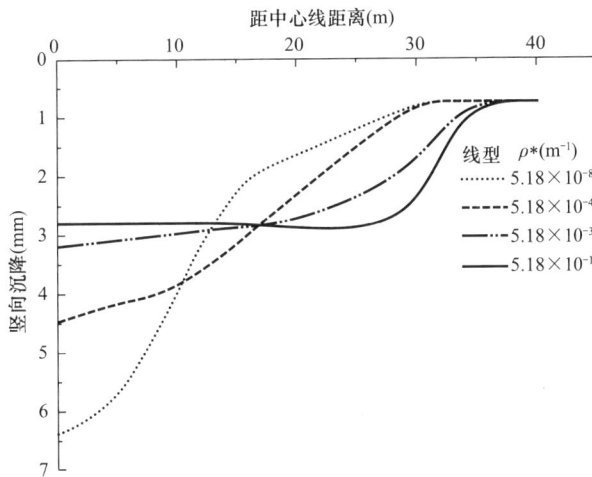

图 7-2　不同结构相对抗弯刚度下沉降曲线

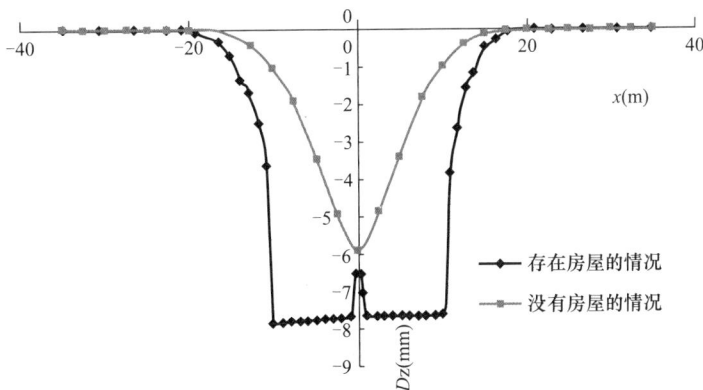

图 7-3　隧道穿过正下方建筑物地表沉降图

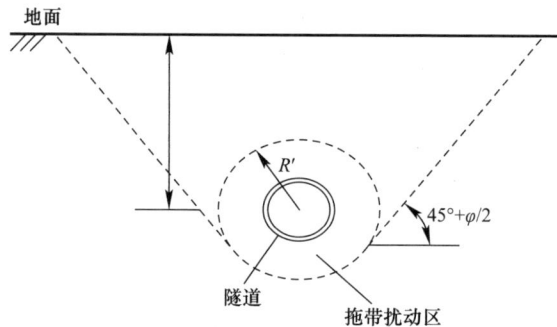

图 7-4　盾构施工扰动区示意图[130]

可见，现有的研究对邻近建筑物地铁隧道掘进引起的地表横向沉降分布规律研究偏少，现有预测沉降经验公式"Peck 公式"并没有考虑到建筑物及其刚度的存在，也没有考虑建筑物对沉降分布曲线的影响。本章依据本人前期数值研究成果，分析了邻近建筑物盾构隧道施工引起的土体位移规律，提出了隧道在建筑物正下方、扰动范围内以及扰动范围外三种工况下施工时，地表沉降分别呈"塞形分布曲线"、"偏态分布曲线"和"正态分布曲线"特征，并给出了塞形分布曲线计算公式和偏态分布曲线计算公式及相关参数。并通过建立建筑物弯曲和倾斜变形控制的地表容许沉降和容许土体损失率，考虑到了建筑物结构类型和基础类型的不同，利用 Delphi7.0 可视化开发工具，在数值模型研究成果的基础上利用 Delphi 软件动态数据绑定技术，系统采用 Access 作为数据库，编制了可视化软件"邻近建筑物地铁盾构隧道施工影响系统"，来判断盾构隧道掘进引起的横向沉降槽是否对邻近建筑物产生损坏，进而确定建筑物的损坏程度。

7.2　前期数值研究成果

7.2.1　模型建立

在前期研究中，采用二维有限元法对邻近建筑物工况的盾构隧道施工进行了数值模拟，采用梁柱体系模拟建筑物，并考虑了建筑物基础形式的不同，对盾构掘进引起的横向地面沉降进行了研究[131]。在实际施工中，隧道与地面建筑物的相互影响是一个非常复杂的三维问题。但考虑到地面建筑物及隧道的走向方向基本一致，且在纵向上都比较长，可将其简化为平面应变问题考虑，并以垂直于其走向的断面作为计算剖面[132]，二维模型也能得到较好解答[133]。模型土质参数见表 7-1，网格划分及建筑物、衬砌参数见文献 [131]，建筑物类型及与隧道的尺寸如图 7-5 和图 7-6 所示，图中 H 为隧道覆土深度（m）；L 为建筑物轴线到隧道轴线的水平距离（m）；D 为盾构外径（m）。

各土层物理力学指标　　　　　　　　　　表 7-1

序号	土层名称	层厚 （m）	重度 （kN/m³）	弹性模量 （MPa）	泊松比	黏聚力 （kPa）	内摩擦角 （°）
1	填土	4	18.5	10	0.30	10	12
2	粉质黏土	8	18.5	15	0.33	12	20
3	淤泥质土	8	17.1	7	0.40	11	8
4	可塑状黏土	20	19.1	20	0.32	38	38

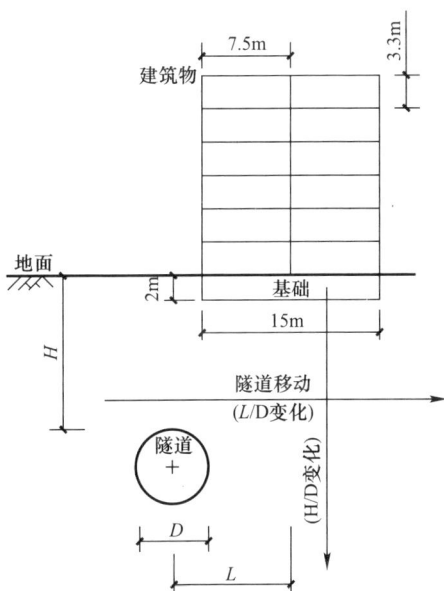

图 7-5　整体基础建筑物和隧道
几何关系图

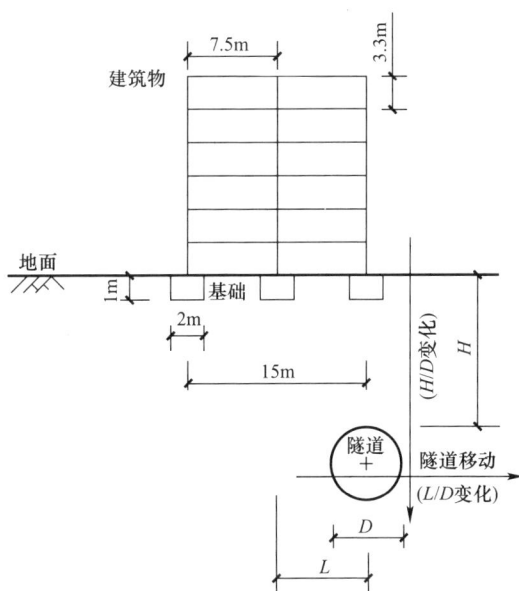

图 7-6　独立基础建筑物和隧道
几何关系图

7.2.2　地面沉降分析

图 7-7 和图 7-8 数值结果表明[131]，由于建筑物的存在，地面沉降曲线不再呈轴对称分布，在建筑物存在处的地面沉降曲线有着明显变化。当 $L/D=0$ 时，建筑物相对安全，地表沉降曲线呈现塞形分布；当 $L/D=0.5\sim2$ 时，建筑物首尾的沉降差较大，建筑物较危险，地表沉降曲线呈现偏态分布；当 $L/D=3\sim5$ 时，隧道施工对建筑物的影响较小，地表沉降曲线趋近于正态分布；当 $L/D\geqslant5$ 时，隧道施工对建筑物的影响则可以忽略不计。

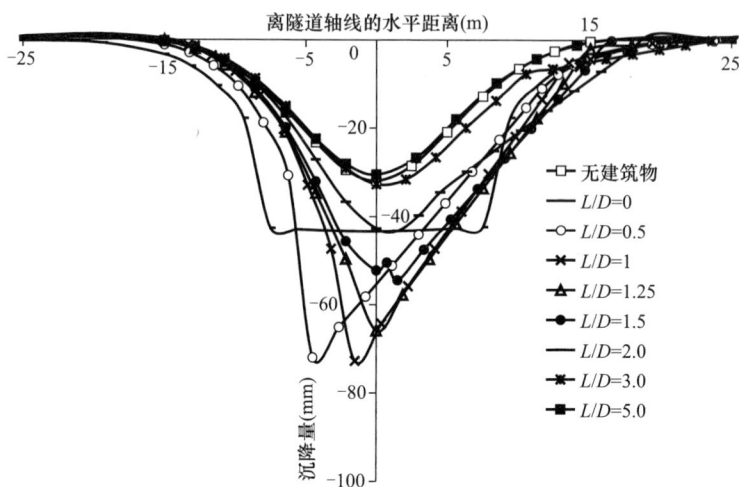

图 7-7　邻近整体基础建筑物隧道掘进挖引起的地面横向变形

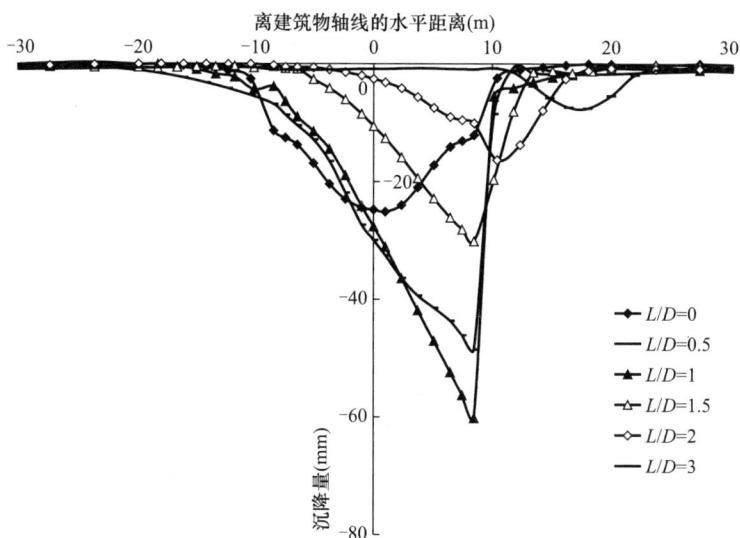

图 7-8　邻近独立基础建筑物隧道掘进挖引起的地面横向变形

7.3　邻近浅基础建筑物工况下地表横向沉降预测

在上一节已有研究基础上，本书提出了沉降曲线可以呈塞形分布和偏态分布的概念：（1）隧道开挖在建筑物正下方，隧道开挖其中心正好穿越建筑物轴线时，会造成建筑物整体下沉，但隧道施工对建筑物的破坏相对较小。沉降曲线在建筑物长度的范围内呈"塞形曲线"。（2）隧道开挖在建筑物附近（建筑物轴线到隧道轴线的水平距离 L 与盾构外径 D 的比约为 0.5～3），在此情况下，地面沉降增大，建筑物产生开裂甚至倾斜，沉降曲线呈"偏态曲线"。（3）隧道开挖离建筑物一定距离（$L/D \geqslant 3$）地面沉降曲线比较规则，建筑物基础首尾的沉降差几乎可以忽略，因此此时建筑物的存在对隧道开挖影响不大，沉降曲线类似 Peck 公式的"正态分布曲线"。

7.3.1　塞型分布曲线

建筑物结构刚度会起到对土体变形的约束作用。对于刚度分布均匀的建筑物，其对土体变形的约束作用也是均匀而连续的，由此形成建筑物的变形曲线也是连续曲线，且最大沉降点位置不变（或在实际工程中可近似看作不变）[7]。当隧道在建筑物正下方开始时，地基在约束作用下变形越均匀，也就是表现为沉降槽越平缓，从正态分布的漏斗形变成瓶塞型。

Celestino 等[134] 在实测数据的基础上认为 Peck 公式在拟合时有一定的误差，因此他提出了以下预测公式：

$$S = S_{\max} \frac{1}{1 + \left(\frac{\lfloor x \rfloor}{a} \right)^b} \tag{7-1}$$

其中，$S_{\max}$：横向地面最大沉降量；a：常数（长度量纲），影响沉降槽宽度；b：大于 1 的常数（无量纲），影响沉降槽形状。

本书认为其公式可以较好地描述"塞形曲线"，可用来预测隧道在建筑物正下方穿过施工引起的地表位移。本书对式中参数 a、b 取值做如下规定：

当待求沉降点距建筑物轴线中心的距离 x 小于等于基础宽度 B 的一半，$a/D = 0.8(z_0/D) + 0.5$，当待求沉降点距建筑物轴线中心的距离 x 大于基础宽度 B 的一半，$a/D = 0.46(z_0/D) + 0.42$，参数 b 的取值为 2～3，与基础形式、建筑物宽度有关，一般整体基础取较大值。

分别用两个数值分析算例对该预测公式进行验证，算例 1 采用上一节整体基础建筑物数值模型中 $L/D = 0$ 时的结果进行对比。由图 7-9 可见，由于建筑物刚度的存在，有限元计算结果和 peck 公式正态分布有明显区别，虽呈对称分布，但由于建筑物的约束，地表沉降显示整体下沉。采用塞形曲线拟合如图 7-9 所示，沉降槽形状和宽度较为吻合。由于建筑物基础为整体基础，参数 b 取较大值为 3。

算例 2 采用 Maleki 等[135] 的有限元数值仿真结果，其应用三维有限元程序 PLAXIS 3D 分析了隧道与邻近建筑物的相互影响，并考虑建筑物层数的不同，将建筑物简化为等效梁。隧道和建筑物的尺寸如图 7-10 所示，隧道埋深 13.15m，隧道从建筑物正下方穿过，建筑物、隧道和土的相关物理参数详见文献 [135]。

离隧道轴线的水平距离(m)

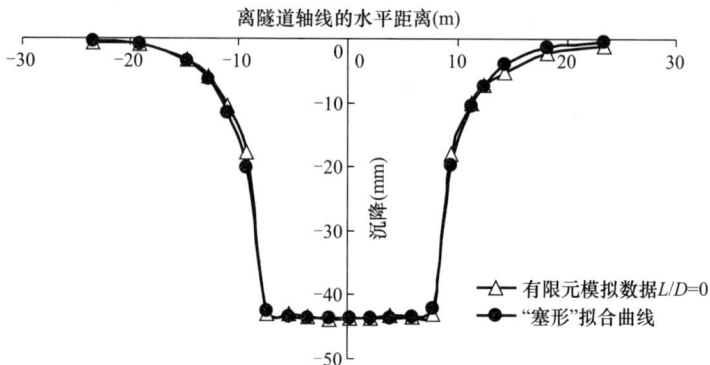

图 7-9　隧道开挖引起的地面沉降拟合图（隧道位于建筑物正下方）

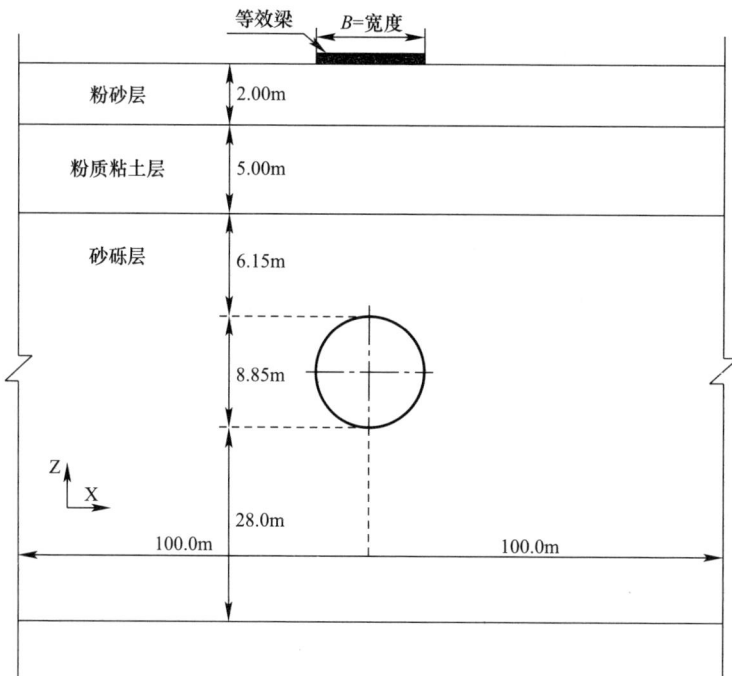

图 7-10　建筑物和隧道几何关系图

由图 7-11 可见，隧道在建筑物正下方开挖引起地表沉降基本符合"塞形曲线"，该曲线能很好地反映建筑物的存在对正下方隧道施工引起的位移影响。图 7-11拟合曲线中，参数 b 取值为 2。与图 7-9 相比，沉降槽宽度与建筑物宽度较为一致，但沉降分布形状还是存在一定区别，主要是由于文献［131］考虑了整体基础形式。一般情况下，a、b 的取值与隧道埋深、建筑物宽度、层数、结构刚度和土质软硬等有关，对于建筑物宽度较大时，b 的取值可以偏小，宽度较小时，b 取值要偏大；对于土质软硬、好坏来选取 b 的值时，若土质较软，b 可往偏大值取。

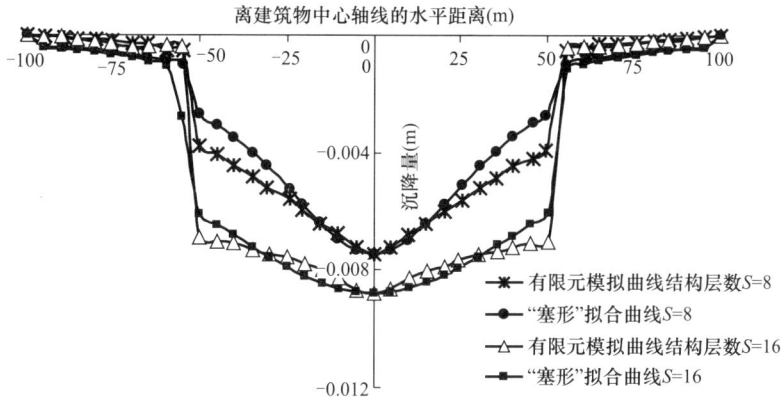

图 7-11　不同层数建筑物下隧道开挖引起的地面沉降拟合图

7.3.2　偏态分布曲线

由于绝大部分地铁隧道并不是正好在建筑物正下方穿过，因而塞形曲线并不能全部拟合相应沉降曲线。本书认为在一定范围内，建筑物和隧道是存在影响区域的，在影响区域之内，沉降分布曲线一般不满足正态分布形式。

当隧道不是在建筑物正下方掘进，但仍在影响范围区域内时建筑物轴线到隧道轴线的水平距离 L 与盾构外径 D 的比约为 $0.5 \sim 3$，地面沉降仍会增大，建筑物可能产生倾斜甚至开裂。此时，沉降曲线既不是正态分布，也不是塞形曲线，而是呈"偏态分布曲线"。

本书拟提出以下偏态预测曲线：当隧道在建筑物中心轴线的左侧时，

$$S(x) = S_{\max} \cdot e^{-\frac{\left[\ln\frac{x+\alpha \cdot B}{2L}\right]^2}{2w^2}} \tag{7-2}$$

当隧道在建筑物中心轴线的右侧时，

$$S(x) = S_{\max} \cdot e^{-\frac{\left[\ln\frac{-x+\alpha \cdot B}{2L}\right]^2}{2w^2}} \tag{7-3}$$

式中：$S_{\max}$ 是横向地面最大沉降量；$S(x)$ 为沿横向 x 分布的地面沉降量；x 为所求沉降点至隧道中心的水平距离，m；B 为建筑物水平长度，m；L 为偏心距，即隧道中心到建筑物中心的距离，m；w 为经验系数，根据土质可取 $0.60 \sim 0.70$；α 为比例系数，一般根据建筑物基础形式可取 $0.8 \sim 1.0$。

为了验证以上预测公式，对现有研究结果分别用"偏态函数"曲线公式进行了拟合，拟合结果也验证了偏态分布曲线的合理性。

算例 1 仍采用文献［131］数值计算模型及沉降计算结果，w 根据土质取 0.6，α 根据建筑物基础形式可取 1.0。由图 7-12 可见，当 $L/D=0.5 \sim 1$ 时，建筑物首尾的沉降差较大，隧道上方地面沉降明显偏离正态分布曲线，形成一个漏斗状的中心较大沉陷区，建筑物产生明显倾斜，沉降曲线符合偏态分布曲线，拟合结果较好。但本书在前期研究结果基础上，认为偏态分布曲线是存在一定范围的，当 $L/D \geqslant 3$ 时，地面沉降曲线仍符合正态分布，建筑物基础首尾的沉降差几乎可以忽略，建筑物的存在对隧道开挖影响不大。

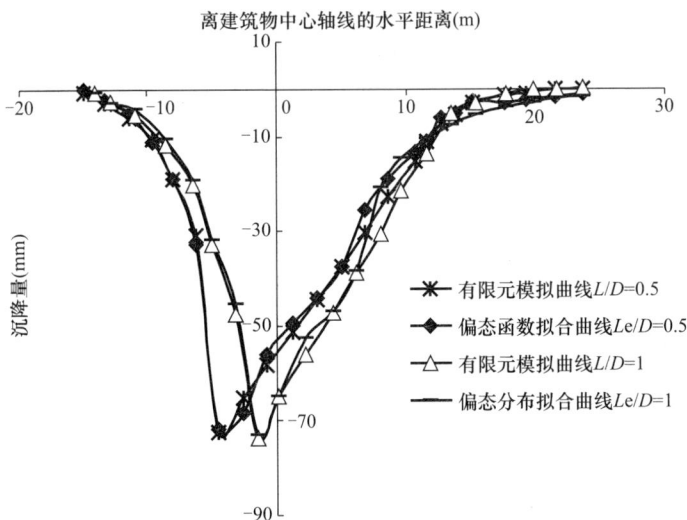

图 7-12　整体基础建筑物隧道开挖引起的地面沉降拟合图

算例 2 采用韩煊[7]的实测数据，其在分析地铁开挖引起的沉降曲线规律时，从英国 JLE 地铁工程中收集了较多邻近建筑物的实测沉降数据，但他在拟合中仍采用高斯曲线，认为建筑物与隧道的距离远近并无多大影响，与实际情况明显不符。由于其并没有发现邻近建筑物隧道施工引起的沉降曲线可呈偏态分布，因此拟合取值不能准确地反映出地表沉降分布形式。本书选取了邻近伦敦市长官邸、布里克公寓两个沉降实测曲线，并对曲线用公式（7-2）进行拟合，如图 7-13、图 7-14 所示，w 根据土质取 0.6，α 根据建筑物基础形式可取 1.0。拟合结果与实测结果较为吻合，进一步表明了偏态分布曲线拟合预测的合理性。

由图 7-13 和图 7-14 实测沉降曲线可知，邻近建筑物隧道施工引起的地表沉降一般为偏态分布，只有当在隧道开挖影响范围之外时，才会服从 peck 公式正态分布。其偏态分布曲线沉降槽的宽度及形状由邻近建筑物的距离、刚度、土质等因素所决定，这也表明，研究邻近建筑物地铁隧道施工引起的沉降分布规律，必须考虑土、隧道以及建筑物三者的耦合作用。

算例 3 采用 Shahin 等[136]模型实验数据，其建立离心机模型实验对邻近建筑物隧道开挖引起的地表沉降进行了研究（如图 7-15 所示），并用二维数值仿真进行了对比分。其中 D 是隧道埋深；B 是盾构掘进范围，L_P 是建筑物基础埋深，

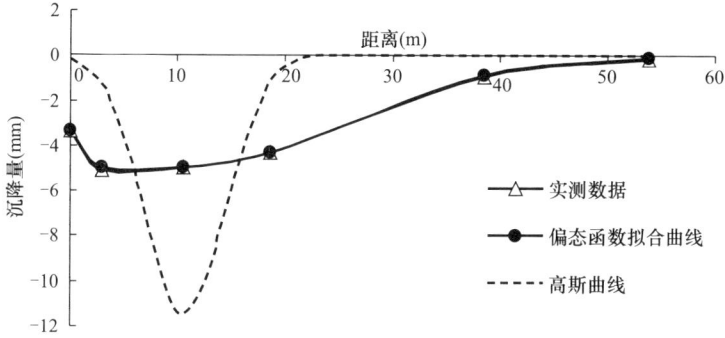

图 7-13 伦敦市长官邸隧道开挖引起的地面沉降拟合图

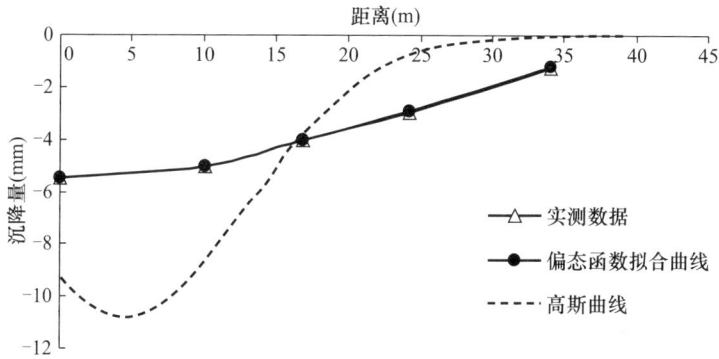

图 7-14 布里克公寓南翼隧道开挖引起的地面沉降拟合图

各相关参数详见文献［15］，图 7-16 为模型试验所得数据的沉降曲线、有限元分析所得曲线以及用公式（7-2）拟合所得曲线。

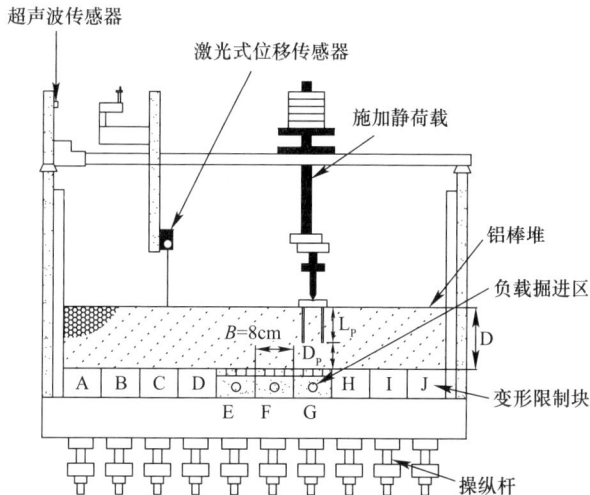

图 7-15 离心机实验模拟邻近建筑物隧道开挖简图

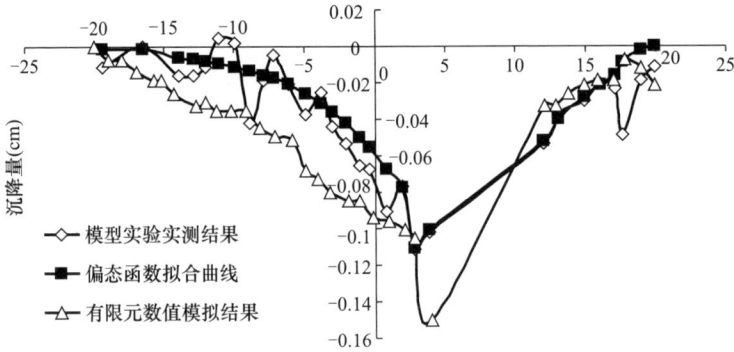

图 7-16　离心机实验模拟地面沉降拟合图

由图 7-16 可见，偏态分布预测曲线与有限元数值仿真结果、模型实验结果吻合度较好，w 根据土质取 0.6，α 根据建筑物基础形式取 0.8。但与图 7-13 和图 7-14 预测结果相比，离散性稍大，这可能是由于建筑物基础埋置较深有关。沉降曲线虽呈偏态分布，但曲线顺滑性稍差。

可见，邻近建筑物盾构掘进引起的土体移动贯穿于隧道施工的始终，除了受土质好坏影响之外，还有如隧道埋深、地下水位变动、注浆效果、建筑物距离、层数、刚度、基础形式等多种因素影响。以往基于高斯曲线或 peck 公式研究邻近建筑物隧道开挖引起的地表沉降是不甚合理的，对邻近建筑物工况下盾构隧道施工的研究，必须综合考虑土体、隧道和建筑物三者之间的相互作用。一般情况下，在建筑物正下方、扰动范围内以及扰动范围外三种工况下进行隧道开挖时，地表沉降可考虑分别呈"塞形曲线"、"偏态曲线"和"正态分布曲线"。

7.4　邻近建筑物盾构掘进安全评估可视化软件开发

7.4.1　沉降槽宽度参数法评价标准

前期研究成果在建筑物基础变形控制的地表允许沉降标准的基础上，假设建筑物为均质弹性地基梁，引入沉降槽宽度参数 K，得到建筑物弯曲变形控制的地表容许沉降、容许土体损失率以及建筑物容许倾斜率，如表 7-2 和表 7-3 所示[137]。并结合英国地铁 Jubilee 延长线评价标准中的建筑物损坏级别（见表 7-4），建立了沉降槽宽度参数法评价标准，如表 7-5 所示。并同时考虑了建筑物结构类型和基础类型的不同。

地表容许沉降和容许土体损失率[137]　　　　表 7-2

损坏级别	严重性描述	极限拉应变 ε_n （%）	容许沉降 $[S_{max}]_n$ （10^{-2}m）	容许土体损失率 $[\eta]_n$ （%）
0	几乎可以忽略	0~0.05	0~0.320i	0~0.255 $(i/R)^2$
1	非常轻微	0.05~0.075	0.320i~0.394i	0.255 $(i/R)^2$~0.314 $(i/R)^2$
2	轻微	0.075~0.15	0.394i~0.568i	0.314 $(i/R)^2$~0.453 $(i/R)^2$
3	中等程度	0.15~0.3	0.568i~0.831i	0.453 $(i/R)^2$~0.663 $(i/R)^2$
4，5	严重至很严重	>0.3	>0.831i	>0.663 $(i/R)^2$

其中：i 为沉降槽宽度系数；R 为隧道半径。

建筑物容许倾斜率[137]　　　　表 7-3

地基土类别	容许倾斜率 $[f]$ （%）	容许沉降 $[S_{max}]_n$ （10^{-2}m）	容许土体损失率 $[\eta]_n$ （%）
中低压缩土	0.2	0.329i	0.263 $(i/R)^2$
高压缩土	0.3	0.494i	0.394 $(i/R)^2$

其中：i 为沉降槽宽度系数；R 为隧道半径。

建筑物损坏级别与极限拉应变间对应关系表[137]　　　　表 7-4

损坏级别	严重性描述	极限拉应变 （%）
0	几乎可以忽略	0~0.05
1	非常轻微	0.05~0.075
2	轻微	0.075~0.15
3	中等程度	0.15~0.3
4，5	严重至很严重	>0.3

建筑物可见损坏程度分类表[137]　　　　表 7-5

损坏类型	损坏程度	典型破损的描述
0	几乎可以忽略	裂缝小于 0.1mm
1	很轻微	裂缝细微，可通过装潢处理掉；破坏通常发生在内墙，典型裂缝宽度在 1mm 以内
2	轻微	裂缝易于填充，可能需要重新装潢，从外面可见裂缝；门窗可能会略微变紧；典型裂缝可以宽达 5mm
3	中等程度	裂缝需要修缮，门窗难以打开，水管或煤气管等可能会断裂，防水层削弱，典型裂缝可达 5~15mm
4	严重	需要普遍修缮，尤其是门窗上部的墙体可能需要凿除，门窗框扭曲，地板倾斜可以感知，墙的倾斜或凸出可以感知，管线断裂，典型裂缝宽可达 15~25mm
5	很严重	本项可能需要原房屋局部或全部重建，梁失去承载力，墙体严重倾斜，窗户扭曲、破碎，结构有失稳的危险，典型裂缝宽度大于 25mm

并在上一节数值仿真基础上，考虑混凝土结构、基础的不同，提出建筑物评价折减系数，如表 7-6 所示。

建筑物折减系数[137]　　　　　　　　　　　　　表 7-6

结构类型	基础类型	折减系数
砌体结构	独立基础	1/3
	连续基础	1/2
	筏形基础	1/2
	桩基础	3/4
钢筋混凝土结构	独立基础	2/3
	连续基础	1
	筏形基础	1
	桩基础	3/2

7.4.2　可视化影响系统的实现

在上述分析基础上，考虑建筑物不同结构和基础类型，编制了可视化软件"邻近建筑物隧道施工影响系统"，可以进一步判断盾构施工对邻近建筑物的损坏程度。邻近建筑物隧道施工影响系统研究开发的总体设计思路就是建立较为方便的控制依据，先计算建筑物的容许拉应变和倾斜率，再反算盾构掘进引起的地表变形基准值 $[S_{max}]$，然后以地表变形基准值作为评价依据来进一步判断邻近建筑物的变形以及是否受到施工损害。

（1）Delphi 技术

系统的开发工具采用 Delphi[138]，其是 Borland 软件公司研发的一种可视化的开发工具，可在 Windows 等系统环境下使用，它拥有可视化的相应集成开发使用环境（IDE）。同时它提供一百多个可使用的研发构件，利用这些相关构件研发人员可非常快速的构造出理想中的系统，且其中包含了较多可重复利用的构件，并允许研发人员控制基于 Windows 环境下的研发效果，而且它也具有非常强大的研发数据存入和读取功能。Delphi 技术既可用在开发相关系统软件上，也非常适合于应用学科及其软件的研发。

（2）动态数据绑定技术

动态数据绑定技术是指将数据源改变成被观察者，再将控件以软件观察者的身份注册到相关数据源等私有对象中。当数据源里的相关状态或数据改变时则会主动告知所有的绑定控件，即观察者，然后由相关的控件自动去提取软件数据以完成更新。一旦绑定相关数据源建成后期控件也就可实时进行数据源里面的最新更新了。一旦用户采用此类控件对相关状态或数据进行了改变，那么此类改变则自然会通过相关数据源实时告知给其他所有相关数据控件。这也就是事实上的从数据源过渡到控件中的推模式（Push Mode）。

（3）计算机模拟界面部分

利用 Delphi7.0 可视化开发工具，可以直接在用户界面良好的可视化开发环境中进行工作，在操作系统的控制下建立根据邻近建筑物隧道施工各影响因素进行计算的模型。在建立模型的基础上利用 Delphi 的动态数据绑定技术，轻松获取基础数据并进行计算后，直观地显示运算结果，详细编程程序见本论文的附录。

具体界面如图 7-17 所示。

系统采用 Access 作为数据库，用于配置沉降槽宽度参数、损坏程度分类、容许沉降参数、折减系数等参数，方便计算时根据各种环境进行选取。系统使用了大量的动态数据绑定控件，有利于快速实现数据的表现和更新。

对于损坏程度分类的计算，系统根据地区及该地区的基本地层特征、建筑物折减系数、距离

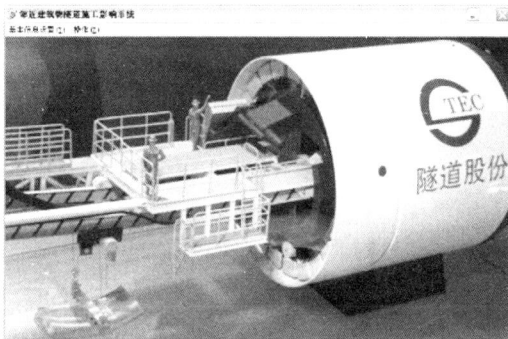

图 7-17 软件界面

折减系数结合输入的 S 值和 H 值按照不同的比较方式计算出需要的结果形式。

其主要界面见图 7-18。

在邻近建筑物隧道施工影响系统界面中，首选通过按钮"选择地区"和"选择基本地层特征"确定 K 值（沉降槽宽度参数）；确定 K 值后，通过公式 $i=K_0h$ 即可确定沉降槽宽度系数 i，h 为隧道埋深；其次，考虑到建筑物结构、基础类型与距离的不同，得到折减系数；然后，选择比较方式："容许沉降方式比较"、"极限拉应变方式比较"和"容许土体损失率方式比较"，再分别输入"隧道埋深 h(m)"、"沉降计算值 S(cm)"（"拉应变计算值 ε"或"土体损失率计算值 η"）以及"隧道半径 R(m)"，最终得到建筑物可见损坏程度，如图 7-19 所示。

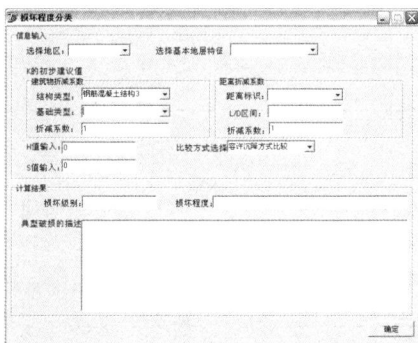

图 7-18 输入界面

图 7-19 计算结果界面

（4）数据库设计模型

系统相关的数据库表设计如表 7-7～表 7-11 所示

1）沉降槽宽度参数

沉降槽宽度参数　　　　　　　表 7-7

序号	字段名	字段类型	默认值
1	cjckdxs _ dq	文本	
2	cjckdxs _ dctz	文本	
3	cjckdxs _ k _ value	数字	

2）容许沉降参数

容许沉降参数　　　　　　　表 7-8

序号	字段名	字段类型	默认值
1	shjb	数字	
2	yzxms	文本	
3	jxlyb _ min	数字	
4	jxlyb _ max	数字	
5	rxcj _ min	数字	
6	rxcj _ max	数字	
7	rxrxttssl _ min	数字	
8	rxrxttssl _ max	数字	

3）损坏程度分类表

损坏程度分类表　　　　　　　表 7-9

序号	字段名	字段类型	默认值
1	shjb	数字	
2	shcd	文本	
3	bj	文本	

4）建筑物折减系数

建筑物折减系数　　　　　　　表 7-10

序号	字段名	字段类型	默认值
1	jglx	文本	
2	jclx	文本	
3	zjxs	数字	

5）距离折减系数

距离折减系数
表 7-11

序号	字段名	字段类型	默认值
1	jlbs	数字	
2	ld_min	数字	
3	ld_min_include	是/否	
4	ld_max	数字	
5	ld_max_include	是/否	
6	zjxs	数字	

7.5 本章小结

隧道掘进将无法避免的会地对周变土体产生一定程度扰动，其引起的地表横向沉降槽对邻近建筑物的影响程度，除与地层特性有关之外，还将与地表变形的大小、隧道与建筑物之间的相对位置以及建筑物基础和结构形式有关。

（1）对建筑物区域内的盾构施工进行研究，须综合考虑土体、隧道与建筑物之间的关联作用。盾构掘进所引起的土体沉降槽大小须考虑邻近建筑物的存在，忽视建筑物的影响将使得开挖引起的地表变形计算偏小，从而增加施工的风险性。建筑物对盾构隧道施工影响存在一定的范围，超过此范围建筑物存在与否对隧道的影响则可以忽略不计。隧道与建筑物的轴线之间的水平距离、隧道的埋深以及建筑物不同基础形式都是引起地表变形的重要影响因素。

（2）通过算例分析验证表明，地表沉降在一定范围内分别呈"塞形曲线"、"偏态曲线"和"正态曲线"是合理的。隧道开挖在建筑物正下方，隧道开挖其中心正好穿越建筑物轴线时，会造成建筑物整体下沉，沉降曲线在建筑物长度的范围内呈"塞形曲线"；隧道开挖在建筑物附近（建筑物轴线到隧道轴线的水平距离 L 与盾构外径 D 的比约为 $0.5 \sim 3$），沉降曲线呈"偏态曲线"；隧道开挖离建筑物一定距离（$L/D \geqslant 3$）地面沉降曲线比较规则，因此此时建筑物的存在对隧道开挖影响不大，沉降曲线类似 Peck 公式的"正态分布曲线"。

（3）针对我国目前隧道施工过程中建筑物受损评价标准的空白，通过建筑物的容许拉应变和倾斜率计算地表变形基准值，再以地表变形基准值作为评价依据来确定邻近不同距离建筑物是否受到施工损害，可应用地铁隧道、过街隧道设计和施工中。利用 Delphi7.0 可视化开发工具，在操作系统的控制下建立了根据邻近建筑物隧道施工各影响因素进行计算的模型，并利用 Delphi 的动态数据绑定技术，获取基础数据进行计算后可直观显示运算结果。采用 Access 作为数据库，用于配置沉降槽宽度参数、损坏程度分类、容许沉降参数、折减系数等参数，并使用了大量的动态数据绑定控件，有利于快速实现邻近建筑物隧道施工预测可视化。

151

第8章 邻近建（构）筑物盾构施工控制技术

8.1 引言

邻近建（构）筑物盾构施工不可避免会引起一定程度的地层位移，从而引发地表及建（构）筑物沉降变形，危害结构安全。因此，探究如何减少盾构施工对周围土体的扰动，最大限度降低对邻近建（构）筑物的影响，以及相应的控制保护措施，一直是人们所关心的问题。对于地铁盾构施工引起的地表及邻近建（构）筑物沉降变形的控制技术措施，主要可分为地层及邻近建（构）筑物处理措施、地铁盾构施工参数优化及改造和施工监控量测分析3个方面。

（1）地层及邻近建筑物处理措施

通过提高地层的刚性反应而减轻土层扰动的影响程度，或在被保护的建筑物与盾构隧道土层设置阻挡变形的结构，以减小盾构施工产生的地层及邻近建筑物的沉降变形。主要包括隔离桩、隔断墙、地层注浆、基础托换、建筑物结构加固等措施。

（2）地铁盾构施工自身参数优化

地铁盾构机掘进的主要控制参数为土仓压力、千斤顶力及分布、推进速度、盾构坡度、纠偏方向与纠偏量、注浆方式、数量及注浆压力等。盾构施工过程中参数的优化组合就是为了控制盾构掘进轴线偏差不超出允许范围和尽量减少对地层变形的影响，同时必须配以相应的监测手段，将实测的各类数据与监测的地表沉降值整理分析，以指导下一步的掘进，实现信息化施工。

（3）监控量测反分析

监控量测反分析在实际工程中具有重要的作用。通过监控量测的数据分析与反馈，修正各项参数，正确指导施工：

1）了解盾构施工周围地层及建筑物的变形情况，为施工日常管理提供依据；

2）判别施工工艺和施工参数是否符合预期要求，以确定和优化施工参数和顺序，做到动态信息化施工管理，为修改工程设计方案提供依据；

3）保证施工影响范围内建筑物、地下管线等结构的正常使用，为合理确定保护措施提供依据。

本章列举了3个不同盾构邻近建筑物施工的工程案例，包括杭州地铁2号线某盾构区间下穿凤起桥桩工程、南昌轨道交通1号线某盾构区间隧道下穿凤凰花园西区工程和宁波轨道交通1号线某盾构区间隧道下穿重要文物工程。通过描述不同工程中采取的邻近建筑物的盾构施工控制技术，给出了盾构机改造、建筑物和盾构隧道自身加固、地层注浆、施工监控量测的具体实施办法。并通过分析施工中地表及建筑物的沉降变形评判工程控制技术措施的合理性和有效性，可为类似工程提供有益参考。

8.2 案例 1：杭州地铁某盾构区间隧道下穿桥桩

8.2.1 工程概况

（1）工程概况

该地铁盾构区间上行线长 552.008m，下行线长 550.933m，整个区间设 3 组平面曲线，曲线半径分别为 700m、1000m、2500m。区间线路小于 600m 采用单向坡，最大纵坡 6.902‰，变坡点处设竖曲线，隧道埋深在 10～11.7m 之间。盾构由建国北路站始发，到达中河北路站再转场至建国北路站进行二次始发，呈东西走向。区间将下穿桥桩，东河覆土为 6.1m，距最近的建筑物（万盛花园）最小平面净距 4.6m。

（2）穿越桥段工程环境

该区间盾构采用改造后的德国海瑞克土压平衡盾构机进行磨桩过河施工。盾构穿越东河需要磨桩 4 排桩，其中 2 排为 Φ1000mm 的钻孔灌注桩，桩基混凝土标号为 C25，Φ22 主筋；另外 2 排为 Φ300mm 钢筋混凝土树（梅花形布置），桩基混凝土强度等级及主筋不明，实施方案按主筋钢筋 Φ16，混凝土按 C25 考虑。上行线磨 Φ1000mm 桩 4 根；下行线磨 Φ1000mm 桩 6 根。所磨桩位基本与隧道线垂直（图 8-1 和图 8-2）。

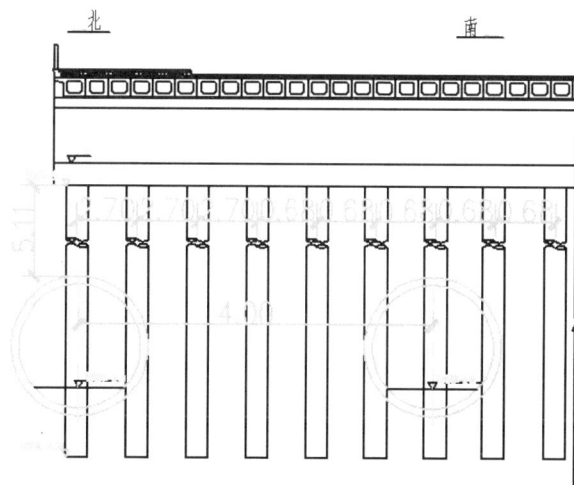

图 8-1 区间隧道与凤起桥位置关系横剖面图

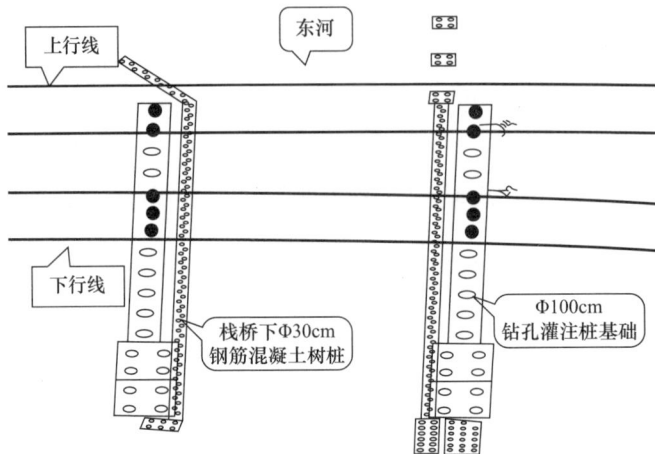

图 8-2　区间隧道与凤起桥位置关系平面图

（3）穿越桥段地质情况

区间盾构穿越桥隧道断面地层主要有③₆粉砂夹砂质粉土、③₇砂质粉土和⑥₁淤泥质粉质黏土。同时隧道覆土较浅，约为 6.1m。覆土主要由③₆粉砂夹砂质粉土、③₃砂质粉土夹粉砂、③₂砂质粉土以及少量淤泥填土（图 8-3 和表 8-1）。

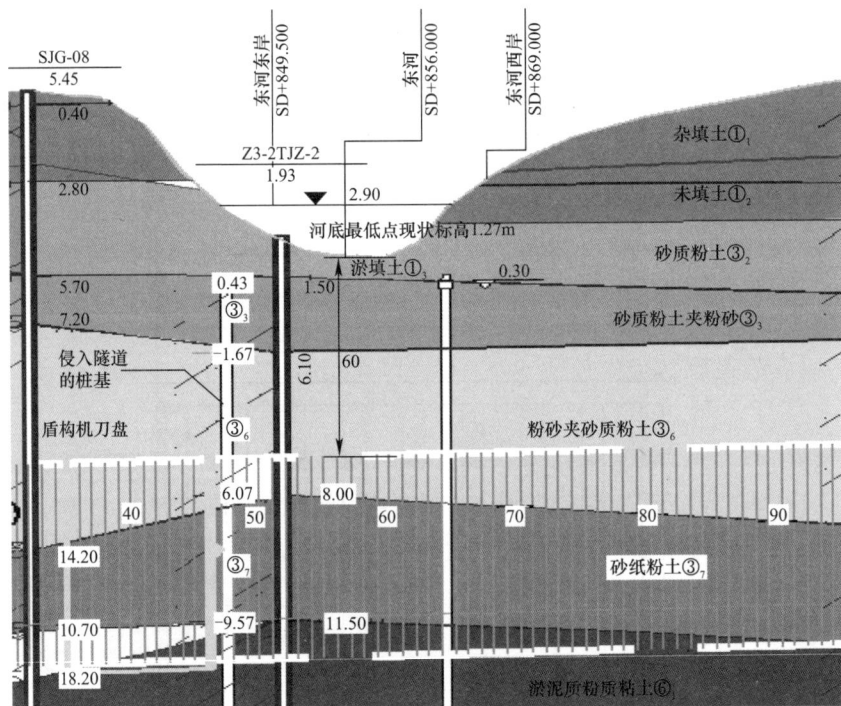

图 8-3　盾构穿越桥桩、东河地质剖面图

穿越桥段主要地层特征描述 表8-1

层号	名称	岩土性特征
③₂	砂质粉土	灰黄色，湿，松散～稍密。含多量氧化铁斑状体、云母碎屑，局部地段黏性较强。摇振反应中等，无光泽反应，干强度低，韧性低。属中等压缩性土
③₃	砂质粉土夹粉砂	灰、青灰色，稍密～中密，湿。含云母碎屑，夹粉砂，摇振反应迅速，无光泽反应，干强度较低，韧性低。属中等压缩性土
③₆	粉砂夹砂质粉土	灰黄、青灰色，很湿，中密。含氧化铁质及云母屑、贝壳屑，局部夹少量砂质粉土及黏性土。摇振反应迅速，无光泽反应，干强度较低，韧性低。属中等偏低压缩性土
③₇	砂质粉土	灰色，很湿，稍密。含氧化铁质及云母屑，该层内夹有淤泥质团块。摇振反应迅速，无光泽反应，干强度较低，韧性低。属中等压缩性土
⑥₁	淤泥质粉质黏土	灰～深灰色，流塑为主。含有机质，局部夹贝壳碎屑，高灵敏度。切面粗糙，无摇振反应，干强度中等，韧性中等。属高压缩性土

穿越桥段主要地层物理力学性质指标统计表 表8-2

层号	土层名称	统计值	天然状态的物理性指标					
			含水量	密度		土粒比重	孔隙比	饱和度
				湿	干			
			W_0	ρ	ρ_d	G_s	e	S_r
			%	g/cm³		—	—	%
⑥₁	淤泥质粉质黏土	平均值	35.7	1.85	1.37	2.72	1.015	97.2
③₂	砂质粉土	平均值	29.0	1.88	1.46	2.70	0.8543	91.7
③₃	砂质粉土夹粉砂	平均值	25.1	1.96	1.57	2.70	0.7206	94.0
③₆	粉砂夹砂质粉土	平均值	25.8	1.93	1.54	2.70	0.7565	92.1
③₇	砂质粉土	平均值	26.7	1.91	1.51	2.70	0.7935	91.3

穿越桥段主要地层渗透系数统计表 表8-3

层号	土层名称	室内试验渗透系数（m/d）		现场抽水试验渗透系数（m/d）
		K_V	K_H	K
③₂	砂质粉土	7.11E-01	8.25E-02	
③₃	砂质粉土夹粉砂	7.53E-02	9.68E-02	
③₆	粉砂夹砂质粉土	5.89E-02	7.70E-02	4.17E-02～6.90E-01
③₇	砂质粉土	7.81E-02	9.68E-02	
⑥₁	淤泥质粉质黏土	1.73E-042	3.02E-04	

（4）穿越桥段水文地质情况

盾构在穿越桥桩施工过程中，盾构机处于东河下方，河深2m，河底距隧道约 6.1m。穿越段地层中地下水主要为孔隙性潜水，主要赋存于表层填土及②、③层粉土、粉砂中，由大气降水径流补给，潜水水量中等～较大，地下水位随季节变化。勘探期间测得钻孔静止水位埋深 2.0～2.8m，相应高程 4.15～5.97m。

8.2.2　相关技术措施

（1）海瑞克盾构机改造

1）刀盘改造

先行刀改造：海瑞克 S-664 盾构机刀盘，原为软土刀盘设计，为适应新的地质及磨桩过河需要进行再一次改造。结合整个盾构区间的地质状况，采取如图 8-4 所示的刀具分布。

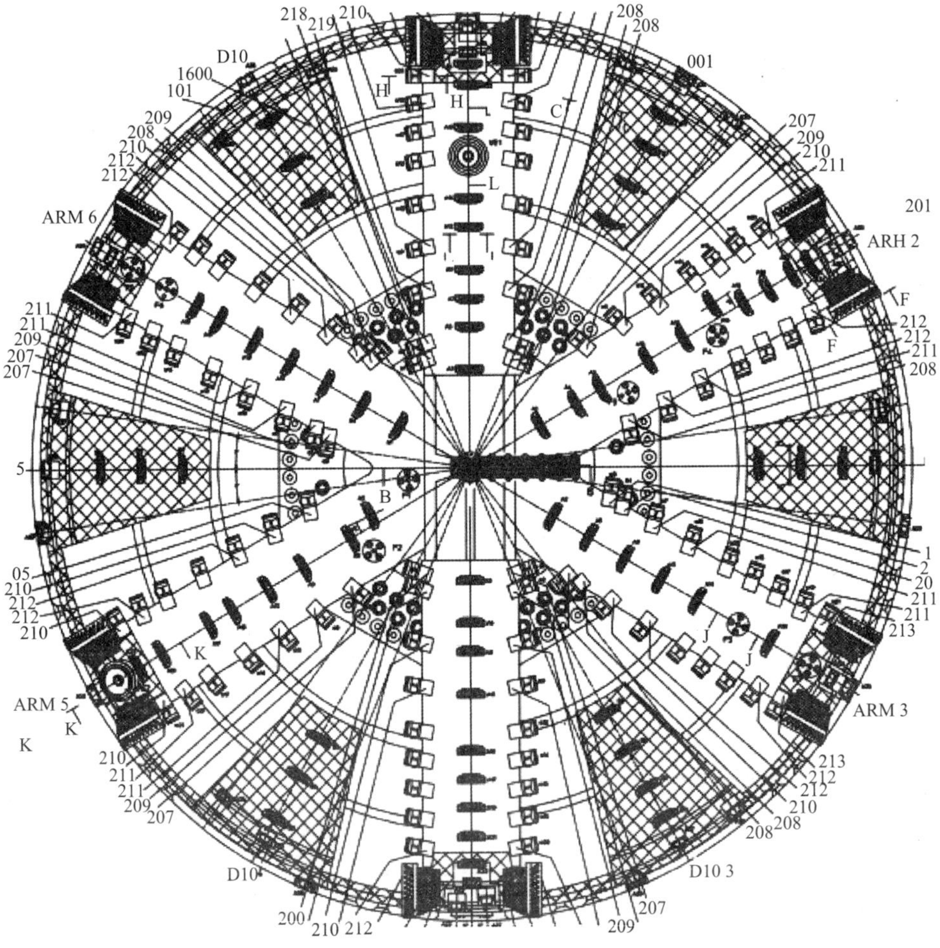

图 8-4　刀盘示意图

　　磨桩可以分为两部分，一是对混凝土的切割，一是对混凝土内钢筋的切割。对于素混凝土，或素混凝土桩而言，盾构机刀盘是可以实现磨桩成功的。此盾构区间的混凝土强度为C25，S664盾构机改造后的刀盘可以应对30MPa以下的地层状况。对于钢筋的切割，将先行刀改为切混凝土先行刀（图8-5）。普通先行刀对于在泥质粉砂岩中的掘进有较好的作用，根据图纸上的尺寸，先行刀的高度为200mm，但这种刀对切割钢筋混凝土有些不足，两合金块中间为刀的本体，在切钢筋时，若钢筋的位置在两块合金中间，则无法完成对钢筋的切割，甚至会对刀具本体造成磨损，以至影响到合金块的牢固性，最后切割的结果是切掉的钢筋长短不一，可能会缠绕在刀具上，也可能会堆积在土仓里，甚至卡在螺旋输送机里。切混凝土先行刀有独特的设计，两边是大合金圆形，中间是一条合金，保证整个切割面都是合金。切混凝土先行刀两侧为大圆角设计，以刀盘旋转时可以减小冲击；切混凝土先行刀顶部的刀刃比较窄，受力小，易切割，在接触到钢筋时，更有利于切割。

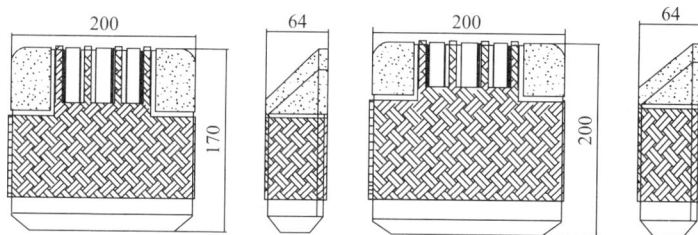

图8-5　切混凝土先行刀

　　齿刀改造：原装齿刀为轻型齿刀，宽度只有100mm，负荷较小，不耐冲击，易造成脱落的情况发生。新型的齿刀为重型齿刀，宽度250mm，更耐冲击。

　　中心刀改造：刀盘中心部位也是磨桩的重点部位，原设计为鱼尾式的中心软土刀。对于磨桩没有任何的针对性，切混凝土用的中心刀布置图如图8-6所示，突出的刀刃与切混凝土先行刀有着相似的结构。

　　耐磨措施：在刀盘面板增加3mm厚耐磨焊（图8-7）。

　　2）螺旋机改造

　　通过增加螺旋机叶片、螺旋机套筒内壁的耐磨性能和厚度，减小两者之间的间隙，降低切削下来的钢筋卡在两者之间的风险。增加螺旋机前闸门功能，保证穿越东河和磨桩过程中螺旋机的密封性能。

　　耐磨措施：前三节轴及叶片表面全部堆焊耐磨层，其余轴及叶片表面堆焊致密网格耐磨层；前3.5节螺旋叶片周边镶耐磨合金块；前端节内筒壁堆耐磨焊；固定节内筒壁前1500mm堆耐磨焊。

　　改造后的螺旋机叶片见图8-8，改造后的螺旋机见图8-9。

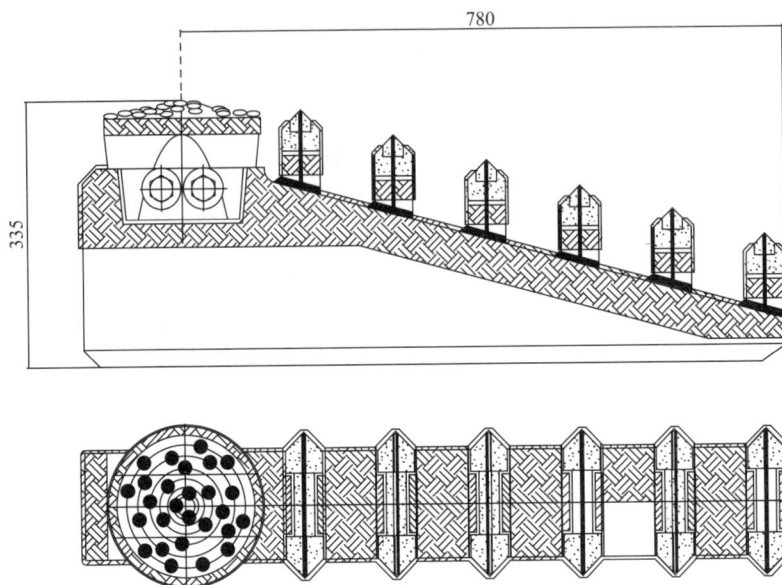

图 8-6　中心刀具布置示意图

图 8-7　刀盘耐磨焊

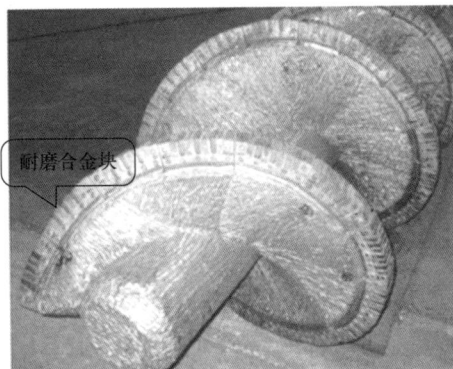

图 8-8　改造后的螺旋机叶片

图 8-9　改造后的螺旋机

螺旋机前后闸门保证在穿越期间螺旋机的密封性能（图 8-10 和图 8-11）。

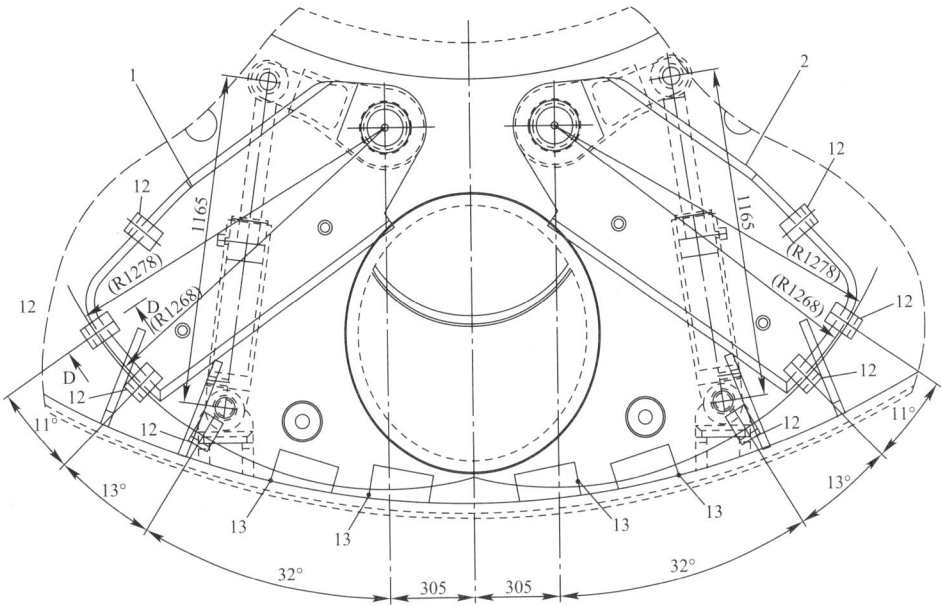

图 8-10 螺旋机前闸门开启状态示意图

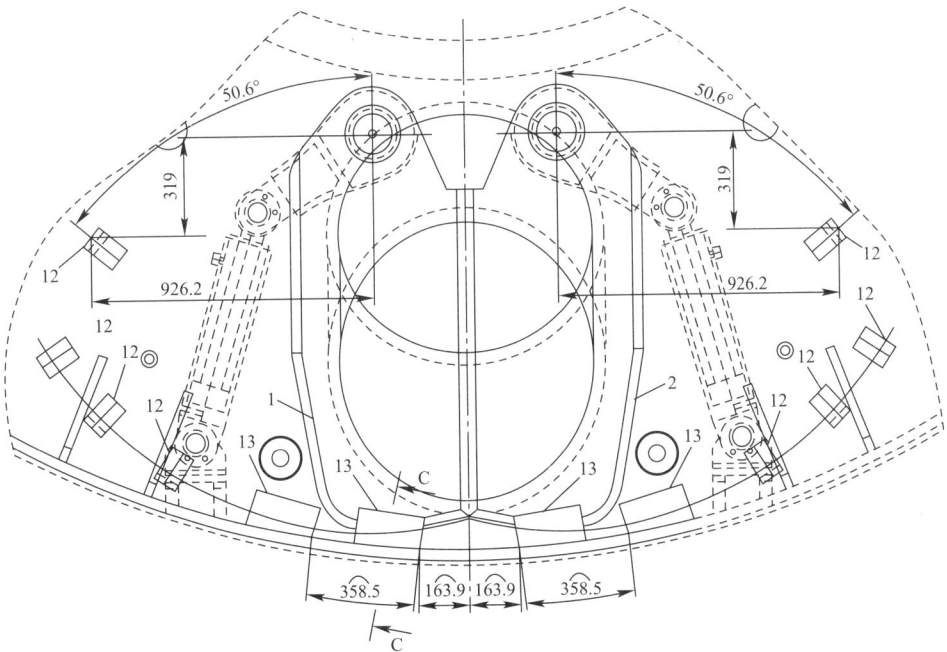

图 8-11 螺旋机前闸门关闭状态示意图

3）低速泵系统

低速泵系统可以高压定速推进，推进速度可以手动机械设定，保持推进速度稳定，避免了电控调速时的偏差。使用低速功能时，将原推进泵停止，只使用低速泵定速推进。也可作为原推进泵的补充，使推进速度提升。

由于桩基中存在钢筋，为保护刀具，刀盘切削时应让刀具每次只"啃"一点，即以"磨削"为基本切桩理念。但根据以往经验可知，切桩时刀盘非全断面切削，刀盘受到的切削阻力和推进阻力呈动态变化，若采用盾构原自带的大流量千斤顶实施推进，由于其单次调整流量幅度较粗，将难以将实际推速控制在稳定范围。因此，增加了一台小流量低速推进泵，保证盾构机切削桩基时能够低速、稳速推进，避免速度忽快忽慢对桩机产生影响。

4）盾尾刷加强

盾构机在掘进过程中如果出现刀盘卡死现象，盾构机必须进行后退，这样盾尾刷会严重受损，故在选用盾尾刷时采用加强型盾尾刷，防止盾尾刷严重破坏出现盾尾漏泥漏水。如图 8-12 所示。

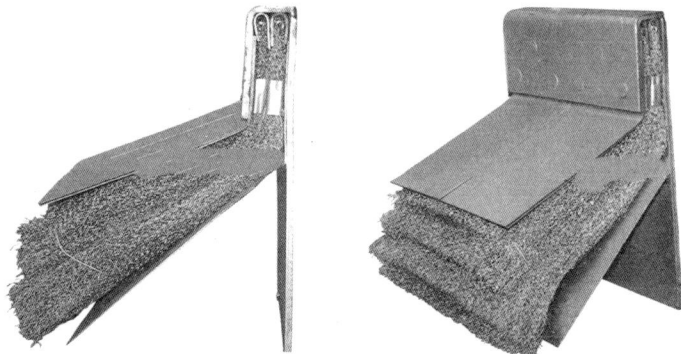

图 8-12　加强型盾尾刷

（2）凤起桥加固

盾构磨桩前须对该桥基础的托换加固，以筏型基础代替原桩基础来承受上部带来的荷载，主要托换盾构穿越范围的桥梁基础。待桥梁基础托换加固后进行盾构磨桩。凤起桥加固与盾构区间立面图见图 8-13，筏型基础构造示意图见图 8-14，凤起桥改建加图平面图见图 8-15。

（3）提高隧道强度等级及稳定性

桥梁经过加固后，荷载作用在筏型基础之上，但为隧道与桥梁运行长远考虑，特在盾构穿越凤起桥段（里程 SDK21＋838.00～SDK21＋870.00，XDK21＋836.00～XDK21＋868.00）衬砌环选用超深埋衬砌环（上、下行线均为 27 环），连接螺栓强度为 8.8 级。

盾构区间隧道与桥桩关系剖面图见图 8-16。

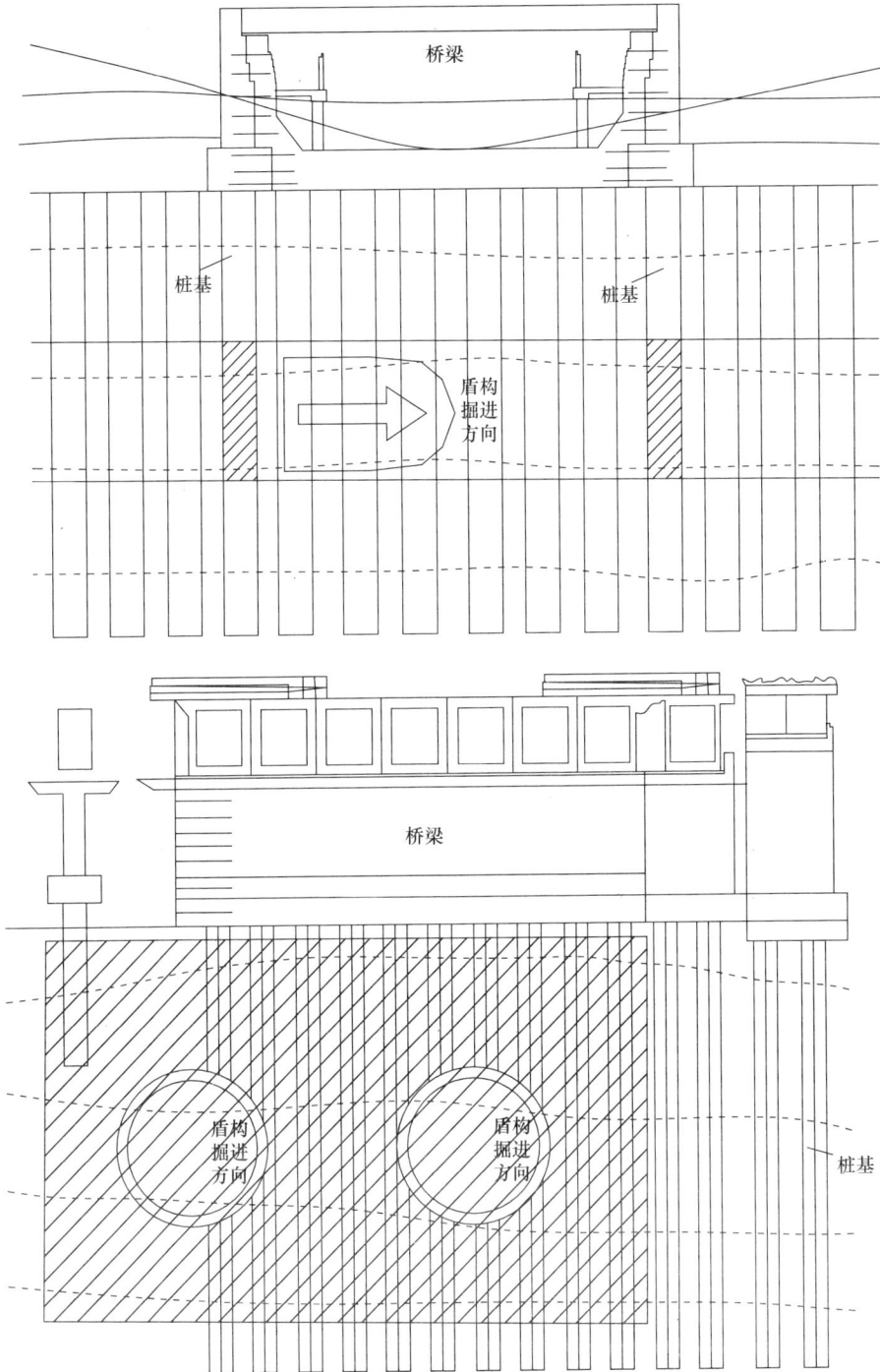

图 8-13 凤起桥加固与盾构区间立面图

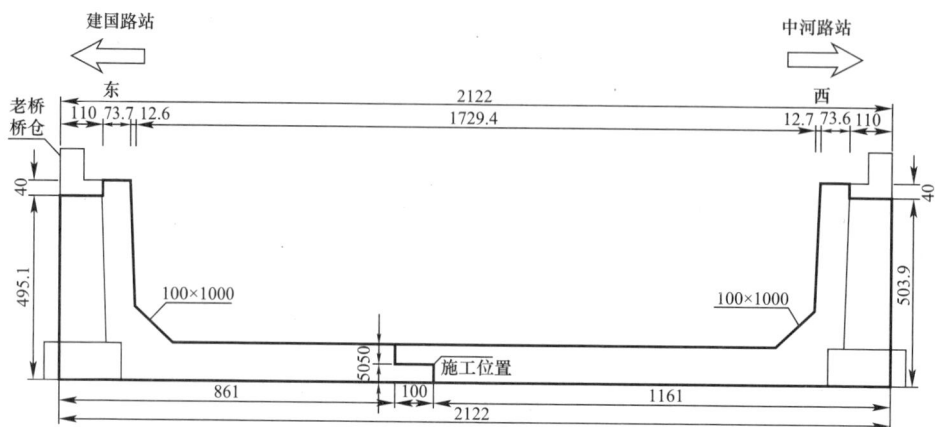

图 8-14 筏型基础构造示意图

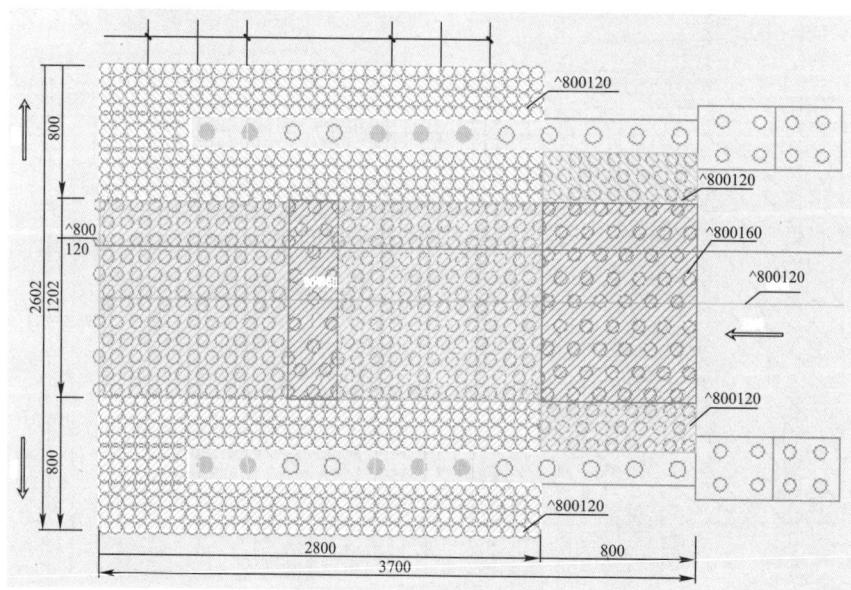

图 8-15 桥改建加固平面图

8.2.3 磨桩过河施工控制技术分析

(1) 掘进时间

第一排桥桩基：

第 43 环掘进起止时间：2016.1.11　07：55～13：10；

第 44 环掘进起止时间：2016.1.11　14：10～22：10。

第二排桥桩基：

第 60 环掘进起止时间：2016.1.15　02：35～09：02；

第 61 环掘进起止时间：2016.1.15　10：33～16：15。

2016 年 1 月 16 日，盾尾脱离凤起桥桩基。

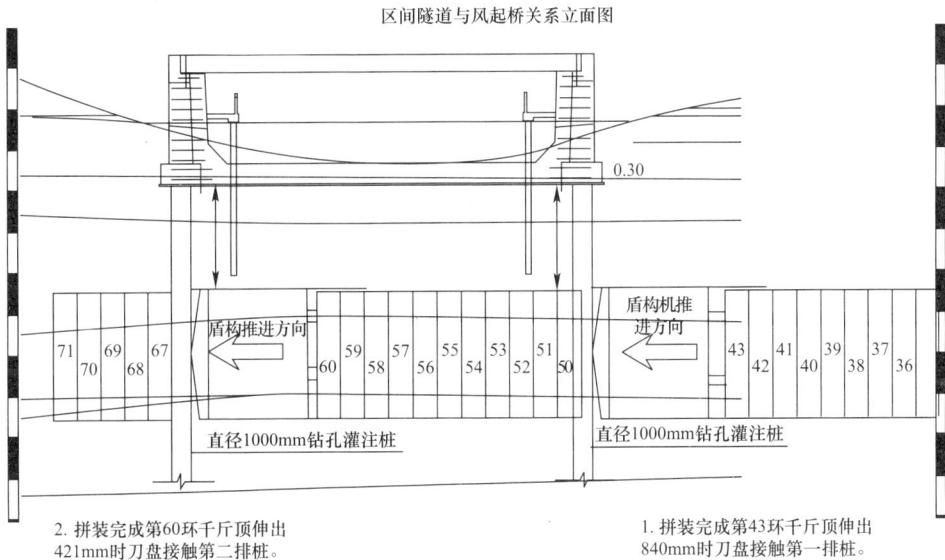

图 8-16　盾构区间隧道与桥桩关系剖面图

(2) 推力

第一排桩基磨桩施工过程中，推力在 1400～1450t，通过桩基后，推力逐步减小，第 44 环后期掘进推力降至 1200t；第二排桩基磨桩施工过程中，推力在 1100～1150t，通过桩基后，推力减小，第 62 环掘进推力降至 1000t。

(3) 掘进速度

磨桩施工前一环至磨桩施工后一环掘进启动定速泵，定速掘进，速度控制在 5mm/min。盾构刀盘整体通过刀盘后，掘进速度逐步提高。

(4) 刀盘转速

整个磨桩施工过程刀盘转速控制在 0.8rpm/min，定速旋转。

（5）注浆压力及注浆量

注浆压力在 4~5bar，注浆量为 4m³。

（6）土压力

整个磨桩施工过程 1 号土压力控制在 1.5bar。

（7）扭矩

第一排桩基：2.0~2.2MN·m；第二排桩基：2.0~2.6MN·m。

（8）磨桩盾构参数分析

磨桩施工过程启用定速泵，使掘进速度得到很好控制；慢速掘进，使桩基的主筋得到良好切削；主筋基本被磨断，降低钢筋缠绕刀盘的风险。刀盘转速根据国内既有施工案例，确定最佳转速为 0.8rpm/min。土压力的设定由计算得出，充分考虑安全系数。注浆压力及注浆量根据前期掘进参数及沉降情况确定。

盾构磨桩通过第一排桩基时，由于盾尾铰接压力较大，造成推力增大，磨桩通过第二排桩基前，进行调整，降低铰接压力，故磨桩通过第二排桩基时，推力有所降低。

整个磨桩施工过程，刀盘扭矩变化量较小。磨桩通过第二排桩基时，通过对刀盘前方渣土改良，使刀盘扭矩从 2.6MN·m 降低至 2.2MN·m。

磨桩施工相对应照片见图 8-17。

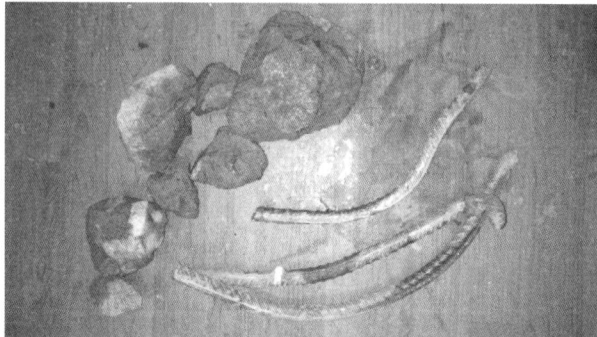

图 8-17　磨桩施工所取出混凝土及钢筋照片

（9）监测数据总结

测点布置图见图 8-18。

磨第一排桩完成后，桥面最大累计沉降为 −0.97mm（QCJ11），磨第二排桩完成后，桥面最大累计沉降为 −3.09mm（QCJ2）。磨第一排桩完成后，桥墩最大累计沉降为 1.49mm（QC2），磨第二排桩完成后，桥墩最大累计沉降为 −2.38mm（QC4）。

由以上数据分析得出上行线盾构磨桩过河区间，桥面累计沉降仅 −3.09mm，未发生单次报警和累计报警，总体来说，上行线盾构推进参数控制得较好，未对该桥及河流产生明显影响。沉降过程曲线图见图 8-19~图 8-21。

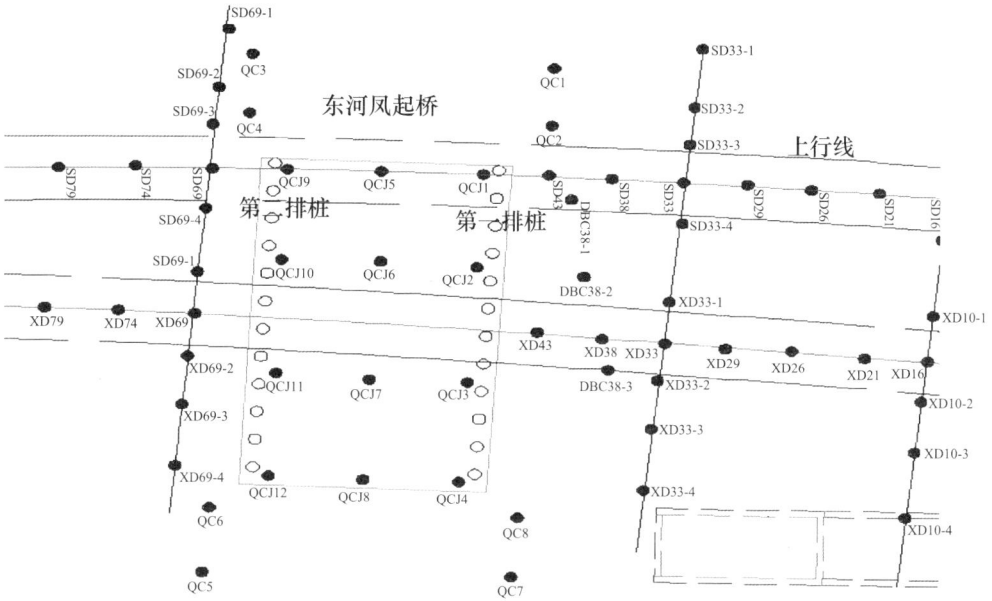

图 8-18　磨桩过河区域监测点布置图

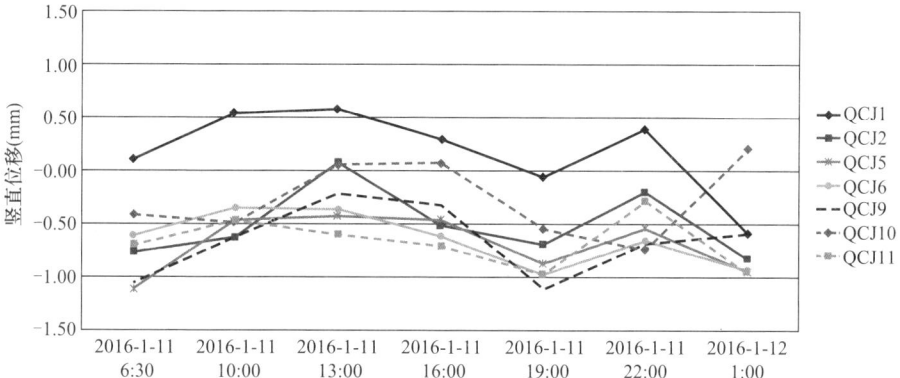

图 8-19　磨第一排桩期间桥面沉降过程曲线图

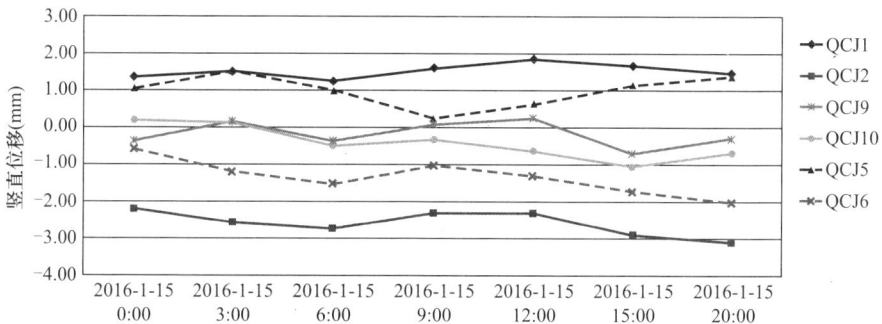

图 8-20　磨第一排桩期间桥面沉降过程曲线图

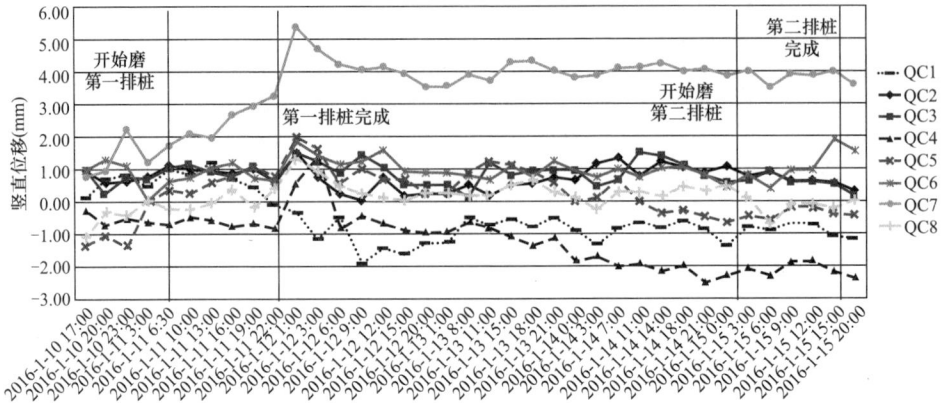

图 8-21　磨桩过河期间桥台沉降过程曲线

8.3　案例 2：南昌某盾构区间隧道下穿凤凰花园西区

8.3.1　工程概况

（1）工程概况

本地铁站区间隧道工程位于南昌市红谷滩新区。区间隧道自蛟桥站向南经过江西交通职业技术学院体育场南端附近，线路穿越北一环路向南前行，下穿瀛上湖，沿黄河路在凤凰花园住宅小区处以 340m 半径曲线右转连通丰和北大道，接入长江路站，区间起讫里程为 SK1＋570.427～SK4＋466.174（中间设一座中间风井），上行线长 2895.747m，下行线长 2895.399m，区间总长5791.146m。在里程 SK3＋098.821 处设置一座中间风井兼联络通道，另在SK2＋050、SK2＋500、SK3＋670 处设置联络通道，在 SK4＋035 处设置联络通道兼泵房。

工程由两台海瑞克复合式土压平衡盾构进行施工。先后施工上行线和下行线隧道。盾构从长江路站北端头井下井，掘进至蛟桥站南端头井。

本区间隧道区间最大覆土厚约 23.6m，最小覆土 4.9m。区间最小曲线半径为 340m，线间距约 12～13.6m。线路纵坡设计为双向坡，最大坡度为29‰。

区间需穿越凤凰花园西区 J-01 号、J-02 号和公建-GJ04，穿越土层主要为②₄ 中砂、②本₅ 粗砂、②₆ 砾砂、②₇ 圆砾、⑤₁₋₁ 强风化泥质砂岩、⑥₁ 全风化千枚岩、⑥₂ 强风化千枚岩等。见表 8-4。

隧道结构地质情况分析表　　　　　表8-4

施工方法	水头高度（距底板）(m)		区间隧道范围内岩土层		
	始发	到达	岩土名称	组段	里程
复合式土压平衡盾构	10.24	12.28	⑥₁全风化千枚岩、⑥₂强风化千枚岩、⑤₁₋₁强风化泥质粉砂岩	F	CK1+570.423～CK3+507.438
			②₇圆砾、⑤₁₋₁强风化泥质粉砂岩、⑤₁₋₂中风化泥质粉砂岩	F	CK3+507.438～CK4+276.622
			②₄中砂、②₅粗砂、②₆砾砂、②₇圆砾	E	CK4+276.622～CK4+466.094

（2）地质条件

区间隧道通过的地层主要由②₄中砂、②₅粗砂、②₆砾砂、②₇圆砾、⑤₁₋₁强风化泥质砂岩等组成，地质条件复杂，施工难度大（图8-22）。

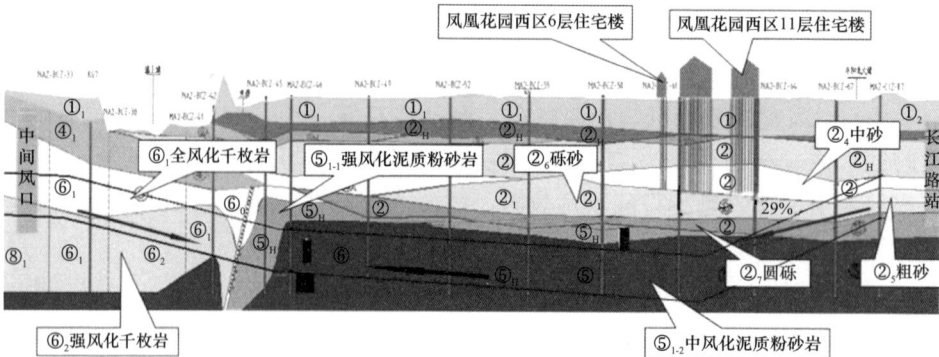

图8-22　下穿建筑位置地层示意图

场地地层分布自上而下详细描述如下：

工程地质Ⅱ区

①₂素填土：松散，灰、灰黄色，主要由砂性土组成，局部为黏性土组成，含少量砾石，岩性杂，分布路基上的勘探孔，揭示上部50～70cm以卵砾石为主。

②₂淤泥质粉质黏土：流塑，高压缩性，灰色，层状，层面夹薄层粉砂，粉砂单层厚0.1～0.4cm，局部夹团块状粉砂，含少量腐殖质，无摇振反应，切面光滑，干强度，韧性中等。

②₃₋₁含黏性土粉砂：中等偏高压缩性，松散，灰黄色，局部孔段呈褐黄色，夹软塑状团块状黏性土，成分以石英、云母、长石为主。

②₃₋₂细砂：饱和，中等压缩性，松散-稍密，灰、灰黄色，部分孔段为中砂，

局部含少量泥质，成分以石英、云母、长石为主。

②₄ 中砂：饱和，中等压缩性，稍密-中密，灰、灰黄色，部分孔段为细砂，成分以石英、云母、长石为主，局部含少量砾石，砾石粒径<1cm 为主。

②₅ 粗砂：饱和，中等压缩性，中密，灰、灰黄色、灰白色，成分以石英、云母、长石为主，含砾石，砾石粒径<1cm 为主，含量约 5%～10%。

②₆ 砾砂：饱和，中等压缩性，稍密-中密，灰、灰白色，颗粒粒径以 0.2～2cm 为主，含量 20%～35%，母岩成分以石英岩、砂岩、硅质岩为主，亚圆形，钻探揭露最大粒径 4～6cm，含量 5%～15%，填充中粗砂，砂成分以石英、云母、长石为主，偶夹薄层中粗砂透镜体。

②₇ 圆砾：饱和，中等偏低压缩性，中密为主，局部稍密，灰、灰白色，颗粒粒径以 1～3cm 为主，含量 35%～45%，母岩成分以石英岩、砂岩、硅质岩为主，亚圆形，钻探揭露最大粒径 5～8cm，含量 10%～15%，局部含块石，填充中粗砂，砂成分以石英、云母、长石为主，局部孔段砾砂透镜体。

⑤₁₋₁ 强风化泥质粉砂岩层：低压缩性，紫红色，原岩结构可见，岩芯较破碎，呈碎块状或短柱状，碎块用手可掰断，遇水软化，正常钻进速度较快，岩芯采取率低。

⑤₁₋₂ 中风化泥质粉砂岩：紫红色，局部段呈灰绿色，泥质胶结，局部为钙质胶结，原岩结构清晰，岩芯较完整，呈柱状-长柱状为主，局部为碎块状，节理裂隙不发育，见少许陡倾角裂隙，锤击声稍脆、易击碎，遇水软化，易崩解呈片状。

（3）穿越建（构）筑物概况

本区间先后穿越凤凰西区公建 GJ04、凤凰花园西区 J-02 号、凤凰花园西区 J-01 号，最后从凤凰花园西区 G02 旁穿过，详见区间穿越凤凰花园小区关系平面图 8-23 和图 8-24。

1）凤凰西区公建 GJ04

凤凰西区公建 GJ04 为 2 层、局部 3 层砖混结构，地基采用水泥搅拌桩加固（满堂加固）桩长约为 8.5m。隧道中心线埋深约 19.5m，隧道顶离桩底约 11m。盾构掘进上行线 171 环和下行线 194 环时，刀盘已开始进入建筑物下方，上行线 205 环和下行线 206 环时，盾尾穿过建筑物。隧道所处土层为②₆ 砾砂、②₇ 圆砾、⑤₁₋₁ 强风化泥质粉砂岩层。

2）凤凰花园西区 J-02 号

凤凰花园西区 J-02 号为 11 层钢筋混凝土短肢剪力墙结构，设计年限 50 年，总建筑高度为 34.8m，房屋设计安全等级为二级。地基加固为夯扩灌注桩地基加固，桩长约 13.85m，桩底标高 3.4m。隧道轴线竖向曲线为 29‰坡度，桩底距离隧道外径顶最小距离为 67cm，距离盾构机刀盘外径距离为 49cm。

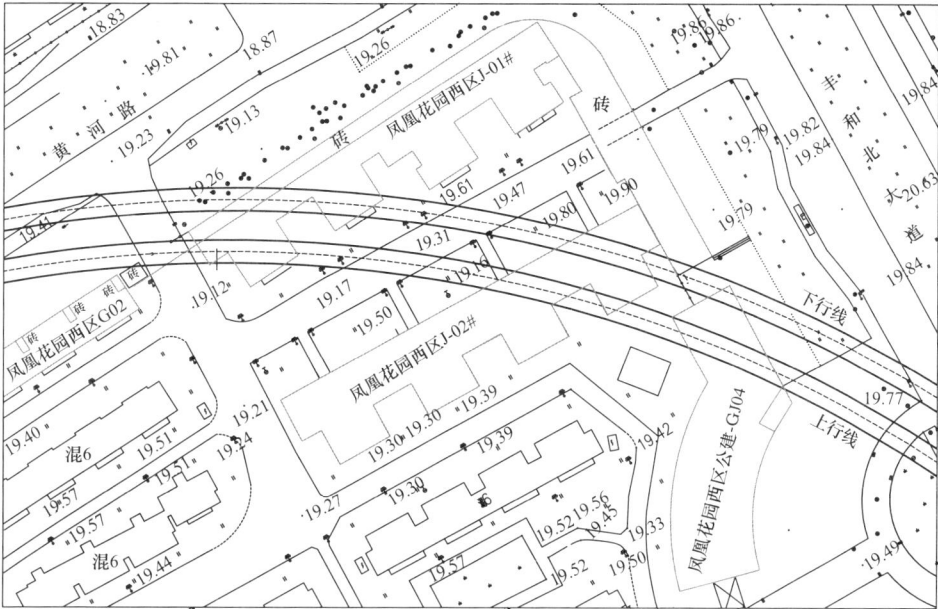

图 8-23 区间下穿凤凰花园小区关系平面图

盾构掘进上行线 209 环和下行线 207 环时，刀盘已开始进入建筑物下方，上行线 246 环和下行线 242 环时，盾尾穿过建筑物。上行线穿越桩基约 24 根，下行线穿越桩基约 26 根。隧道所处土层为②$_6$ 砾砂、②$_7$ 圆砾、⑤$_{1-1}$ 强风化泥质粉砂岩层、⑤$_{1-2}$ 中风化泥质粉砂岩。详见图 8-25 区间下穿凤凰花园小区 J-02 号混凝土 11 层住宅剖面示意图、8-26 凤凰花园 11 层楼房夯扩桩结构图。

3）凤凰花园西区 J-01 号

凤凰花园西区 J-01 号为 11 层钢筋混凝土

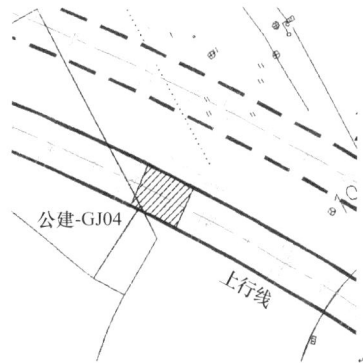

图 8-24 下行线目前盾构
位置示意图

短肢剪力墙结构，设计年限 50 年，总建筑高度为 36.1m。房屋设计安全等级为二级。地基加固为夯扩灌注桩，桩长约 13.85m，桩底标高 3.4m。隧道轴线竖向曲线为 29‰竖坡度，桩底距离隧道外径顶最小距离为 3.45m。

盾构掘进上行线 277 环和下行线 276 环时，刀盘已开始进入建筑物下方，上行线 311 环和下行线 316 环时，盾尾穿过建筑物。上行线穿越桩基约 31 根，下行线穿越桩基约 40 根。隧道所处土层为⑤$_{1-1}$ 强风化泥质粉砂岩层、⑤$_{1-2}$ 中风化泥质粉砂岩。详见图 8-27 区间下穿凤凰花园小区 J-01 混凝土 11 层住宅剖面示意图。

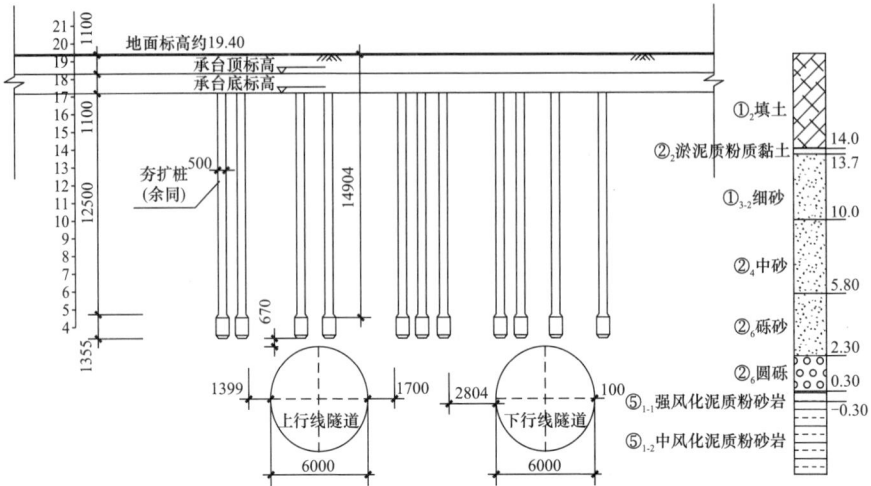

图 8-25 区间下穿凤凰花园小区 J-02 号混凝土 11 层住宅剖面示意图

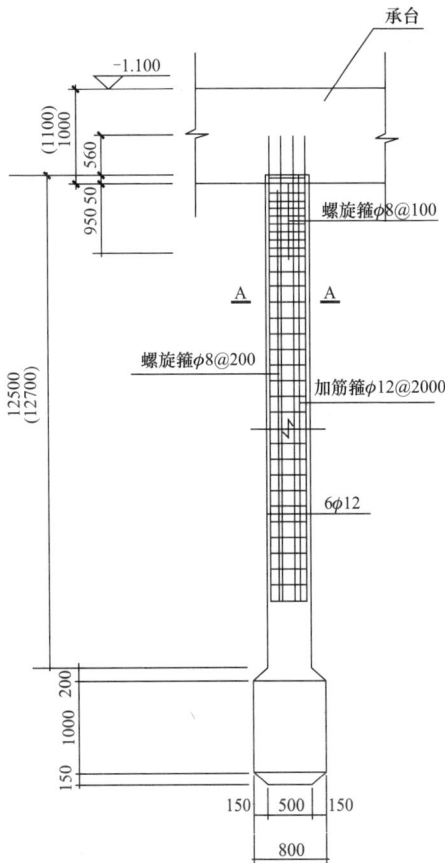

图 8-26 凤凰花园 11 层楼房夯扩桩结构图

4）凤凰花园西区 G02

凤凰花园西区 G02 为 6 跃 7 层，总建筑高度为 23.05m。设计年限为 50 年，结构设计安全等级为二级。1 层为框架结构，2～7 层为砖混结构。地基加固为夯扩灌注桩，桩长约 12.35m，桩底标高 6.05m。盾构掘进轴线从其旁边穿过，隧道中心线距离在外围桩中心 5.4m，桩底到隧道顶垂直距离为 6.85m。隧道所处土层为⑤$_{1-1}$强风化泥质粉砂岩层、⑤$_{1-2}$中风化泥质粉砂岩。详见图 8-28 区间下穿凤凰花园小区混凝土 6 层住宅剖面示意图。

5）房屋鉴定报告结论

经鉴定，凤凰花园 G02、J-01 号、J-02 号、凤凰花园西区公建 GJ04（2-34）～（3-8）轴梁、板、柱未发现裂缝，主体结构安全，部分围护墙有裂缝及渗水的情况并不影响主体结构的安全使用。

根据相关设计规范及建筑物调查情况，以及房屋鉴定报告，综合分析研究确定建筑物变形控制标准，指导施工，

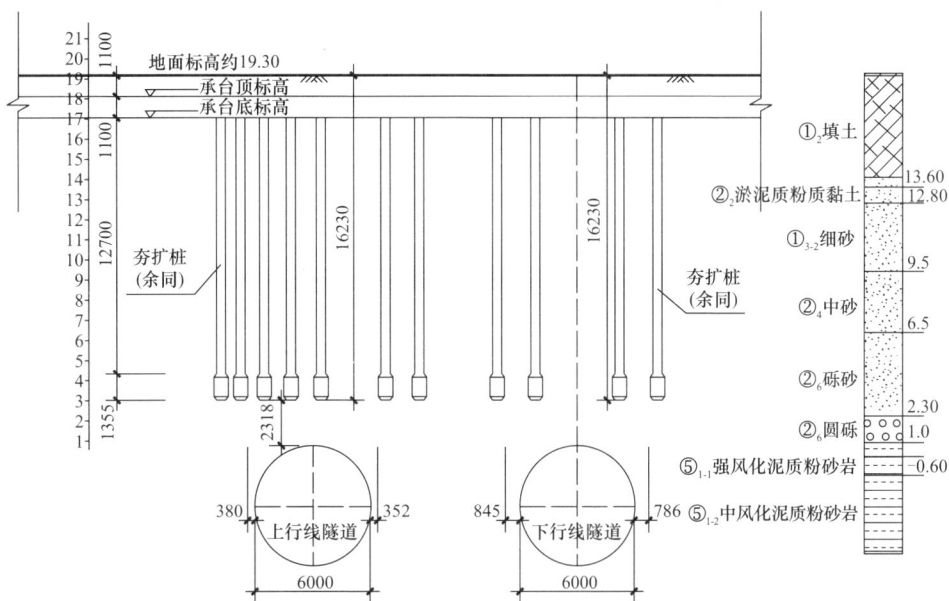

图 8-27 区间下穿凤凰花园小区 J-01 号混凝土 11 层住宅剖面示意图

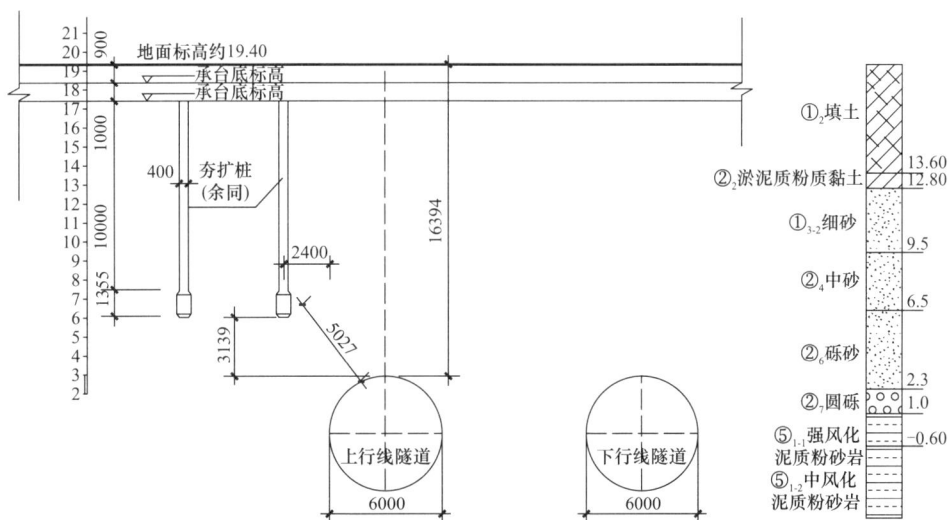

图 8-28 区间下穿凤凰花园小区混凝土 6 层住宅剖面示意图

确保建筑物安全。标准如下：

建（构）筑物相对倾斜不大于 2‰；

桩基水平方向位移不大于 5mm，竖向位移不大于 10mm；

地表沉降不大于 30mm，地表隆起不大于 10mm。

171

8.3.2 注浆加固及应急预案

根据《南昌市轨道交通一号线某盾构站区间穿越凤凰花园西区 2 栋 11 层住宅专项设计方案》，对盾构穿越建筑物采取预埋袖阀管及加大二次注浆量等措施。

（1）情况分析

隧道埋深约 16m，隧道轴线竖向曲线为 29‰，桩底距离隧道外径顶最小距离为 1.24m。由于隧道埋深较深，有一部分位于中风化泥质粉砂岩中，且盾构距离桩基较近，如对区间隧道周围土体进行加固，对减少盾构施工对周围土体及桩基的影响效果收效甚微，故本次施工不对盾构隧道周围土体进行加固。但为了对施工中操作不当引起的地表建筑物较大的变形及沉降，在 J-02 号住宅楼区间隧道穿越的外围预埋袖阀管（图 8-29），根据盾构施工的监测情况，进行袖阀管跟踪注浆，确保盾构施工安全稳定的穿越建筑物。

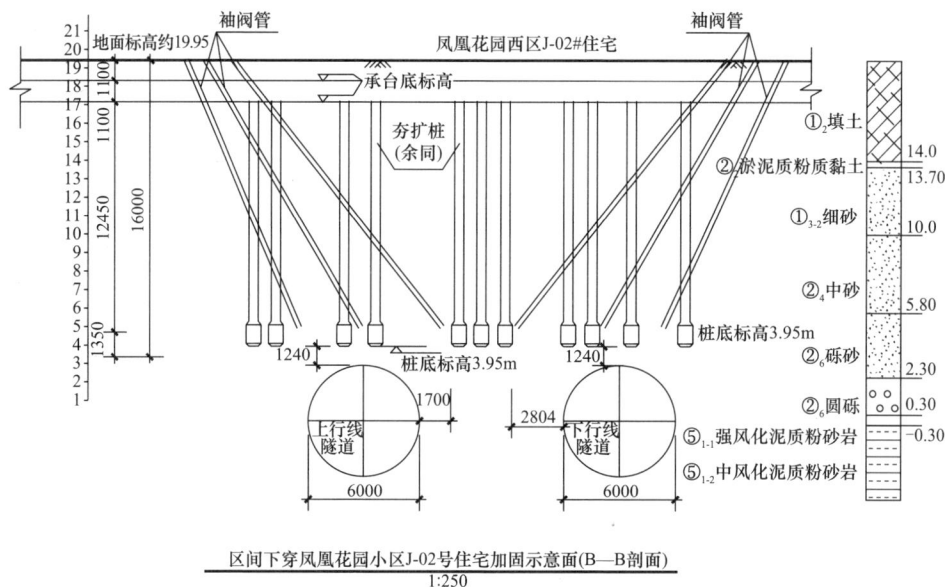

区间下穿凤凰花园小区J-02号住宅加固示意面(B—B剖面)
1:250

图 8-29 袖阀管布设方案示意图

区间隧道上行线里程 SK4＋69.773～SK4＋135.773、下行线里程 XK4＋82.626～XK4＋148.626 下穿凤凰花园西区 J-01 号住宅楼，此段区间隧道穿越的地层为中风化泥质粉砂岩。隧道的埋深约 19m，隧道轴线竖向曲线为 29‰，桩底距离隧道外径顶最小距离为 3.45m。考虑到隧道埋深较深，穿越围岩较硬，施工中控制好施工技术与施工质量，优化盾构推进参数，加强监测，盾构对建筑穿越施工影响较小，因此不对凤凰花园西区 J-01 号住宅楼采取预加固措施。

（2）预埋袖阀管范围及注浆控制

1）袖阀管范围

在盾构穿越建筑物前，进行预埋袖阀管施工，在盾构穿越期间，根据盾构施工的监测情况，进行袖阀管跟踪注浆。本次主要对 J-02 号住宅楼进行预埋袖阀管施工。

袖阀管预埋的范围为盾构穿越建筑物区域隧道边沿各延伸 3m，楼房两侧各 3m。设置 3 排，采用梅花形布置，袖阀管数量约为 400 根。具体布设根据现场实际情况进行布设。

2）注浆控制

该区间盾构穿越建筑物为重大风险源，为确保盾构穿越建筑物期间，建筑物的安全，根据穿越建筑物的专项安全施工方案及设计相关内容，采取在 J-02 号楼房进行预埋袖阀管，在盾构施工中，进行跟踪注浆。盾构施工中，加强监测，根据监测成果，每天进行分析，调整盾构施工相关参数，若出现连续沉降或沉降超过监测控制值，将立即采取有针对性的袖阀管注浆。

3）袖阀管注浆相关参数

袖阀管注浆法具有压力不高且可控、浆液扩散均匀、同一注浆管可反复注入等优点。同时也要考虑到注浆加固施工不能对楼房的基础产生影响（如：旋喷注浆压力过高可能影响基础的稳定等因素）。

袖阀管从楼房两侧向中间斜向下打设，袖阀管打设至楼房的基础夯扩桩桩头上面，角度约 $50°\sim60°$ 之间，长度约为 $15\sim18m$。钻孔施工过程中若遇到桩基，应终止该孔位施工，并就近施工另一个钻孔。

（3）穿越建（构）筑物加强洞内二次注浆措施

对盾构穿越建筑物采取加强二次注浆及管片加强措施。考虑上部建筑物荷载对区间隧道的影响，并且盾构隧道穿越建筑物加强二次注浆的需要，在上行线里程 SK4＋69.773～SK4＋135.773、下行线里程 XK4＋82.626～XK4＋148.626，区间隧道下穿凤凰花园西区 J-01 号住宅楼，管片增加注浆孔，注浆孔由原来的 6 孔增加到 16 孔。上行线里程 SK4＋159.773～SK4＋217.373、下行线里程 XK4＋164.226～XK4＋218.226 区间隧道下穿凤凰花园西区 J-02 号住宅楼，区间管片增加配筋量和注浆孔，注浆孔由原来的 6 孔增加到 16 孔。

穿越建筑物期间从盾尾后 10 环开始进行二次注浆，以后每掘进 5 环都进行二次注浆，注浆量在 $2\sim4m^3$，并在此期间加强沉降观测，根据沉降情况加强二次注浆，直至顺利穿越建筑物。

（4）应急预案

1）应急预案的启动条件

通过监测手段获得 J01 号、J02 号楼房的变形情况启动相应应急预案。具体监测控制值如下：

①地表沉降≤30mm；地表隆起≤10mm；②建筑物倾斜≤建筑；③当隧道施工推进通过一倍洞径时，变位速率≤5mm/d；④监测预警值为控制值的 70%（详见监测方案）。

2）应急措施流程

对于 J-02 号楼的沉降及倾斜，当监测数据超出规定数值时，立即启动地面注浆和加强洞内管片的二次注浆：

① 在某个测点出现报警的情况下，测点前后及左右 3m 范围内预埋的 3 排袖阀管进行注浆，控制注浆压力在 0.5~1.5MPa；并根据监测情况进行填充注浆；注浆深度从袖阀管埋深底部注起。

② 洞门在测点附近前后 2 环进行二次注浆，二次注浆量控制在 2~4m 次，注浆压力控制在 0.3MPa 左右；由于管片采用增设注浆孔的特殊管片，注浆时，宜采用跳孔注浆；加强监测，根据监测情况，及时调整注浆量及注浆压力。

对于 J01 号楼的沉降及倾斜，当监测数据超出规定数值时，立即加强洞内管片的二次注浆：

① 洞门在测点附近前后 2 环进行二次注浆，二次注浆量控制在 2~4m 次，注浆压力控制在 0.3MPa 左右；由于管片采用增设注浆孔的特殊管片，注浆时，易采用跳孔注浆；加强监测，根据监测情况，及时调整注浆量及注浆压力。

② 当监测数据在盾构机穿越楼房期间数据满足规定要求，未出现较大的变形，在盾构机施工的同时洞内需要增大同步注浆，补充二次注浆，地面对袖阀管进行填充注浆。

8.3.3　施工控制技术分析

(1) 监测数据分析

该区间上行线自脱离围挡范围后地表沉降累计值大部分均超过控制值，其中盾构下穿凤凰花园西区建筑物期间的地表沉降过程线见图 8-30，2 月 28 日，上行线拼装至 162 环，刀盘掘进至 167 环位置，盾尾后方地表沉降点 R155、R160 沉降量均大于 32mm，盾体上方 R165 测点沉降量达 15.7mm，刀盘前方测点 R170 沉降量未超过控制值；3 月 1 日，上行线拼装至 164 环，刀盘掘进至 169 环位置，盾尾后方地表沉降点均呈沉降趋势，其中 R160、R165 测点沉降速率分别达到 18.6mm/d、48.1mm/d，刀盘上方 R170 测点累计沉降量达 30.9mm；3 月 2 日 +165 环管片脱出盾尾，掌子面由 169 环掘进至 171 环，R165 测点沉降速率达 −21.4mm/d，R170 沉降速率达 −23.4mm/d；3 月 3 日 +167 环管片脱出盾尾，掌子面掘进至172环，各测点沉降速率均有所减小，其中最大沉降速率为一9.9mm/d（R170）；3月4日上行线24h内仅掘进1环，R155～R170各测点沉降速率均较小；3月5日盾构停机维护，3月5日下午恢复掘进后至3月6日17：00，掌子面由173环掘进至176环最大沉降速率测点R170沉降速率达一28.2mm/d，此过程中R170测点由盾体上方逐渐脱出盾体范围。地表沉降监测点数据见表8-5。

该区间上行线下穿二层商业楼建筑物沉降监测数据见表8-6和图8-31，由图8-31可明显发现至3月5日下午掌子面开始下穿建筑物前，建筑物沉降监测数据一直较稳定，沉降趋势较小；自掌子面下穿建筑后，J01～J06各测点沉降趋势增大，3月6日J03测点沉降速率达11.9mm/d，如图8-32所示，J03测点位于上行线轴线下穿建筑物GJ04位置下方。

地表沉降监测点数据（单位：mm）　　　　　　　　　　　表8-5

测点\日期	2月28日 8：00	3月1日 8：00	3月2日 8：00	3月3日 8：00	3月4日 8：00	3月5日 8：00	3月6日 8：00
R155	−39.6	−45.4	−46.6	−47.3	−47.8	−47.3	−48.8
R160	−32.0	−50.6	−56.8	−59.8	−61.3	−60.1	−61.6
R165	−15.7	−62.8	−84.2	−91.4	−92.8	−93.0	−95.2
R170	−2.8	−33.7	−57.1	−67.0	−69.2	−68.5	−79.1

二层商业楼沉降监测点 J01～J06 数据（单位：mm）　　　　表8-6

测点\日期	2月28日 8：00	3月1日 8：00	3月2日 8：00	3月3日 8：00	3月4日 8：00	3月5日 8：00	3月6日 8：00
J01	−0.5	−0.4	0.5	0.1	0.6	0.9	1.2
J02	0.1	0.1	0.0	0.0	−1.1	0.2	−1.2
J03	−0.1	−1.8	−2.1	−3.0	−3.7	−3.2	−6.6
J04	0.0	−0.1	−0.7	−1.6	−0.7	−0.4	−2.4
J05	−0.3	−1.3	−1.4	−1.6	−1.4	−1.5	−1.6
J06	−0.1	−0.4	−0.2	0.0	−0.1	−0.3	−0.6

(2) 盾构施工控制参数分析

自盾构掘进至150环后，通过逐步稳定各项盾构施工参数，为穿越凤凰花园西区提前准备。如表8-7所示，穿越建筑物前现场已经调高土压力至2.0Bar，并将统计出土量稳定在38～39m³，同步注浆量稳定在9m³；同时总推力相应地升至15000kN以上，刀盘扭矩上升至2.7×10³kN/m，掘进难度增大，掘进速度降低至0.5cm/min左右，且可能造成掘进过程不连续，增大对周边土体的扰动；

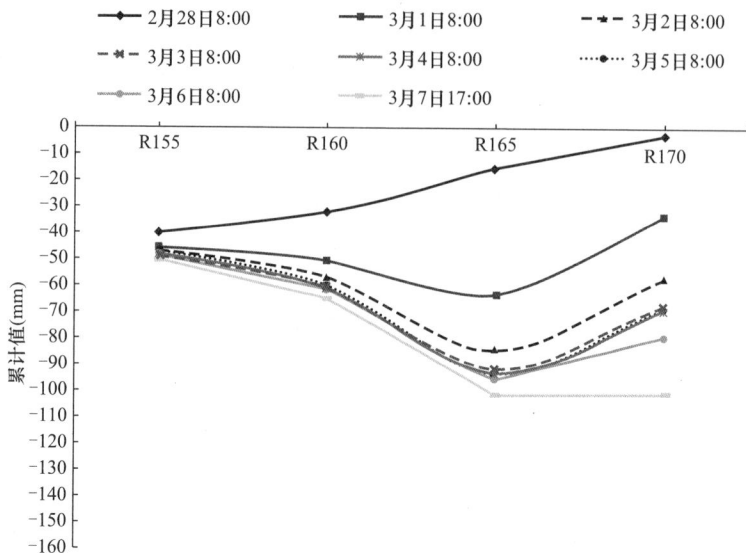

图 8-30　地表沉降监测点一周变化过程线

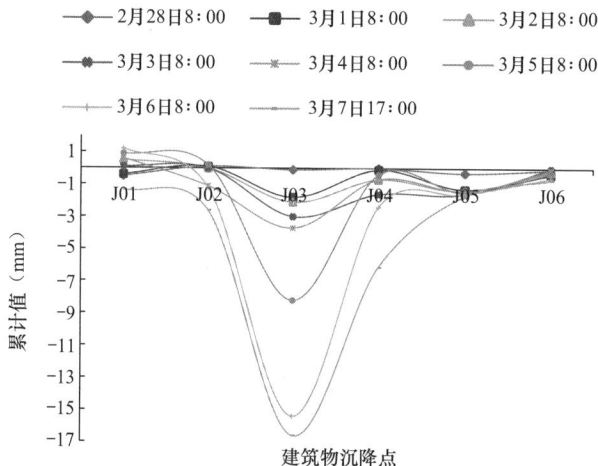

图 8-31　二层商业楼沉降监测点 J01～J06 一周变化过程线

据观察，施工现场对同步注浆的控制仅限于调整注浆量及浆液稠度，对浆液的有效组分的掺量选择仍以方便操作为首先考虑，现场为避免注浆管堵塞频繁发生，大幅减少细骨料的掺量，而依靠增加粉煤灰用量提升稠度，仅从实验数据上使浆液满足要求，但这一做法与该区间富水砂层地质下浆液极易流失的特性不适应，在无细骨料堵塞围岩空隙的情况下，同步注浆几乎起不到效果，为盾构下穿建筑物埋下了风险。

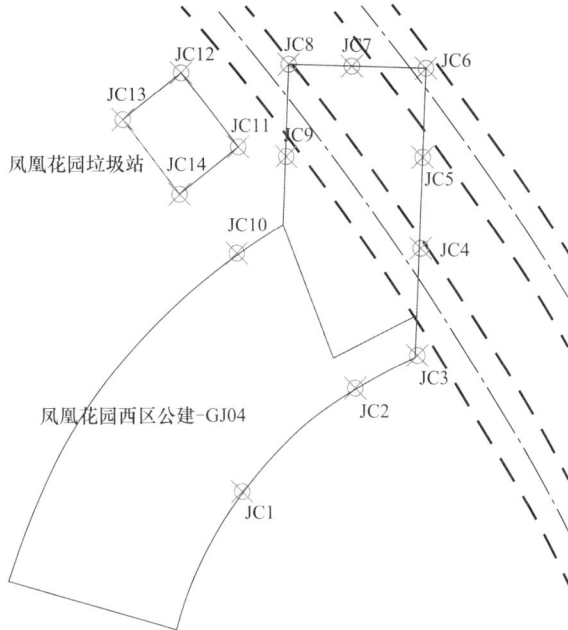

图 8-32 GJ04 建筑物沉降监测点布置图

+164～+171 环盾构掘进参数表　　　　　　　　　　　　　　　表 8-7

环片参数	土仓压力 （bar）	总推力 （kN）	刀盘扭矩 （×10³kN/m）	掘进速度 （cm/min）	出土量 （m³）	同步注浆量 （m³）
164	1.8	13372	2.6	0.5	39	8
165	1.9	12394	2.6	0.5	39	8
166	2.0	12737	2.6	0.5	40	9
167	2.0	15325	2.7	0.5	40	9
168	2.0	15737	2.6	1.0	39	9
169	2.0	16675	2.7	1.0	39	9
170	2.0	15383	2.7	0.6	38	9
171	2.0	15470	2.7	0.4	38	9

（3）风险及原因分析

1）据近区间上行线近一周地表沉降趋势分析可知，上行线盾构掘进过程中掌子面上方地表沉降量均已超过控制值；盾构通过过程中及管片脱出盾尾后，该位置地表沉降还将继续发展，且此类后续沉降量大都接近甚至可能超过前期掌子面上方地表沉降量；综合看来，区间上行线在盾构机正常掘进的情况下，各阶段地表沉降速率及沉降量均远超控制值，单就盾构施工而言工程已经存在一定风险，并且区间上行线正下穿凤凰花园西区建筑物，结合建筑沉降监测数据分析，认为建筑物沉降与地表沉降情况将基本同步。

结合区间上行线地质条件和前期施工情况分析，上行线盾构机土仓压力已达到2Bar，达到理论掌子面土压力的1.6倍，属于严格的保压推进，超挖的可能性不大；而且其他各项掘进参数也比较正常，说明渣土改良及盾构机适应性并不存在重大问题；推测因上行线盾构目前处于上软下硬地层中，姿态不易控制（易磕头），且因渣土流塑性差而不易实现土压连续的动态平衡，易发生超挖，使得掌子面前方土体沉降过大，其中部分经发展造成后期沉降，这些是在蛟～长区间上行线盾构机保持正常掘进的情况下，各阶段地表沉降速率及沉降量仍然均远超控制值的原因。

2）本区间上行线盾构机近期设备故障率较高，3月6日上行线曾因设备故障发生非正常停机，其后地表沉降监测点R170、建筑物沉降测点J03均沉降速率剧增；经分析发现，每次区间上行线非正常停机后，地表沉降监测数据大都会以沉降速率剧增的现象灵敏地反馈，分析原因可能为盾构停机过程中，超静孔隙水压力逐渐消散，土体固结和水土压力重分布导致土仓压力逐步减小，从而导致掌子面上方地表沉降，而且区间穿越地层中含水量较大，此现象极易发生，这是区间上行线地表沉降速率时常剧增的主要原因。

3）据区间上行线近期地表沉降趋势可知，上行线盾构在管片脱出盾尾后仍有较大的沉降趋势，有时甚至超过该位置前期沉降量；分析认为，在该类区间目前的富水砂性地层下，由于当前注浆浆液颗粒粒径小于围岩空隙粒径，同步注浆浆液易从围岩空隙中顺地下水流散造成同步注浆及二次注浆效果不佳，这是导致管片脱出盾尾后地表沉降继续快速发展的又一主要原因。

（4）措施建议

1）应针对地质变化情况修正各项盾构参数，使之适应目前地层条件。建议选用更适宜增强土仓内渣土流塑性的渣土改良措施在现有土压参数的基础上尝试进一步适当增大土仓压力，保证盾构顺利下穿建筑物。

2）建议加强设备保障，建立日常检修维护制度，减少盾构非正常停机次数及停机时间，减少掌子面土压损失，避免掌子面及盾体上方土体沉降过大。

3）针对区间浆液流失率高情况，建议修正同步注浆参数（适当降低胶砂比，增加骨料含量），并采取加密二次注浆的措施，同时缩短浆液凝固时间，密实填充管片与土体间空隙，确保管片脱出后盾尾上方土体沉降量控制在允许范围内。

8.4 案例3：宁波某盾构区间隧道下穿重要文物

8.4.1 工程概况

(1) 工程概况

宁波地铁某盾构区间位于中山西路下，从孝闻街到解放路，里程桩号为 K9＋777.0～K10＋552.0，全长约 775m（双线），线间距 11.9～14.6m，均为地下线路，设有 1 座联络通道。线路从西门口站出发，沿中山西路往东，途经孝闻街、咸通塔、法院巷、呼童街、镇明路、解放路立交桥到达鼓楼站，区间两侧建筑物较为密集，下穿重要文物有四处（咸通塔、范宅、鼓楼和永丰库），详见图 8-33。

结构设计、施工工法：西门口站～鼓楼站区间采用盾构法施工，长度约 632m，结构埋深 14～23m，为单圆盾构法区间。采用错缝拼装的钢筋混凝土单层衬砌；采用 6 块分块，K 块纵向插入拼装方式，具体分块情况为 3 块标准块（中心角 67.5°），2 块邻接块（中心角 68.75°）和 1 块封顶块（中心角 20°）；管片的类型采

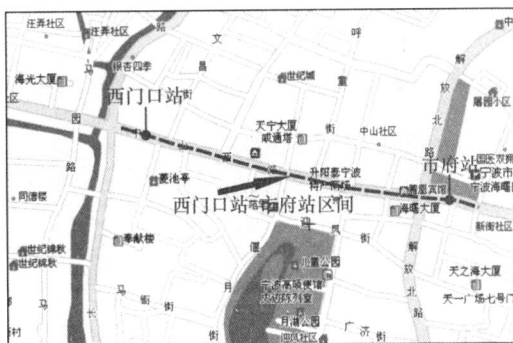

图 8-33 区间平面位置示意图

用标准环＋左转环＋右转环；衬砌环宽 1200mm，厚度 350mm，隧道内径定为 5.5m；衬砌纵缝断面采用定位棒，环面设置凹凸榫槽；盾构管片采用块与块、环与环间用弯螺栓连接的管片结构；区间设一座联络通道兼排水泵站。

(2) 工程地质及水文地质

该区间位于中山西路上，线路位于望京路到解放路之间。区间隧道基本位于②$_{2-2}$层灰色淤泥质黏土、③$_1$层含黏性土粉砂或黏质粉土、③$_2$层粉质黏土、④$_{1-1}$层淤泥质粉质黏土、④$_2$层黏土和⑤^{1}硬土层。

本场区内承压水赋存于③$_1$层粉砂及⑧$_1$层粉细砂中。根据区域水文地质资料，承压水水头埋深在 5.0～7.0m，对盾构施工不利影响较小。

(3) 周边环境

1）周边建构筑物

区间隧道从西门口站出发，沿中山西路往东，途经孝闻街、法院巷、呼童街、镇明路、解放路立交桥到达鼓楼站，区间两侧建筑物较为密集，下穿重要文物有四处（咸通塔、范宅、鼓楼和永丰库）。区间隧道两侧高层建筑林立，主要

有文昌大酒店、中西大厦、天宁大厦、鼓楼大厦和宁波市财政局等。场地周边环境详见图 8-34～图 8-41。

图 8-34　天宁大厦及法院巷两侧高层

图 8-35　中山路北侧中西大厦

图 8-36　咸通塔

图 8-37　鼓楼

图 8-38　永丰库遗址

图 8-39　范宅及鼓楼大厦

区间下穿的文物较多，有四处：咸通塔、范宅、鼓楼和永丰库，其中范宅和永丰库，距隧道轴线很近。

图 8-40 中山路及两侧高层

图 8-41 镇明路口商场

① 咸通塔：建于唐咸通四年（863 年），距今已有 1100 多年的历史；是我国长江以南现存的唯一唐代方形砖塔。现为国家重点文物保护单位。

咸通塔为砖结构，平面呈正方形，底层每边长 3.2m，占地面积 10 余平方米。外塔顶部已无塔刹，全塔高约 12m；塔内空呈方形，穹隆顶；塔体基本正直，无明显倾斜趋势，但剥蚀风化较严重。该塔共五层，底层略高并开有壶门，以上塔身逐层收缩变小；每层四壁均设有供奉佛像的龛，四周用砖砌叠涩檐，出挑 0.7m 左右。

② 范宅：建立于明后期万历、天启年间，1996 年重修，后辟为文化商场，现为宁波市文物保护单位。范宅占地约 1840 平方米，建筑面积 2100 平方米。以南北为纵轴线，坐北朝南，由前后三幢厅堂及左右配房组成一座规模较大的"日"字形木构建筑群，主体建筑梁架采用抬梁式与穿斗式混合方式，结构简朴，用材硕大，当为古建筑的典型。

③ 鼓楼：是宁波市唯一仅存的古城楼遗址，海曙区文物保护单位。鼓楼占地面积 700 多平方米，城高 8m 多，门道深 16m，门宽 5m，为弓形石建筑。门楼为三层瞻歇山顶。五开间。鼓楼现存楼阁为清咸丰五年重建，将城楼改为三层木结构建筑。1930 年，在清代城楼上构建了钢筋水泥瞭望台和警钟台，并安装了机械报时钟，鼓楼的下部是典型的中国传统城楼样式，城楼上建的却是罗马风格的西式鼓楼。1988 年初～1989 年 6 月期间，市政府进行了大修。

④ 永丰库遗址：全称"浙江宁波元代庆元路永丰库遗址"，是元朝时期宁波的衙署仓储区遗址，遗址位于地下 1m 以下，无地面建筑。遗址的发现位列"2002 年度中国十大考古新发现"。2006 年，它被列入全国重点文物保护单位。目前正在遗址上修建公园，公园以遗址保护和展示为核心。

2）重要的地下障碍物

区间沿线建筑物众多，临近管线密布，纵横交错，临近管线分布复杂。西门口～鼓楼站区间主要地下障碍物为法院巷通道和人防工程。法院巷通道为地下一层，采用箱型结构，净宽 8.4m，净高 4.2m，围护结构采用拉森钢板桩。地下障碍物主要为建筑物老基础和地下人防工程。地下人防工程位于中山路南侧，埋深 0.8～1.5m，宽 1.8～3.0m，高 2m 左右。

　　3) 重点风险因素分析

　　根据设计资料图纸分析，风险因素主要有：淤泥质粉质黏土层、区间穿越建（构）筑物、市政道路、管线、盾构进出洞，联络通道施工。

　　根据地质条件、环境条件以及设计位置条件，进一步对本工点重点风险因素分析识别见表 8-8。

重点风险因素分析统计表

表 8-8

序号	类别	风险因素	不良影响
1	地质及地下水条件	区间穿越②₂层淤泥质黏土、③₁层黏质粉土、④₁层淤泥质粉质黏土、④₂层黏土、⑤₁层黏土	地质软弱导致盾构姿态不稳定，难于控制，隧道密封薄弱环节渗水漏水，地表沉降大进而引起周边环境变形
2	环境条件	盾构区间上方道路、管线、临近建（构）筑物及文物文昌大酒店、平桥小区、天宁寺塔、天宁大厦、法院巷地下通道、范宅（文物）、鼓楼大厦、浙商银行、鼓楼（文物）、永丰库遗址（文物）、宁波市财政局（财税大楼）、海曙大楼、丝绸大厦、恒隆中心、久久天桥等）	盾构下穿施工导致重要道路、管线、文物及建（构）筑物沉降，影响交通安全及建筑物安全
3	设计（受力）位置条件	盾构进、出洞口地段	盾构开挖及结构接口施工施工引起结构应力集中，应力重分布后受力体系较为复杂，产生自身结构变形、周边环境变形

（4）施工情况描述

　　区间左线盾构于 2012 年 1 月 15 日正式始发，2012 年 6 月 11 日区间隧道顺利贯通，总共推进施工近 5 个月；区间右线盾构于 2012 年 2 月 10 日正式始发，于 2012 年 6 月 18 日完成贯通，总共推进施工 4 个月。区间联络通道从 2012 年 6 月 29 日开始冻结，9 月 25 日开始后期融沉注浆。

8.4.2　监测点布置

　　该盾构区间主要下穿文物有：咸丰塔（Jc34～Jc37）、范宅（Jc65～Jc80）、鼓楼（Jc130～Jc135）、永丰库遗址（Jc136～Jc145）。盾构区间下穿文物时间主要集中在2012年3～5月。本区段监测报警值以设计文件为依据，参考相关要求，结合本工程变形控制等级等实际情况，监测预报警值如表8-9所示。

监测预报警值统计表　　　　　　　　　　　　　　　表8-9

序号	监测项目		报警值
1	地表沉降		累计变量-30mm，变化速率连续两天3mm/d
2	地表隆起		累计变量+10mm，变化速率3mm/d
3	隧道沉降、收敛		累计变量15mm，变化速率2mm/d
4	建筑沉降监测		累计变量15mm，变化速率2mm/d
5	建筑物倾斜		倾斜度累计值达到2/1000或倾斜速度连续3天大于0.0001H/d
6	地下管线	压力刚性管线	累计变量10mm，变化速率2mm/d，相对转角0.01
		非压力刚性管线	累计变量20mm，变化速率3mm/d，相对转角0.01
		柔性管线	累计变量30mm，变化速率3mm/d，相对转角0.01

当监测点达到报警值时，立即报警，分析出原因立即采相对应措施。

8.4.3 下穿文物监测数据分析

区间下穿文物监测数据统计如表8-10所示，在盾构掘进过程中咸丰塔、王宅、鼓楼等文物均未超过报警值，其中永丰库遗址建筑累计值已超过报警值，但下穿过程中该文物监测点变化速率未超标，整体变形较为稳定，风险安全可控。

文物监测数据统计表　　　　　　　　　　　　　　　表8-10

标段	监测项目	文物名称	最大累计沉降（mm）	最小累计沉降（mm）	监测日期
TJ1102标	文物沉降	咸丰塔	Jc35：-1.79	Jc34：-0.66	2012/5/24
		王宅	Jc58：-6.16	Jc55：-1.77	2012/4/11
		鼓楼	Jc135：-4.08	Jc132：-1.29	2012/5/28
		永丰库遗址	Jc139：-44.2	—	2012/7/4

2012年4月2日～4月30日西门口站～鼓楼站下行线下穿法院巷地下通道，选取累计值最大点Jc108分析，累计值时程曲线图如图8-42所示。

根据时程曲线图分析，在盾构下穿期间，该区间文物建筑明显发生下沉，变化速率最大达-3.34mm/d，累计值最大达-24.00mm，累计值及变化速率均超标，在盾构下穿完成后（2012年5月7日），该建筑物沉降变化速率明显趋于平缓，整体累计值较为稳定，约为－23.7mm。

2012 年 5 月 24 日～6 月 14 日西门口站～鼓楼站上行线下穿永丰库遗址，选取累计值最大点 Jc139 分析，累计值时程曲线图如图 8-43 所示。

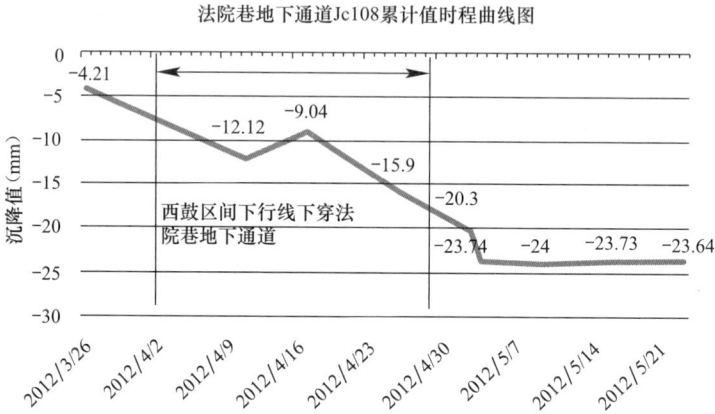

图 8-42　法院巷地下通道 Jc108 累计值时程曲线图

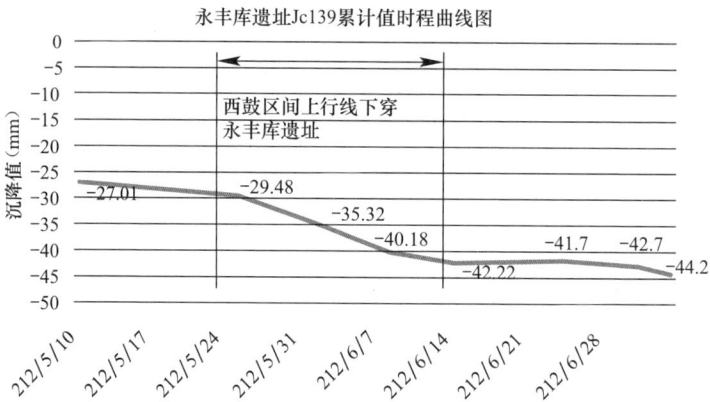

图 8-43　永丰库遗址 Jc139 累计值时程曲线图

根据时程曲线图分析，在盾构下穿期间，该区间文物建筑沉降累计值明显发生变化，变化速率最大达－0.81mm/d，累计值最大达－44.20mm，考虑到前期永丰库遗址因鼓楼站施工等因素有一定的沉降量，在西鼓区间上行线下穿过程中累计值超标，在盾构下穿完成后（2012 年 6 月 15 日），该建筑物沉降变化速率明显趋于平缓，整体累计值较为稳定，约为－44.00mm。

8.4.4　区间监测数据反分析

（1）盾构引起地表沉降纵断面累计值分析

选点原则：

1）测点能反映地表最大沉降（位于区间右线结构中心线上方）；

2）测点能反映地铁施工全过程引起的累计沉降值；

3）有效测点的统计过程中剔除异常点。

结合图 8-44 分析，该盾构区段掘进过程中，大部分地表沉降控制较好，总体均值在 −41.73mm 左右，沉降量超限与区间所处的地质特性存在一定关系。在前 550 环区段地表变形控制相对较好，最大值 −57.72mm。但在靠近鼓楼站端头部分区段 XD4-5～XD668 监测断面，其沉降量出现明显增大趋势，地表变形控制较为一般。

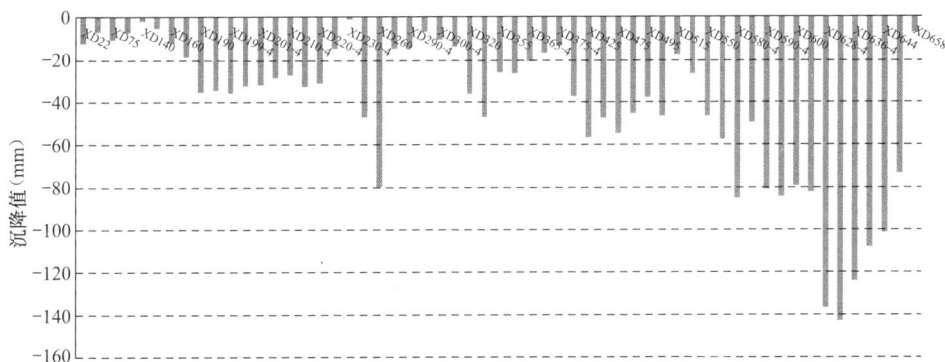

图 8-44　盾构掘进引发地表沉降纵断面（轴线）累计沉降分布图

（2）地表横断面累计沉降分析

选取了经复核较为准确的 32 个监测横断面（数据较完整，基本符合沉降槽规律的数据进行分析），如表 8-11 所示。

结合图 8-45、图 8-46 分析，该区间上行线掘进过程中，总体地层损失控制相对较好，约 40％区段小于 10‰符合盾构掘进对周边环境的控制要求，另有小部分区段（约 13％）地层损失值在 10‰～15‰，基本符合盾构施工对周边环境的控制要求。但也有不少部分区段（约 33％）地层损失值超过 20‰，说明该部分区段因地质盾构掘进控制等因素导致地层损失量过大，甚至有极少数区段（约 3％）损失率达到了 70‰以上，不能完全满足保护周边环境的要求，其中引发地层沉降量最大值约 142.84mm，这在设计与施工中应引起重视。盾构施工影响范围：3.63～35.25m，均值：19.44m。

沉降槽统计表　　表8-11

	监测点距中心距离(m)								高斯拟合			地层损失量 $V_s(m^3)$	地层损失率 $V_1(‰)$	影响范围 $2.5i$
	-11	-6	-2	0	2	5	9	14	S_{max}(mm)	i/m	R^2			
XD22	0.30	0.19	-7.34	-12.65	-10.04	-5.60	1.29	-5.39	-12.39128	3.6105	0.60478	0.13	4.05	9.03
XD50	0.43	0.06	-6.56	-7.20	-5.82	-3.08	1.57	2.28	-7.17239	3.41329	0.83786	0.07	2.22	8.53
XD75	0.76	1.05	-10.64	-10.81	-7.77	-6.35	1.04	1.12	-10.23367	4.05247	0.89192	0.12	3.75	10.13
XD100	-0.26	1.82	0.73	-7.24	-5.46	-2.54	1.72	0.02	-7.0809	3.15972	0.90822	0.06	2.03	7.90
XD140	0.95	2.09	-2.03	-1.97	-0.68	0.04	1.62	1.39	-1.8074	-0.07249	0.2413	0.00	-0.01	-0.18
XD150	0.51	2.24	-3.41	-5.23	-3.91	-3.60	-0.08	0.05	-4.99	4.66	0.91	0.07	2.10	11.64
XD160	1.24	0.10	-11.84	-12.66	-10.08	-7.85	-2.62	-0.07	-11.94	5.19	0.98	0.17	5.60	12.97
XD170	1.37	-1.16	-18.92	-16.66	-13.74	-6.44	0.00	-3.70	-16.48	3.55	0.90	0.16	5.30	8.88
XD190	-7.29	-27.87	-25.55	-35.33	-35.79	-30.93	-20.23	-9.00	-36.22	8.42	1.00	0.85	27.60	21.04
XD235	0.75	0.06	-26.40	-47.19	-44.73	-38.00	-23.53	3.16	-48.19	6.61	0.93	0.89	28.82	16.52
XD260	-5.05	-9.65	-52.75	-79.72	-64.34	-41.86	-25.47	-11.59	-71.86	5.91	0.91	1.19	38.47	14.79
XD285	-3.65	-9.85	-4.53	-14.95	-8.47	-9.31	-5.00	-0.89	-12.23	6.44	0.78	0.22	7.13	16.09
XD320	-5.24	-6.69	-36.12	-26.50	-29.79	-7.75	-5.44	-11.07	-29.40	3.58	0.52	0.29	9.53	8.95
XD330	-1.60	-8.01	-41.58	-47.23	-30.00	-6.70	-7.58	-4.70	-46.07	2.34	0.92	0.30	9.76	5.85
XD355	-9.01	-4.62	-26.09	-14.54	-10.14	0.18	0.42	0.40	-14.88	2.11	0.99	0.09	2.84	5.28
XD405	-13.09	-37.82	-37.43	-18.81	-7.16	-2.98	-5.52	-2.84	-18.77	1.45	0.64	0.08	2.47	3.64
XD425	-18.09	-40.99	-56.87	-20.85	-12.56	-9.53	-8.55	-5.19	-15.79901	8.00	0.54	0.35	11.44	20.00

续表

监测点距中心距路（m）								高斯拟合			地层损失量 V_s（m³）	地层损失率 V_1（‰）	影响范围 2.5i
−11	−6	−2	0	2	5	9	14	S_{max}（mm）	i/m	R^2			
−14.21	−22.99	−31.32	−47.51	−33.91	−19.23	−16.53	−8.11	−39.53614	6.02	0.73	0.67	21.54	15.04	XD465
−5.31	−9.10	−54.49	−51.44	−33.60	−37.30	−15.97	−10.12	−44.16155	7.07	0.80	0.87	28.24	17.66	XD475
−7.68	−10.17	−45.29	−43.75	−34.68	−40.89	−23.65	−14.70	−41.18928	9.51	0.84	1.10	35.45	23.77	XD485
−17.81	−24.57	−38.04	−32.44	−37.70	−20.57	−16.41	−9.19	−33.25965	7.62	0.80	0.71	22.95	19.06	XD495
−30.82	−39.11	−46.60	−31.50	−35.35	−20.93	−19.65	−10.23	−31.63607	8.82363	0.8048	0.78	25.27	22.06	XD505
0.55	0.64	−17.76	−12.08	−19.13	0.77	−8.55	−8.76	−10.92776	14.09661	−0.27056	0.43	13.94	35.24	XD515
−4.75	−14.00	−21.55	−26.80	−28.58	−21.69	−4.76	−0.03	−29.26279	5.33313	0.95768	0.44	14.13	13.33	XD525
−7.47	−24.38	−35.88	−46.56	−56.62	−4.94	−2.82	−2.39	−55.18755	−2.90269	0.85244	−0.45	−14.50	−7.26	XD550
−5.40	−22.88	−57.72	0.00	−1.95	−52.27	−1.00	−1.98	−14.72277	10.39649	−0.28134	0.43	13.86	25.99	XD575
−17.10	−40.69	−79.37	−3.27	−76.76	−36.60	−9.31	−2.90	−40.83884	6.62632	0.03076	0.76	24.50	16.57	XD600
−4.80	−9.39	−39.68	−82.30	−55.51	−19.22	−1.46	2.10	−78.73446	−2.7975	0.98531	−0.62	−19.94	−6.99	XD616
−2.65	−1.50	−60.50	−142.84	−120.08	−107.29	−70.30	−4.32	−136.4644	6.9872	0.946	2.67	86.31	17.47	XD632
−2.09	−7.04	−44.88	−108.33	−77.76	−115.78	−90.87	−4.25	−108.1368	−8.99524	0.54226	−2.73	−88.05	−22.49	XD640
−0.48	−6.51	−24.87	−73.36	−57.64	−53.50	−53.32	−11.88	−67.16459	9.03501	0.78098	1.70	54.93	22.59	XD648
0.58	−2.52	−7.65	1.76	2.17	−1.06	−3.03	−2.30	2.17298	−2.13822	−0.00188	−0.01	−0.42	−5.35	XD658

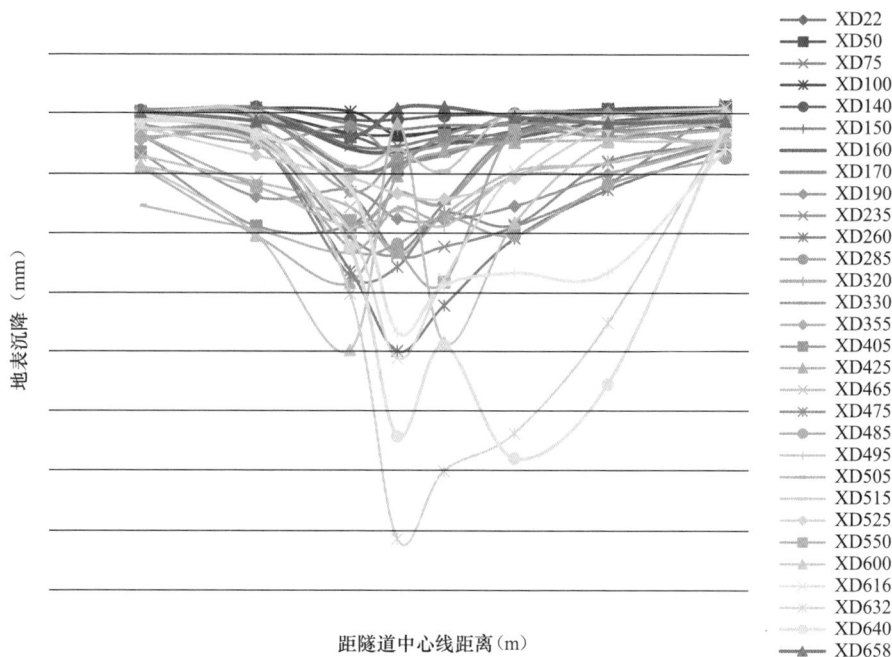

图 8-45 地表横断面沉降曲线图

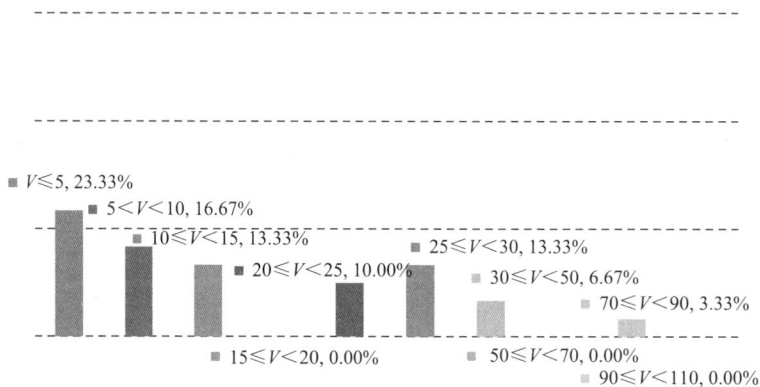

图 8-46 地层损失率概率分布图

8.5 本章小结

本章通过列举了盾构邻近建（构）筑物施工的 3 个典型工程案例，包括杭州建国北路站～中河北路站地铁区间下穿凤起桥工程、南昌蛟桥站～长江路站区间隧道下穿凤凰花园西区工程和宁波西门口—鼓楼站区间隧道下穿重要文物工程，研究了不同邻近建筑物盾构施工控制技术的实施效果，结果表明：

（1）对于杭州地铁某盾构区间下穿桥桩工程，通过盾构机改造（即刀盘、螺旋机、低速泵、盾尾刷）、结构自身加固以及盾构施工参数的优化，施工过程启用定速泵慢速掘进，速度控制在 5mm/min，确定最佳刀盘转速为 0.8rpm/min。土压力的设定充分考虑安全系数，计算得出控制在 1.5bar，注浆压力及注浆量根据前期掘进参数及沉降情况确定在 4～5bar 和 4m³。最终施工完成后桥面最大累计沉降仅−3.09mm，未发生单次报警和累计报警。总体来说，盾构推进施工控制较好，未对凤起桥及河流产生明显影响。

（2）对于南昌某盾构区间隧道下穿某住宅楼工程，基于工程实时监测数据反馈，提出了施工现场应针对地质变化情况修正各项盾构参数，选用适宜增强土仓内渣土流塑性的渣土改良措施；加强设备保障，建立日常检修维护制度，减少盾构非正常停机次数及停机时间，减少掌子面土压损失，避免掌子面及盾体上方土体沉降过大；修正同步注浆参数（适当降低胶砂比，增加骨料含量），并采取加密二次注浆的措施，同时缩短浆液凝固时间，密实填充管片与土体间空隙，确保管片脱出后盾尾上方土体沉降量控制在允许范围内。

（3）对于宁波某盾构区间隧道下穿重要文物工程，采用监控量测实时指导信息化施工和反映地表及建筑物变形情况。可知盾构掘进过程中重要文物监测点变化速率未超标，整体变形较为稳定，风险安全可控。且大部分地表沉降控制较好，总体均值在−41.73mm 左右，在前 550 环区段地表变形控制相对较好，最大值−57.72mm，但在靠近鼓楼站端头部分区段 XD4-5～XD668 监测断面，其沉降量出现明显增大趋势。该区的总体地层损失控制相对较好，约 40% 区段小于 10‰，另有小部分区段（约 13%）地层损失值在 10‰～15‰，基本符合盾构施工对周边环境的控制要求。

由此可见，邻近不同建筑物的盾构施工采取的控制技术措施不尽相同，其选用原则和效果与盾构、建筑物所处的土质条件、建筑物特点、盾构线路相对位置和施工工艺等多种因素有关。因此，在邻近建筑物的盾构施工过程中应考虑不同因素选择适宜合理的控制技术措施，对保护地铁隧道掘进区内建筑物及管片结构具有重要的意义。

参 考 文 献

[1] 王梦恕. 中国铁路、隧道与地下空间发展概况 [J]. 隧道建设, 2010, 30 (4): 351~364.

[2] 张顶立, 黄俊. 深圳地铁浅埋暗挖隧道地层变形分析 [J]. 中国矿业大学学报, 2004, 33 (5): 578~583.

[3] 马继周. 盾构长距离穿越民房沉降控制措施 [J]. 市政技术, 2011, 29, 90~92.

[4] 王中华. 盾构在不良地层中下穿既有建筑物的施工技术 [J]. 工程建设, 2011, 43 (2): 33~37.

[5] 侯超群, 康佐, 侯晓亮, 等. 西安地铁 2 号线下穿南门护城河段地表沉降分析 [J]. 合肥工业大学学报 (自然科学版), 2011, 34 (1), 102~104.

[6] 王新定, 孙宝俊, 余才高. 地铁建设对城市环境的影响及其对策 [J]. 城市轨道交通研究. 2004, 3: 8~89.

[7] 韩煊. 隧道施工引起地层位移及建筑物变形预测的实用方法研究 [博士学位论文] [D]. 西安: 西安理工大学, 2006.

[8] Attewell P B, Yeates J, Selby A R. Soil movements induced by tunneling and their effects on pipelines and structures [M]. Glasgow, Chapman & Hall, 1986.

[9] Peck R B. Deep excavations and tunneling in soft ground [A]. Proceeding of 7th International Conference on Soil Mechanics and Foundation Engineering [C]. Mexico City: State of the Art Report, 1969, 225~290.

[10] 林恭新. 穿越不同建筑物的隧道工程盾构施工控制技术 [J]. 中国市政工程, 2013, 164 (1): 48~53.

[11] Atkinson J H, Potts D M. Subsidence above shallow tunnels in soft ground [J]. Journal of Geotechnical Engineering, 1977, 103 (4): 307~325.

[12] Clough G W, Schmidt B. Design and Performance of Excavations and Tunnels in Soft Clay [M]. Elsevier Science Publishing CoMPany, New York, 1981: 569~634.

[13] O'Reilly M P, New B M. Settlements above Tunnels in the United Kingdom-Their Magnitude and Prediction [C]. Proceedings of Tunnelling'82 symposium, London: Institution of Mining and Metallurgy, 1982: 173~181.

[14] Loganathan N, Poulos H G. Analytical Prediction for Tunneling-induced Ground Movement in Clays [J]. Journal of Geotechnical and Geoenvironmental Engineering, 1998, 124 (9): 846~856.

[15] Cording E J, Hansmire W H, Macpherson H H, et al. Displacement around tunnels in Soils [R]. Report Prepared for Department of Transportation, Urbana: University of Illinois, 1976.

[16] Attewell P B. Ground Movements Caused by Tunneling in Soil [C]. Conference on Large

190

Ground Movements and Structures，Cardiff，London：Pentech Press，1978：812～948.

[17] Attewell P B，Woodman J P. Predicting the dynamics of ground settlement and its derivatives caused by tunneling in soil [J]. Ground Engineering，1982，15（8）：13～20，36.

[18] 刘建航，候学渊. 盾构法隧道［M］. 北京：中国铁道出版社，1991.

[19] Sagaseta C. Analysis of undrained soil deformation due to ground loss [J]. Geotechnique，1987，37（3）：301～320.

[20] Sagaseta C. Author's reply to Schmidt [J]. Geotechnique，1988，38（4）：647～649.

[21] Verruijt A，Booker J R. Surface settlements due to deformation of a tunnel in an elastic half plane [J]. Geotechnique，1996，46（4）：753～756.

[22] Park K H. Elastic solution for tunneling-induced ground movements in clays [J]. International Journal of Geomechanics，2004，4（4）：310～318.

[23] 陈枫，胡志平. 盾构偏航引起的地表位移预测［J］. 岩土力学，2004，25（9）：1427～1431.

[24] 姜忻良，赵志民. 镜像法在隧道施工土体位移计算中的应用［J］. 哈尔滨工业大学学报，2005，37（6）：801～803.

[25] 魏纲. 顶管工程土与结构的性状及理论研究［博士学位论文］［D］. 杭州：浙江大学，2005.

[26] 齐静静，徐日庆，魏纲. 盾构施工引起土体三维变形的计算方法研究［J］. 岩土力学，2009，30（8）：2442～2446.

[27] 唐晓武，朱季，刘维，等. 盾构施工过程中的土体变形研究［J］. 岩石力学与工程学报，2010，29（2）：417～422.

[28] 林存刚，张忠苗，吴世明，等. 软土地层盾构隧道施工引起的地面隆陷研究［J］. 岩石力学与工程学报，2011，30（12）：2583～2591.

[29] 朱忠隆，张庆贺，易宏传. 软土隧道纵向地表沉降的随机预测方法［J］. 岩土力学，2001，22（1）：56～59.

[30] 施成华，彭立敏，刘宝深. 盾构法施工隧道纵向地层移动与变形预计［J］. 岩土工程学报，2003，25（5）：585～589.

[31] Lee K M，Rowe R K. Finite element modeling of the three-dimensional ground deformations due to tunneling in soft cohesive soils：Part I-method of analysis [J]. Computers and Geotechincs，1990，10：87～109.

[32] 张海波，殷宗泽，朱俊高. 盾构法隧道施工的精细模拟［J］. 岩土力学，2004，25（S2）：280～284.

[33] 张志强，何川，佘才高. 南京地铁盾构掘进施工的三维有限元仿真分析［J］. 铁道学报，2005，27（1）：84～89.

[34] Thomas K，Gunther M. On the influence of face pressure，grouting pressure and TBM design in soft ground tunnelling [J]. Tunnelling and Underground Space Technology，2006，21：160～171.

[35] 方勇，何川. 盾构法修建正交下穿地铁隧道对上覆隧道的影响分析［J］. 铁道学报，

2007，29（2）：83～88.

[36] Mroueh H，Shahrour I. A simplified 3D model for tunnel construction using tunnel boring machines [J]. Tunnelling and Underground Space Technology，2008，23：38～45.

[37] 朱才辉，李宁，柳厚祥，等. 盾构施工工艺诱发地表沉降规律浅析 [J]. 岩土力学，2011，32（1）：158～164.

[38] Rowe R K，Lo K Y，Kack G J. A method of estimating surface settlement above tunnels constructed in soft ground [J]. Canadian Geotechnical Journal，1983，20（8）：11～22.

[39] 张云，殷宗泽，徐永福. 盾构法隧道引起的地表变形分析 [J]. 岩石力学与工程学报，2002，21（3）：388～392.

[40] R J Mair，M J Gunn，M P Oreilly. Ground Movement around Shallow Tunnels in Soft Clay [J]. Tunnels and Tunnelling，1983，14（5）：45～48.

[41] 李围，何川，张志强. 大型地下结构下修建盾构隧道模型试验 [J]. 西南交通大学学报，2005，40（4）：478～483.

[42] 刘纪峰，刘波，张会芝. 盾构隧道致地层沉降的物理模型试验研究 [J]. 工业建筑，2011，41（3）：91～98.

[43] 何川，汪洋，方勇，等. 土压平衡式盾构掘进过程的相似模型试验 [J]. 土木工程学报，2012，45（2）：162～169.

[44] 周润卿. 软弱土层双线盾构隧道穿越既有房屋施工影响分析 [博士学位论文] [D]. 北京：北京交通大学，2012.

[45] 赵志民. 隧道施工引起土体位移与应力的镜像理论研究以及回归方法的应用 [博士学位论文] [D]. 天津：天津大学，2004.

[46] 璩继立，许英姿. 盾构施工引起的地表横向沉降槽分析 [J]. 岩土力学，2006，27（2）：313～322.

[47] 胡群芳，黄宏伟. 盾构下穿越已运营隧道施工监测与技术分析 [J]. 岩土工程学报，2006，28（1）：42～47.

[48] 姜忻良，李林，袁杰，等. 深层地铁盾构施工地层水平位移动态分析 [J]. 岩土力学，2011，32（4）：1186～1192.

[49] 魏新江，周洋，魏纲. 土压平衡盾构掘进参数关系及其对地层位移影响的试验研究 [J]. 岩土力学，2013，34（1）：73～79.

[50] Skepton A W，MacDonald D H. Allowable Settlement of Buildings [J]. Proc. Institution of Civil Engineer，1956，13（6）：19～32.

[51] Burland J B. Assessment of Risk of Damage to Building due to Tunnelling and Excavation [R]. Invited Special Lecture to IS-Tokyo'95：1st Int. Conf. on Earthquake Geotechnical Engineering，1995.

[52] Mair R J，Tylor R N，Burland J B. Prediction of Gound Movements and Assessment of RiskBuilding Damage due to Bores Tunneling [C]. Proceedings Geotechnical Aspect of Underground Construction in Soil Ground，Balkema：Rotterdam，1996.

[53] Storer JBoone. Ground-movementRelatedBuilding Damage [J]. Journal of Geotechnical

Engineering，1996，11：886～896.

[54] 曹红林. 某管线隧道工程对下穿建筑物的影响分析 [J]. 铁道勘察与设计，2005，4：32～34.

[55] 姚海波，王梦恕，张顶立，等. 盾构隧道下穿地面建筑物的安全评价与对策 [J]. 岩土力学，2006，27 (1)：112～116.

[56] 施成华，彭立敏，刘宝琛. 浅埋隧道开挖对地表建筑物的影响 [J]. 岩石力学与工程学报，2004，23 (19)：3310～3316.

[57] 葛世平，谢东武，丁文其，等. 考虑建筑既有变形的盾构穿越扰动控制标准 [J]. 同济大学学报（自然科学版），2011，39 (11)：1616～1621.

[58] Richard J，Finno，Frank T，et al. Evaluating Damage Potential in Buildings Affected by Excavations [J]. Journal of Geotechnical and Geoenvironmental Engineering，2005，131 (10)：1199～1210.

[59] 韩煊，J. R. Standing，李宁. 隧道施工引起建筑物变形预测的刚度修正法 [J]. 岩土工程学报，2009，31 (4)：539～545.

[60] Ding Zhi，Wei Xinjiang，Zhang Tao，et al. Analysis and Discussion on Surface Settlement Induced By Shield Tunnel Construction of Adjacent Structure [J]. Disaster Advances，2012，5 (4)：1656～1660.

[61] 欧阳文彪，丁文其，谢东武. 考虑建筑刚度的盾构施工引致沉降计算方 [J]. 地下空间与工程学报，2013，9 (1)：155～160.

[62] Mroueh H，Shahrour I. A full 3-D finite element analysis of tunneling-adjacent structures interaction [J]. Computers and Geotechnics，2003，30：245～253.

[63] Jenck O，Dias D. 3D-finite difference analysis of the interaction between concrete building and shallow tunneling [J]. Geotechnique，2004，54 (8)：519～528.

[64] 姜忻良，赵志民，李园. 天津地铁盾构施工对邻近工程设施影响的动态模拟 [J]. 天津大学学报，2006，39 (2)：188～193.

[65] 贺美德，刘军，乐贵平. 盾构隧道近距离侧穿高层建筑的影响研究 [J]. 岩石力学与工程学报，2010，29 (3)：603～608.

[66] 丁祖德，彭立敏，施成华. 地铁隧道穿越角度对地表建筑物的影响分析 [J]. 岩土力学，2011，32 (11)：3387～3392.

[67] 姚爱军，杨学嘉. 盾构隧道侧穿筏板基础变形响应与安全评估 [J]. 地下空间与工程学报，2012，8 (4)：842～846.

[68] Breth H，Chambosse G. Settlement Behavior of Buildings above Subway Tunnels in Frankfurt Clay [C]. Proc. Conf. on Settlement of Structures，Pentech Press，London，England，1974.

[69] 杨兴富，梅英宝，郑世兴. 地铁穿越房屋桩基的可行性分析及监测 [J]. 建筑施工，2006，28 (6)：412～415.

[70] 李海. 盾构隧道下穿建筑物控制技术和监测 [J]. 铁道建筑，2011，9：66～68.

[71] 孙宇坤，关富玲. 盾构隧道掘进对砌体结构建筑物沉降的影响 [J]. 中国铁道科学，

2012，33（4）：38～44.

[72] 徐泽民，韩庆华，郑刚. 地铁隧道下穿历史风貌建筑影响的实测与分析 [J]. 岩土工程学报，2013，35（2）：364～374.

[73] 廖少明，徐进，孙璟，等. 盾构施工引起的横向沉降模式及其识别 [J]. 地下空间与工程学报，2012，8（4）：777～784.

[74] 颜波，杨国龙，林辉. 盾构隧道施工参数优化与地表沉降控制研究 [J]. 地下空间与工程学报，2011，7（S2）：1683～1687.

[75] 王洪新，傅德明. 土压平衡盾构平衡控制理论及试验研究 [J]. 土木工程学报，2007，40（5）：61～68.

[76] 姜忻良，赵志民. 盾构施工引起土体位移的空间计算方法 [J]. 华中科技大学学报（城市科学版），2005，22（2）：1～4，12.

[77] 贾乃文，云天铨. 弹性力学 [M]. 广州：华南理工大学出版社，1990.

[78] K. M. Lee，R. K. Rowe，K. Y Lo. Subsidence owing to tunneling. I. Estimating the gap parameter [J]. Canadian Geotechnical Journal，1992（a），29：929～940.

[79] 齐静静. 盾构隧道的环境效应及结构性能研究 [博士学位论文] [D]. 杭州：浙江大学，2007.

[80] 郭瑞，方勇，何川. 隧道开挖过程中应力释放及位移释放的相关关系研究 [J]. 铁道工程学报，2010，144（9）：46～50.

[81] 李志明，廖少明，戴志仁. 盾构同步注浆填充机理及压力分布研究 [J]. 岩土工程学报，2010，32（11）：1752～1757.

[82] Bezuijen A，Talmon A M，Kaalberg F J，et al. Field measurements of grout pressures during tunnelling of the Sophia rail tunnel [J]. Soils and Foundations，2004，44（1）：39～48.

[83] 李明文. 新型结硬性浆液同步注浆的性能研究及在盾构施工中的应用 [硕士学位论文] [D]. 上海：同济大学，2002.

[84] 魏纲，徐日庆. 软土隧道盾构法施工引起的纵向地面变形预测 [J]. 岩土工程学报，2005，27（9）：1077～1081.

[85] 魏纲，周洋，魏新江. 土压平衡盾构掘进参数对地面隆起影响的研究 [J]. 地下空间与工程学报，201，8（S2）：1703～1709.

[86] 谭志祥，邓喀中. 采动区建筑物地基、基础和结构协同作用模型 [J]. 中国矿业大学学报，2004，33（3）：264～267.

[87] 夏军武，袁迎曙，董正筑. 采动区地基、条形基础与框架结构共同作用机理研究 [J]. 岩土工程学报，2007，29（4）：537～541.

[88] 孙宇坤. 受盾构隧道施工影响的砌体结构房屋性状研究 [博士学位论文] [D]. 杭州：浙江大学，2011.

[89] 邹文浩. 隧道开挖对周边房屋影响及大直径盾构开挖面稳定性研究 [硕士学位论文] [D]. 北京：清华大学，2012.

[90] 孙钧. 城市环境土工学 [M]. 上海：上海科学技术出版社，2005.

[91] 魏纲，魏新江，丁智，等. 顶管推进对邻近桩基的影响分析 [J]. 岩土力学，2006，27 (S1)：849~854.

[92] 魏新江，洪杰，魏纲. 双圆盾构施工引起邻近桩基附加荷载的分析 [J]. 岩土力学，2013，34 (3)：783~790.

[93] 赵明华，张玲，赵衡. 双向增强复合地基沉降计算方法研究 [J]. 岩土力学，2011，32 (9)：2741~2746.

[94] 胡斌，刘永林，唐辉明，等. 武汉地铁虎泉—名都区间隧道开挖引起的地表沉降研究 [J]. 岩石力学与工程学报，2012，31 (5)：908~913.

[95] 魏纲，庞思远. 基于有限元模拟的双线平行盾构隧道近距离界定 [J]. 市政技术，2014，32 (1)：76~80.

[96] 韩昌瑞，贺光宗，王贵宾. 双线并行隧道施工中影响地表沉降的因素分析 [J]. 岩土力学，2011，32 (S2)：484~487，495.

[97] 凌昊，仇文革，孙兵，等. 双孔盾构隧道近接施工离心模型试验研究 [J]. 岩土力学，2010，31 (9)：2849~2853.

[98] WEI Gang. Prediction of soil settlement caused by double-line parallel shield tunnel construction [J]. Disaster Advances，2013，6 (6)：23~27.

[99] 魏纲，庞思远. 双线平行盾构隧道施工引起的三维土体变形研究 [J]. 岩土力学，2014，35 (9)：2562~2568.

[100] 彭畅，伍雨林，骆汉宾，等. 双线盾构施工对邻近建筑物影响的数值分析 [J]. 岩石力学与工程学报，2008，27 (S2)：3868~3874.

[101] 李涛，陈慧娴，刘波，等. 双线隧道盾构施工对临近高层建筑物的影响分析 [J]. 湖南科技大学学报（自然科学版），2013，28 (4)：43~48.

[102] 魏纲，魏新江. 双线盾构施工对邻近框架建筑物影响的研究 [J]. 地下空间与工程学报，2013，9 (2)：339~343.

[103] 洪杰. 双圆盾构隧道施工扰动及对周边构筑物影响研究 [博士学位论文] [D]. 杭州：浙江大学，2013.

[104] 朱洪高，郑宜枫，陈昊. 双圆盾构隧道土体地表沉降特性 [J]. 建筑科学与工程学报，2006，23 (2)：62~67.

[105] 魏纲，陈伟军，魏新江. 双圆盾构隧道施工引起的地面沉降预测 [J]. 岩土力学，2011，32 (4)：991~996.

[106] 孙统立，张庆贺，韦良文，等. 双圆盾构掘进施工扰动土体附加应力分析 [J]. 岩土力学，2008，29 (8)：2246~2251.

[107] Suwansawat S，Einstein H H. Describing Settlement Troughs over Twin Tunnels Using A Superposition Technique [J]. Journal of Geotechnical and Geoenvironmental Engineering，2007，133 (4)：445~468.

[108] 白云，戴志仁，徐飞，等. 后掘盾构越先掘盾构对地层变形的影响研究 [J]. 土木工程学报，2011，44 (2)：128~135.

[109] 孙统立，李浩，吕虎，等. 双圆盾构施工引起的地表位移特征分析 [J]. 土木工程学

报，2009，42（6）：108～114.

[110] 魏纲，陈春来. 双圆盾构施工对邻近砌体建筑物影响的数值模拟 [J]. 工业建筑，2012，42（1）：117～122.

[111] 丁智，魏新江，魏纲，等. 邻近不同基础建筑物地铁盾构施工相互内力影响研究与分析 [J]. 岩土力学，2011，32（S1）：749～754.

[112] 魏纲. 盾构隧道施工引起的土体损失率取值及分布研究 [J]. 岩土工程学报，2010，32（9）：1354～1361.

[113] 盛佳韧，叶冠林，桥本正，等. 双圆盾构盾尾注浆对地层沉降的影响分析 [J]. 地下空间与工程学报，2014，10（1）：201～205.

[114] 张明海. 双圆盾构掘进中的地面沉降控制技术 [J]. 中国市政工程，2009，142（5）：54～55，92.

[115] Skempton A W，MacDonald D H. The Allowable Settlement of Buildings [J]. Proceedings Institute of Civil Engineers，1956，5（3）：727～768.

[116] Burland J B. Assessment of Risk of Damage to Buildings due to Tunneling and Excavations. [J]. Invited Special Lecture, the First International Conference on Earthquake Geotechnical Engineering，1995，1（1）：95.

[117] 刘国彬，王卫东. 基坑工程手册 [M]. 北京：中国建筑工业出版社，2009.

[118] 漆泰岳. 地铁施工引起地层和建筑物沉降特征研究 [J]. 岩土工程学报，2012，34（7）：23～32.

[119] TerzaghiKand，Peck R B. Soil Mechanics in Engineering Practice [M]. New York：John Wiley and Sons，1948.

[120] Polshin D E，Tokar R A. Maximum Allowable Non-uniform Settlement of structures [C]. Proceedings of the Fourth International Conference on Soil Mechanics and Foundation Engineering，1957，1（11）：402～406.

[121] Bjerrum L. Allowable Settlements of Structures [C]. Proceedings of the European Conference on Soil Mechanics and Foundation Engineering，1963，2（1）：135～137.

[122] Burland J B，Wroth C P. Settlement of Buildings and Associated Damage [C]. Proceedings of the Conference on Settlement of Structures，1974，1（1）：611～654.

[123] Grant R，Christian J T，Vanmarcke E. H. Differential Settlement of Buildings [J]. Journal of Geotechnical Engineering Division，1974，100（9）：973～991.

[124] Boscardin M D，Cording E J. Building Response to Excavation-induced Settlement [J]. Journal of Geotechnical Engineering Division，1989，115（1）：1～21.

[125] 欧章煜. 深开挖工程分析设计理论与实务 [M]. 台北：科技图书股份有限公司，2004.

[126] Frischmann W. W.，Hellings J. E.，Gittoes G.，et al. Protection of the Mansion House Against Damage Caused by Ground Movements due to the Docklands Light Railway Extension [J]. Geotechnical Engineering，1994，107（2）：65～76.

[127] 韩煊，李宁，J. R. Standing. Peck 公式在我国隧道施工地面变形预测中的适用性分

析 [J]. 岩土力学，2007，28（1）：23～28.

[128] Potts D M, Addenbrooke T I. A structure's influence on tunnelling-induced ground movements [J]. Geotechnical Engineering，1997，110（2）：109～125.

[129] 王涛. 盾构隧道施工的环境效应影响研究 [硕士学位论文] [D]. 杭州：浙江大学，2007.

[130] 魏纲. 盾构施工引起地面长期沉降的理论计算研究 [J]. 岩石力学与工程学报，2008，27（S1）：2960～2966.

[131] 丁智，魏新江，魏纲，等. 邻近建筑物盾构施工地面沉降数值分析 [J]. 岩土力学，2009，30（S2）：550～554.

[132] 许江，顾义磊，康骁鸣. 隧道与地表构筑物相互影响的研究 [J]. 岩土力学，2005，26（6）：889～892.

[133] 卿伟宸，廖红建，钱春宇. 地下隧道施工对相邻建筑物及地表的沉降的影响 [J]. 地下空间与工程学报，2005，1（6）：960～963，978.

[134] Celestino T. B., Gomes R. A. M. P, Bortolucci A. A. Errors in Ground Distortions due to Settlement Trough Adjustment [J]. Tunnelling and Underground Space Technology，2000，15（1）：97～100.

[135] M. Maleki, H. Sereshteh, M. Mousivand, et al. An Equivalent Beam Model for the Analysis of Tunnel-building Interaction [J]. Tunnelling and Underground Space Technology，2011，26（2）：524～533.

[136] Shahin H. M., E. Sung, T. Nakai, et al. 2D Model Tests and Numerical Simulation in Shallow Tunneling Considering Existing Building Load [J]. Underground Construction and Ground Movement，2006，15：67～82.

[137] 丁智. 盾构隧道施工与邻近建筑物相互影响研究 [硕士学位论文] [D]. 杭州：浙江大学，2007.

[138] 陈省. Delphi 深度探索 [M]. 武汉：华中科技大学出版社，2004.